中国农产品国际竞争力研究
——基于中美比较视角

王永德　著

中国农业出版社

摘　要

近几年世界农产品贸易增长迅速，世界农产品市场竞争激烈，同时，中国农产品市场已成为世界上最开放的市场之一，中国农产品国际贸易面临着新的机遇与挑战。全球性的金融危机，更使中国农产品贸易经受着严峻的考验。应对机遇与挑战、克服危机影响的关键在于提高农产品的国际竞争力。因此，全面深入的评估中国农产品国际竞争力的绩效、潜力与影响因素，进而就如何把竞争力潜力转变为好的竞争力绩效提出有针对性的实现机制具有重要的现实意义。

与国内已有研究不同的是，本书在翔实的文献综述的基础上重新界定了农产品国际竞争力的定义，构建了农产品国际竞争力绩效、竞争力潜力和竞争力实现三个层次的概念框架和相应的评估指标——竞争力绩效的主导评估指标为市场份额和赢利性，效率作为赢利性的参照指标，竞争力潜力的主导评估指标为成本和质量指标。

采用恒定市场份额模型（CMS），对中美农产品国际竞争力对各自农产品出口贡献进行分析。结果表明，中美农产品国际竞争力变动的趋势相反，对各自农产品出口的贡献也截然相反。中国农产品竞争力的提升为中国农产品出口做出了积极的贡献，而美国农产品国际竞争力的下降则给其农产品出口带来了负面影响。

对中美两国农产品在世界市场、日本市场、中美国内市场等不同市场的市场份额和赢利性指标进行实证分析，并参照效率指标，揭示了中美两国农产品的国际竞争力绩效及其动态变化。农产品出口市场份额指标显示，中国农产品国际竞争力绩效与美国农产品相比差距很大，但农产品出口市场份额获取指数指标则显示，中国农产品的竞争力绩效呈改善趋势，与美国的差距有望缩小。

基于成本和质量指标对中美大米和小麦等 6 种农产品在日本市场、中美国内市场的国际竞争力潜力进行评估比较，结果表明，就不同市场而言，中美两国均拥有国际竞争潜力较大的产品，且优势产品数量差距不大。

从生产和流通两个环节识别对比中美主要农产品国际竞争力的影响因素。其中生产环节的影响因素包括：种子、农资、机械与能源、水资源、资金、劳动力、土地、税收与保险、经营管理、科技和农业补贴政策 11 种因素。流通环节的影响因素包括：国际运输和保险、国内运输和营销 2 种因素。

最后在识别影响因素的基础上探讨中国农产品国际竞争力的实现机制。对于具有国际竞争力潜力的农产品而言，其竞争力实现机制主要依赖于流通环节的国际市场推广与营销，但生产和流通环节的成本和质量控制会进一步强化其竞争力潜力；对于不具有竞争力潜力的农产品而言，其竞争力实现机制则首先依赖于生产环节的成本和质量控制，而后同时也依赖于流通环节的成本质量控制与国际营销。

通过构建概念框架和评估指标，从中美比较视角，对中美两国农产品国际竞争力进行实证分析，本书初步回答了中国农产品国际竞争力对于农产品出口的贡献有多大，竞争力绩效表现到底如何，哪些农产品具有竞争力潜力，未来如何实现好的竞争力绩效等现实问题，同时也为国内的农产品国际竞争力研究提供了一个新的分析框架。

关键词　农产品　竞争力绩效　竞争力潜力　竞争力实现　中美比较

目　　录

1 绪　论

1.1 研究背景

1.1.1 世界农产品贸易格局稳中有变

近年来，世界农产品贸易增长迅速，世界农产品出口额由2003年的6 847.20亿美元迅速增长到2007年的11 276.67亿美元（见表1-1）。同时，由于农产品价格的增长速度超过农产品出口数量的增长速度，因而农产品单位价值指数在2003—2005年间持续上涨，2005年达到了1.29。世界农产品贸易的迅速增长反映了世界农产品市场正在扩大，这会给各农产品出口国带来更多的农产品出口机会，农产品单位价值指数上涨则表明农产品出口可能会获得更高的利润。因此，各国在世界农产品市场的竞争将会更加激烈。

表1-1　世界农产品出口贸易额和单位价值指数

单位：亿美元

年份	2003	2004	2005	2006	2007
出口额	6 847.20	7 849.18	8 490.07	9 436.76	11 276.67
单位价值指数	1.13	1.26	1.29	—	—

资料来源：WTO统计数据库和FAO农产品贸易数据库。

尽管世界农产品市场竞争激烈，但无论从农产品进口还是出口来看，排除欧盟这一国家联盟，美国近几年均是世界农产品贸易第一强国。从表1-2可以看出，以2007年农产品出口额进行排名，欧盟、美国、加拿大、巴西、中国占据前五名，其中美国占世界农产品出口额的10%，中国占3.4%，仅为美国的1/3。以2007年农产品进口额排名来看，除去欧盟，美国以1 094亿美元的进口额在排名国家中居首位，占世界农产品进口额的近10%。日本、中国、加拿大、俄罗斯分别占据了第二至第五位。其中中国进口额为652.4亿美元，占世界农产品进口额的5.5%。因此，尽管近几年中国在世界农产品贸易中的排名有所上升，但与农产品贸易强国的差距仍然很大，中国农产品竞争力仍然较弱，另一方面也说明，如果中国能提高农产品竞争力，其农产品出口仍然有非常大的增长空间。

表1-2　2007年世界农产品贸易主导国家

排名	出口			进口		
	国家（地区）	贸易额（10亿美元）	比重（%）	国家（地区）	贸易额（10亿美元）	比重（%）
1	欧盟	487.74	43.3	欧盟	528.54	44.4
2	美国	113.51	10.1	美国	109.4	9.2
3	加拿大	48.67	4.3	日本	68.86	5.8
4	巴西	48.22	4.3	中国	65.24	5.5
5	中国	38.85	3.4	加拿大	27.34	2.3
6	阿根廷	28.81	2.6	俄罗斯	26.88	2.3
7	泰国	24.96	2.2	韩国	21.94	1.8
8	俄罗斯	23.52	2.1	墨西哥	21.9	1.8
9	印度尼西亚	23.43	2.1	中国香港	13.43	1.1
10	澳大利亚	22.35	2.0	沙特阿拉伯	12.45	1.0
11	马来西亚	20.51	1.8	阿联酋	11.29	0.9
12	新西兰	16.04	1.4	中国台北	10.78	0.9
13	印度	16.02	1.4	马来西亚	10.61	0.9
14	墨西哥	15.59	1.4	印度尼西亚	10.46	0.9
15	智利	13.63	1.2	瑞士	10.37	0.9
	以上汇总	941.87	83.5	以上汇总	944.68	79.3

资料来源：WTO《国际贸易统计2008》。

表 1-3 世界农产品出口商品结构（2005—2006 年）

单位：%

商 品	2005	2006	商 品	2005	2006
活动物	1.84	1.86	肉类制品	3.67	3.78
肉及杂碎	9.06	8.77	编织用植物材料	0.07	0.07
水海产品	8.20	8.11	动植物油脂及其分解产品	5.45	5.74
乳品蛋品蜂蜜及其他食用动物产品	6.34	6.11	虫胶树胶树脂及其他植物液汁	0.50	0.45
其他动物产品	0.73	0.69	糖及糖食	3.43	3.83
活植物及花卉	1.94	1.91	可可及其制品	3.07	3.01
食用蔬菜	4.77	4.93	谷物粮食粉淀粉制品糕点	4.28	4.22
食用水果及坚果	7.03	6.78	蔬菜水果坚果等制品	4.48	4.63
咖啡茶、马黛茶及调味香料	2.70	2.84	杂项食品	4.31	4.27
谷物	6.29	6.40	饮料酒及醋	8.51	8.83
制粉工业产品	1.25	1.16	烟草及其制品	3.55	3.33
油料工业用或药用植物稻草秸秆及饲料	4.30	4.13	食品工业的残渣废料配制的动物饲料	4.22	4.17

资料来源：联合国国际贸易中心数据库（International Trade Center，ITC，UN）。

从世界农产品贸易商品结构来看，近几年中商品结构稳中稍有变化，但各类农产品所占的比重变化不大（见表 1-3）。以 2006 年为例，肉及杂碎（8.77%）、水海产品（8.11%）、乳品蛋品蜂蜜及其他食用动物产品（6.11%）、食用水果及坚果（6.78%）、谷物（6.4%）、动植物油脂及其分解产品（5.74%）、饮料酒及醋（8.83%）、食用蔬菜（4.93%）等是规模较大的贸易农产品。其中，在中国传统上认为具有优势的农产品类别中，水海产品、食用水果及坚果、食用蔬菜等所占贸易比重较高。尽管世界农产品贸易商品结构比较稳定，但不同类别农产品所占比重仍有变化。2005—2006年，动植物油脂及其分解产品、食用蔬菜、谷物、糖及糖食等农产品所占比重趋增，肉类制品、活动物、编织用植物材料等农产品所占比重保持稳定，而肉及杂碎、乳品蛋品蜂蜜及其他食用动物产品、水海产品、油料工业用或药用植物稻草秸秆及饲料等农产品所占比重呈下降趋势。这一变化趋势，反映出中国农产品出口既面临着可能持续增长的机遇，也面临着可能更加激烈竞争的挑战。

1.1.2 中国农业对外开放进入新阶段，农产品对外贸易面临新挑战

中国加入WTO以来，国外具有优势的粮食等大宗农产品并没有如预期那样大量涌入中国市场，农业受到严重冲击的情况也没有出现。但从2005年开始，中国农业在加入WTO谈判中争取的“过渡期”基本结束，进入WTO“后过渡期”，中国成为世界上农产品市场最开放的成员之一，具体主要体现在以下几方面：

（1）农产品关税降至承诺的终点。入世前，农产品关税平均为23.2%。2001年入世后大幅度降低关税，2002年降到15.8%，2005年降到15.3%，2006年降为15.2%。在入世后5年的过渡期内，关税从23.2%降到15.2%，降幅为8个百分点，其幅度之大是世界少有的。现在，中国农产品关税水平已远远低于62%的世界农产品平均关税水平，成为世界农产品平均关税水平最低的成员之一，为国外农产品涌入中国市场打开了方便之门。

（2）自2004年起，非关税限制措施逐步调整。粮食等重点农产品的进口关税配额数量已经达到最高点，并在2005年之后继续维持着这样的高水平。除小麦继续保持90%的国营贸易比例外，其他农产品的国营贸易比例已逐步缩小。2005年取消了

羊毛和毛条的进口指定经营制度，2006 年取消了豆油、棕榈油、菜籽油进口的关税配额管理，实行 9%的单一关税管理。

（3）中国承诺自加入 WTO 起，取消农产品出口补贴，承诺国内支持中的“黄箱”补贴上限约束在 8.5%，低于其他发展中成员的水平。

“过渡期”的结束，意味着中国农业进入对外开放的新阶段，将进一步融入经济全球化进程当中，同时中国农业面临的国际竞争压力将全面提升，尤其是中国小规模分散经营的传统农业与国外大规模的现代化农业难以竞争的局面，将在较长时期内不会得到根本上的改变。中国降低农产品关税，取消非关税措施，逐渐开放农产品市场，使农产品竞争由国内竞争转向国内、国际的双重竞争。

中国农业对外开放进入新阶段带来的国外农产品进口，对增加国内市场供应和发展中国农业有一定的积极作用。但是，农产品关税下降也使中国农产品面临着巨大的竞争压力。据统计，中国农产品进出口在加入世贸组织后，出现了历史上从未有过的大逆差。2004 年达 46.4 亿美元，2005 年达 11.4 亿美元，2006 年中国农产品贸易逆差比上年同期缩小，但仍高达 6.7 亿美元。中国已从农产品净出口国转变成为农产品净进口国。

外国农产品的进口，增加了市场的供给，直接影响了中国农民收入和农民就业。据中国农业部测算，如国产大豆 717.8 万吨被进口大豆替代，替代面积为 5 790.73 万亩*，由此减少 827.25 万个农民就业机会，总收入损失 111.34 亿元人民币。对中国主要农产品进口增加的模型分析，结果表明，进口增加带来的福利效应为种植业和畜牧业产品的消费者剩余将增加，畜牧业产品生产者剩余将增加，种植业产品生产者剩余将下降[1]。而中国 60%的人口在农村，绝大部分从事种植业，国际贸易的不利

* 15 亩=1 公顷。

影响会使农民收入问题的矛盾更加突出。

中国加入世界贸易组织以来，入世前制约农产品国际贸易的一些重要因素如关税、配额的影响正逐渐消退，而以技术壁垒为代表的新制约因素的影响正逐步突显出来。受此影响，中国农产品进出口贸易的竞争力发生了很大的变化。中国加入世界贸易组织也给中国农产品国际贸易带来了新的挑战。

（1）市场准入规则的实施使价格竞争力对贸易的影响大大增加。在 WTO 背景下，由于非关税措施关税化、国内支持规则的调整、关税减让及削减出口补贴，使得价格竞争力取代关税和非关税贸易壁垒措施成为影响贸易的重要因素。中国有些农产品表现出了较强的价格竞争力，与国外产品相比有较高的价格优势。这些产品主要包括蔬菜、花卉、水果和部分畜产品、水产品。上述产品大部分属于劳动密集型产品，而中国另外一些土地资源密集型的产品，如粮食、油料、糖等，则价格竞争力较弱，甚至处于绝对劣势。价格竞争力的不均衡是造成中国农产品近年来国际贸易额不断增加但贸易顺差逐年减少的重要原因之一，要改变这一状况就必须提高中国农产品的国际竞争力。

（2）动植物检疫检验规则的实施使中国农产品在国际贸易中缺乏质量竞争力。导致中国农产品出口受阻的另一个重要原因是，中国许多农产品质量达不到国际贸易检验标准。目前在农产品国际贸易中，以“绿色”壁垒为代表的新技术壁垒越来越多，这对中国农产品出口产生了很大的影响。随着经济发展水平和消费水平的不断提高，各成员消费者对食品的健康性、安全性的关注程度日益提高，因此各成员都在不断提高农产品质量，特别是农产品卫生的检疫标准。而且许多成员在中国入世后由于不能使用配额等限制贸易的手段，从而转向使用动植物检疫检验规则来限制中国农产品，这使得中国在国际贸易中频遭“绿色”壁垒的限制。

1.2 问题的提出与研究意义

1.2.1 问题的提出

研究背景表明，一方面，世界农产品贸易增长迅速，但是世界农产品市场竞争激烈，美国是第一强国，中国与其差距非常大，这与中国农业大国的地位不相称。由于世界农产品贸易结构朝有利于发挥中国农业优势的方向变动，因此中国农产品出口贸易也面临着新的机遇。另一方面，中国加入 WTO 已超过五周年，随着入世保护期和后过渡期的结束，中国农产品市场已成为世界上最开放的市场之一。加入 WTO 对中国农业的影响和挑战逐渐显现，虽然中国农业没有受到太大冲击，但农产品进口贸易的压力明显加大，出口贸易的壁垒日益增多。同时，目前由金融危机带来的全球经济衰退趋势也使得中国农产品面临着更加复杂的国际竞争环境，中国农产品国际贸易面临着更多的机遇与挑战。

显然，中国农产品市场未来将进一步融入国际市场，面临日趋激烈的国际竞争。在这样一个开放和竞争的背景下，如何进一步发展农产品进出口贸易，把握中国农产品国际贸易面临的新机遇，应对国际竞争的挑战，显然是一个具有重大现实意义的问题。而要回答这个问题，需要考虑中国农产品的竞争力。因为，应对这些机遇与挑战的关键就在于提高中国农产品的国际竞争力。因此，必须全面深入地分析中国农产品国际贸易竞争力的现状及其所存在的主要问题，在发现问题的基础上，才能提出提高中国农产品国际竞争力的方法和途径。

在加入 WTO 之前和之后，国内研究中国农产品国际竞争力的文献较多（程国强 2001，柯柄生 2003，李春梅 2004，庞守林 2004 和王兆洋 2007 等），并且提出了诸多富有创见之处，为提高中国农产品竞争力做出了贡献，但是大部分的已有研究存在以下不足之处：第一，在研究竞争力时，缺少一个非常清晰的概念框架，没有区分竞争力绩效（Competitiveness Performance）、竞争力潜力（Competitiveness Potential）和竞争力实现（Competitiveness Processing）这三个层次的问题。第二，在研究方法上，多数定量研究是在李嘉图的比较优势理论的框架下进行的，采用显示性比较优势指数指标等衡量中国农产品国际竞争力，而现在国内外均已意识到采用这一方法来研究国际竞争力是不恰当的。第三，更加重要的是，不少研究没有从国际比较的角度来研究中国农产品国际竞争力，而是从历史角度来比较中国农产品现在和过去的竞争力。这显然曲解了国际竞争力的本质，无论如何定义国际竞争力，在分析一成员产品的国际竞争力时，是无法脱离国际比较分析的，国外研究文献也说明了这一点。

以上分析表明，中国农产品国际竞争力问题仍然有待进一步深入研究。特别是与世界农产品贸易最强国美国相比较，中国农产品竞争力对于农产品进出口的贡献有多大，竞争力绩效表现到底如何，差距有多大，哪些农产品具有竞争力潜力，未来如何将竞争力潜力转化为好的竞争力绩效等等。对这些问题进行深入的实证研究，显然有助于更加清楚地认识中国农产品的国际竞争力现状，有助于提出提高中国农产品国际竞争力的策略。基于此，本书尝试从中美农产品竞争力比较的视角对以上这些问题做出初步回答。

1.2.2 研究意义

（1）现实意义。已有研究文献曾指出，对中国农产品国际竞争力进行研究具有重要而紧迫的现实意义。农业产业在中国是安天下、稳民心的基础产业和战略产业，保障农产品供求相对平衡，保持农产品价格相对稳定，保证农民收入不断增加，实现农村社会经济可持续发展，是每一届政府的神圣使命和目标[4~5]。因此，如何在全球经济一体化不断深化的背景下，培育和提高中国农产品国际竞争力，是一个理论界和决策层面临的极具挑战性的战略问题，也是一个非常值得重视的政策问题。无论是出口农产品规模的扩大，还是经受国外农产品的冲击，“主客场”市场的交锋是不可避免的，市场的胜负取决于产品的国际竞争力。如果不注重竞争力的提高，就会在国际竞争中失利，不仅农产品出口份额会越来越小，而且国内市场也会被国外农产品所挤占，最终将导致农业萎缩。正是中国经济发展现实的迫切需要，推动了对农产品竞争力的研究。

在全球性经济危机背景下，农产品价格的涨幅明显下降，出口的低迷影响农民工的就业，2008 年全国共有 2 500 万农民工面临就业压力，农民收入增长困难。因此，提高农民收入，缓解农民工就业压力，刺激农村消费，扩大内需，促进国民经济增长，克服经济危机的影响，保证社会和谐，是中国农业所承载的艰巨的历史使命。

本书从中美农产品竞争力比较的视角进行研究，通过与世界农产品贸易最强国美国相比较，来分析中国农产品国际竞争力绩效、竞争力潜力，进而提出竞争力实现的对策，有助于真正认清中国农产品的国际竞争力，对于保持国内市场农产品价格稳定，增加农业出口，促进农业发展，提高农民收入和保障国家经济社会健康和谐发展具有重要的现实意义。

（2）学术意义。

第一，前面已经提到，国内已有的关于农产品竞争力的研究，缺少一个非常清晰的概念框架，本书研究将基于 Buckley et al.（1988）和 Klaus Frohberg，Monika Hartmann（1997）的研究[7~8]，分竞争力绩效、竞争力潜力和竞争力实现三个层次构建一个完整的农产品国际竞争力的概念框架，并且按照这一框架进行实证研究，为中国农产品国际竞争力研究提供了一个系统的研究框架。

第二，本书将区别于国内已有的农产品国际竞争力的研究，偏重于在比较优势和竞争优势框架下进行国内各产业或产品间竞争力横向、纵向比较研究的范式，将研究方法转到中国与国际农产品贸易强国美国之间的横向比较上来，包括中美两国农产品在中国市场、美国市场和第三国市场（日本）的竞争力比较。只有这种国际间的比较研究才能真正把握国际竞争力的内涵，才能较全面地反映中国农产品在国内外市场的竞争力绩效和竞争力潜力，也便于找到制约竞争力的因素，并通过制定应对策略实现好竞争力绩效。

通过构建农产品国际竞争力绩效、竞争力潜力和竞争力实现三个层次的概念框架，按照这一框架采用国际比较研究的方法实证对比中美农产品国际竞争力绩效、竞争力潜力，给出实现中国农产品国际竞争力的对策。这一研究弥补了目前国内研究的缺陷，为国内农产品国际竞争力研究提供了一个新的分析框架。

1.3 国内外研究现状及评述①

1.3.1 国外相关研究

国外对于农产品竞争力的研究比较多，尤其近几年的研究更多。国外的研究主要集中于两个方面：一是竞争力的衡量及对农产品竞争力的实证比较，二是农产品竞争力的影响因素的实证研究。

（1）竞争力的衡量及对农产品竞争力的实证比较。Buckley et al.（1988）首次区分了三种不同的竞争力衡量的概念，即竞争力绩效、竞争力潜力和竞争力实现[7]。竞争力绩效是指对特定企业、部门或国家竞争力表现指标的衡量，可赢利性和市场份额被认为是衡量竞争力绩效的主导指标。竞争力潜力是对竞争力绩

① 为了提炼本书适用的理论基础并选择恰当的评价方法和指标，更详细的理论述评请参见第 2 章，此处国内外研究现状的综述仅为反映研究现状的总体面貌。

效来源的衡量。Boyle, G. E（2002）认为生产成本和部分生产力指标是竞争力潜力的重要衡量指标[9]。竞争力实现是竞争力潜力转换为竞争力绩效的机制。竞争力实现机制的衡量方法从本质上讲是定性而非定量的。

Klaus Frohberg, Monika Hartmann（1997）从理论上探讨了竞争力的比较衡量问题，认为应该从竞争力事后绩效和竞争力潜力两个方面来衡量竞争力。对竞争力事后绩效构建了相对出口优势指数、相对进口优势指数、相对贸易优势指数、实际汇率和对外直接投资等衡量指标，对竞争力潜力则认为应该采用国内资源成本来衡量[8]。

Larry Martin, Randall Westgren & Erna van Duren（1991）提出了两个衡量和监测竞争力的概念：利润和市场份额。他们认为，竞争力评价必须要进行比较。利润以增加值指标表示，市场份额以净出口比重指标表示。他们按照这一框架实证对比分析了加拿大和美国家禽、水果和蔬菜、麦类产品、牛奶和肉类产品等五个食品加工产品的竞争力。结论是在这五类产品中，加拿大有四类产品的相对竞争力在80年代下滑。通过他们的数据，证实了其原因是加拿大在竞争力的七种“驱动力”中大部分处于劣势[10]。

Joseph C. Salvacruz（1996）采用国际市场份额、国际市场份额获利指数和出口比重三种竞争力衡量的方法比较了美国和东盟成员在世界农产品市场上的竞争力。结果表明，美国的竞争力保持稳定，而东盟成员的竞争力波动较大，但近五年来保持着快速增长的趋势[11]。

Marvin Hayenga, David Seim, Mary Jane Novenario-Reese etc.（1998）详细对比分析了美国、丹麦、荷兰、加拿大猪肉出口的竞争力，以猪肉生产成本和加工成本所构成的总成本来衡量竞争力[12]。

Randall D. Schnepf, Erik Dohlman, and Christine Bolling

（2001）系统比较研究了美国、阿根廷和巴西的玉米、大豆和小麦等粮食产品的竞争力。他们认为，尽管产品市场竞争力反映了多种因素（如相对资源禀赋、农业气候条件、宏观经济政策、基础设施等）的影响，但从最简单的来看，国际市场竞争力就是指以最低的成本（最低的生产成本、交通成本和营销成本）来销售产品的能力。他们实证比较了美国、阿根廷和巴西三国从各自大豆主产区到共同目的港鹿特丹的成本（包括生产成本、交通成本和营销成本）结构，发现美国大豆出口成本的竞争力略落后于阿根廷和巴西[13]。

与其他文献通过构建指数来衡量竞争力不同的是，Jane L. Hsu 和 Joyce J. Wann（2001）通过市场调查的方法来考察美国水果在我国台湾市场的竞争力。该调查针对包括购物中心、超市、水果店、水果摊贩在内的水果经销商和消费者。调查表明，无论对经销商还是消费者，在我国台湾市场进口的美国水果比当地水果更具竞争力[14]。

F. S. Thorne（2005）考察了 1996—2000 年欧盟选定的成员谷类产品的竞争力。选定赢利性衡量竞争力绩效，选定生产成本、产值和部分生产力指标，包括小麦产出、土地生产力和劳动生产力用于衡量竞争力绩效的可能来源（潜力）。考察发现，英国、爱尔兰和法国生产力水平高于竞争国丹麦、德国和意大利。若考虑赢利性，自有资源的机会成本对欧盟谷类产品竞争力产生了主要影响。尽管意大利的会计成本最低，但意大利包括机会成本在内的经济成本最高。赢利性具体用三个指标来表示：总产值中的成本比重、每 100 千克的成本、每公顷的总成本[15]。

Maria Sassi（2006）构建了竞争力指数，该指数以总劳动增加值除以总劳动力的比率所代表的劳动生产力来表示。依此指数对比考察了欧盟 15 个国 170 个地区农业竞争力和农业创新、差异化等之间的关系[16]。

Christian Fischer and Sebastian Schornberg（2007）实证对

比考察了欧盟 13 个国家 1995—2002 年食品和饮料制造业的竞争力。构建了一个多维综合的产业竞争力指数，该指数涵盖了赢利性、生产力和产出增长。这一指数方法使得相对竞争力能在产业和国家之间进行横向和纵向的比较[17]。

Krijn J. Poppe，Jo H. M. Wijnands，Bernd M. J. van der Meulen and Harry J. Bremmers（2007）基于国际经济学方法提出了五个衡量竞争力的指数：特定产业实质增加值的增长、Balassa 指数的增长、出口占世界市场份额的增长、劳动生产力的增长和整个经济实质增加值的增长。他们基于这五个指数，评估比较了欧盟食品产业与美国、加拿大、澳大利亚和巴西等四个竞争对手的现实竞争力。并采用全球贸易分析模型（GTAP）模拟分析了未来食品产业竞争力的发展。结论是美国食品产业竞争力强于欧盟。欧盟食品产业竞争力弱于加拿大，与澳大利亚和巴西大体相当。而情境模拟表明，除非欧盟的生产力增长高于世界其他国家，否则欧盟的食品产业竞争力将维持弱势[18]。

（2）农产品竞争力影响因素的实证研究。Mark R. Metcalfe（2002）特别讨论了相对被人忽略的近年不断增加的美国和加拿大环境规制对美国和加拿大猪肉出口贸易竞争力的影响。环境规制作为哑变量而纳入一个复杂的模型中，通过回归分析的方法来分析环境规制对竞争力的影响。结果表明，美国环境规制并不会显著地影响美国出口竞争力，而欧盟相对更加严厉的环境规制实际上在短期内有助于提高美国猪肉生产者的竞争力[19]。不过，Mark R. Metcalfe 并没有在文中给出竞争力的明确的定义和衡量指标，而是以出口数量的增减来间接的反映竞争力的变化。

Joseph C. Salvacruz（1996）通过回归分析讨论了影响竞争力的因素。结果表明，竞争力受利率、劳动力可得性和由对外援助、FDI 以及农场规模驱动的内生技术进步的影响[11]。

Yuichiro Uchida，Paul Cook（2004）讨论了国内竞争对技术竞争力和贸易竞争力的影响。技术竞争力采用专利数目为基础计算的技术比较优势指数来表示，而贸易竞争力则采用出口额为基础计算的显示性比较优势指数来表示。他们实证比较了美国、日本等 9 个国家国内竞争对各自技术和贸易竞争力的影响，发现总体上国内竞争与技术和贸易竞争力之间存在显著的关系，而且国内竞争水平对贸易竞争力的影响比对技术竞争力的影响更加显著[20]。

Abdulkudos Ahmed Almarwani（2003）考察了美元汇率及其波动性对美国农产品出口竞争力的影响。他采用自回归条件异方差模型（TARCH），以比较优势指数衡量竞争力，发现竞争力和竞争对手的汇率之间存在正相关的关系[21]。

1.3.2 国内相关研究

国内对中国农产品竞争力的研究在中国加入 WTO 前夕形成了一个高潮，而后直到今天仍然是个热点问题。李双元等（2005）曾比较详细地综述了 2005 年之前关于中国农业和农产品竞争力的研究，为中国农产品竞争力研究提供了一个脉络的参照[22]。已有的研究可粗略归纳为如下几类：一是对中国主要农产品特别是大宗农产品国际竞争力的评价（包括对中国主要农产品的比较优势的定量评估）和中国农产品生产成本的国际比较等方面的研究，并提出相应的建议政策；二是从产业视角研究某一特定产业农产品的竞争力，如中国猪肉、牛肉等畜产品竞争力，中国柑橘、苹果等水果竞争力，中国蔬菜竞争力等；三是从国际比较视角对比中外农产品竞争力，如中美小麦等农产品竞争力的对比研究。

（1）对中国主要农产品特别是大宗农产品国际竞争力的评价与对策研究。周孝味（1996）采用灰色层次分析法，对农产品国际竞争力进行分析评价，在国内首次将农产品国际竞争力分解为价格和质量、品牌和销售、包装设计竞争力及其评价指标三个层次，并将技术竞争力作为总体竞争力函数的变量导入分析，但评价指标数据的可获得性和代表性可能使该方法的推广造成了困难[23]。柯炳生（2003）认为，农产品竞争力由价格、质量和信誉三方面的竞争力组成。从农产品性质看，农产品市场是比较典型的竞争性市场，因此，从理论上讲，竞争力的关键是农产品的价格，而价格竞争力的实质是单位产品成本的竞争，成本不仅是生产成本，还包括流通成本，通常生产成本是主体。可以说，单位农产品的生产成本是农产品竞争力的关键[3]。王兆洋（2007）进一步分别从价格、质量以及信誉几个角度将农产品国际竞争力构成分解为适应市场需求能力、市场占有能力、生产经营能力和可持续发展能力等几个方面，为量化分析农产品竞争力提供了指标分析体系，包括贸易竞争指数分析、显示性比较优势指数分析、国际市场占有率、劳动生产率的国际比较[6]。

程国强（2001）利用国内资源成本系数、社会净收益和有效保护率等方法，从比较优势度、资源配置效率和潜在比较优势等角度对中国农产品比较优势进行了分析。分析表明，中国农产品的比较优势有如下特征：小麦、玉米缺乏国际竞争力，大米具有比较优势；油籽、棉花缺乏国际竞争力；糖料、园艺产品、烤烟具有比较优势；畜产品具有比较优势。程国强还根据当时中国承诺的农产品市场开放条件，利用国际农产品贸易中心开发的中国农业与贸易政策模拟模型（CATP），在模拟中国加入 WTO 后比较优势决定因素变动的基础上，进一步分析了加入 WTO 对农产品比较优势的影响[2]。

帅传敏等（2003）采用等市场份额模型和显示性比较优势指标对中国农产品的比较优势和国际竞争力长期变化趋势进行定量和定性的研究。研究表明中国农产品国际竞争力呈下降趋势，但出口值绝对量的增加掩盖了这一趋势。出口农产品结构不优、市场结构单一是制约中国农产品国际竞争力提高的主要因素。采用 RCA 指数对不同类型的农产品的具体国际竞争力进行研究，结果显示，土地密集型农产品的比较优势基本丧失，而劳动密集型农产品具有较强的比较优势，鲜活原料型农产品的比较优势呈下降趋势，而深加工型农产品的比较优势显著上升[24]。

庞守林（2004）认为农产品国际竞争力是成本控制能力、生产组织能力、科技开发能力、营销组织能力、产品加工能力和市场反应能力的"一组先进技术和能力的和谐组合"，农产品参与国际竞争应该由产品的多层次性开辟多条出口渠道，并与市场需求相对应，农产品的核心竞争力是消费者剩余。针对农产品国际竞争的特点，对中国主要农产品的生产能力、生产成本、市场价格和价格形成机制进行了比较分析。研究影响主要农产品国际竞争力的因素及其优化，包括资源因素、技术与规模因素、农业组织效率与组织制度、政府功能定位等因素对国际竞争力的影响及优化，并且具体从产品结构、市场结构、经营结构三个方面提出农产品参与国际竞争的优化策略。庞守林（2004）还从宏观的层面上提出，应该从整个供应链上把握农产品的生产与流通，规划农业发展，整合农业资源、农业产品、农业市场，加快科学技术的创新和推广，提高农业生产效率，增强农产品的国际竞争力[5]。

李春海（2004）从农产品贸易格局、农产品比较优势和竞争力的变化、农业政策效应以及相关问题进行系统研究，以分析在WTO框架下中国农产品竞争力的有无及其变化趋势。他认为农产品比较优势与竞争优势的不一致，在于讨论的基准不同。市场化趋向的改革，中国农产品贸易逐渐趋于比较优势法则，这是中国农业发展战略最重要的选择。从生产成本的考察开始，研究中国土地密集型农产品失去价格竞争力的原因。同时与中国主要贸易伙伴国进行比较分析，最后指出按比较优势调整生产结构是必然逻辑。从生产成本、流通费用、产品差异化、贸易保护制度、国内支持等多层面、多角度、全面地分析农产品价格竞争因素和差异化（非价格）竞争因素，指出把握比较优势原则和优化政策支持体系建设是达成满意结果的重要条件[4]。李春海（2004）的研究突破以往研究把流通过程作为“黑箱”处理而只讨论单位运输成本的范示，把农产品流通费用分解为物流费用、商流费用、信息流费用以及制度和转入费用等方面并进行了深入讨论。在此基础上，就农产品流通费用问题进行了实证研究。事实表明，流通费用是影响农产品竞争力的又一关键因素[4]。

侯杰（2006）指出，农产品国际竞争力的评价，可以由出口市场占有率（或出口量）变化、显示性比较优势指数、产品生产成本（或生产者价格，或赢利率指标）、进口依赖率指标、贸易竞争指数指标、出口增长优势指数、出口产品质量升级指数、出口依存度或出口贡献率等指标，或者作为一个整体，或者选取其中的一两项来进行。与这些指标的选定紧密相关的是，影响到农产品国际竞争力的因素可以大致分为资源性因素和非资源性因素两大类。前者主要是指劳动力与人力资本的数量和质量、自然资源禀赋和自然条件状况、科技水平、投资水平等。后者主要包括市场研究预测分析与科技创新因素、制度安排与销售渠道因素、产品差异化程度与管理技术因素、农业企业形象与农产品品牌效应、基础设施与公共支持等[25]。侯杰（2006）通过对出口现状、显示性比较优势、生产成本等方面的实证及其国际比较发现，中国在猪肉、蔬菜等劳动力密集型农产品的生产方面具有一定的优势和较强的竞争力，而美国在大多数农产品的生产和出口方面都具有绝对优势，这也反映了其农业强国的现实状况。对影响中国农产品国际竞争现状的因素实证分析发现，劳动力资源、农业投资、高科技含量、农业产业化经营等因素影响中国农产品国际竞争优势的取得，并且这些因素的发展变化同农产品国际竞争力高度相关[25]。

辛毅、李宁（2007）以中国小麦、稻谷、玉米、大豆和棉花等主要土地密集型农产品在国内市场的国际竞争力为研究对象，分析了生产效率、生产要素成本、流通效率、汇率制度和人民币升值等因素对农产品国际竞争力的影响。以中国国内市场上国内外农产品所占比重来反映农产品国际竞争力。分析指出五种产品中，除玉米外，主要农产品的国内自产数量在总供应量中所占比重呈下降趋势，而国外进口所占比重则呈上升趋势[26]。

屈小博、霍学喜（2007）采用显示性比较优势指数（RCA）、贸易竞争力指数（TC）以及国际市场份额等评价了中国农产品出口的国际竞争力。实证分析显示，农产品出口贸易结构总体反映了中国农业资源的禀赋和比较优势特征，主要集中在具有竞争优势的劳动密集型农产品，但与农产品出口大国相比，整体竞争力弱，处于竞争劣势，部分劳动密集型农产品具有国际竞争力，如水产品、蔬菜水果、肉类产品及加工品等。显示性比较优势指数（RCA）、贸易竞争力指数（TC）以及农产品国家市场份额显示，中国农产品出口的整体竞争力较弱，处于低竞争水平的劣势。部分农产品，如禽肉、猪肉及制品、新鲜蔬菜以及蔬菜制品等劳动密集型农产品具有比较优势，而小麦、油菜籽和大豆等土地密集型农产品缺乏国际竞争力。由此可以看出，中国农产品出口的竞争力与农产品贸易结构基本保持一致[27]。屈小博、霍学喜（2007）因此认为，为了继续扩大中国农产品的出口规模，应进一步发挥中国农村劳动力丰裕的优势，继续扩大水产品、蔬菜水果等园艺类产品、畜产品、饮料、烟草类等劳动密集型农产品的出口。在目前农产品出口频繁遭遇国外技术壁垒的严峻形势下，应特别注重加大对农业科研部门和农民职业技能教育培训机构的资金投入，制定详细、规范、操作性强的农产品质量标准体系，与国际接轨，以提高农产品的技术含量与技术水平[27]。

（2）对某一特定产业农产品竞争力的研究。乔娟（2002）以美国哈佛大学迈克尔·波特的“钻石模型”为基础，构建了中国肉类产品国际竞争力研究的分析框架。乔娟认为，肉类产品国际竞争力可直接表现为市场占有率。市场占有率越高、获利越多，则表明其国际竞争力越强。从国际竞争力实现指标（包括市场占有率、贸易竞争指数、固定市场份额模型、显示性比较优势）、影响国际竞争力的直接和间接因素（包括成本和价格、质量和安全、生产力水平、品种资源和技术、出口产品结构、企业规模程度）、影响国际竞争力的深层次因素（包括生产要素、国内市场需求条件、相关及辅助产业状况、企业战略、政府的作用和机遇）等方面，具体设计了中国肉类产品国际竞争力研究的分析框架[28]。彭宇文、吴林海（2007）也分析了中国肉类产品国际竞争力，认为中国肉类产品国际竞争力十分脆弱，主要是由于中国肉类缺乏质量竞争力。因此，提高中国肉类产品国际竞争力的主要出路在于提高中国肉类产品的质量安全水平，以获得更广泛的国际消费群体的支持。提出除了要加强对环境污染的治理力度以外，还要在农业科技投入、保障食品质量安全、建立健全质量检查制度和市场准入制度、提高生产技术标准等方面加大工作力度[29]。

刘雪（2002）分析和评估中国蔬菜产业的国际竞争能力，研究如何使中国蔬菜产业的潜在比较优势转化为现实竞争优势。指出在经济全球化条件下，面对发达国家资本对劳动的替代，中国蔬菜生产上的比较优势只能成为竞争优势的必要条件，而创造条件实现比较优势向竞争优势的转化才是发挥中国蔬菜产业的资源优势，提高中国蔬菜产业竞争力的未来取向。在界定蔬菜产业体系的基础上，对影响蔬菜产业竞争力的主要因素进行了辨识，包括：要素条件、需求因素、运输成本、科学技术、产业组织和市场营销等。构建了评价蔬菜产业国际竞争力的指标体系，并对包括中国在内，涵盖世界蔬菜的主要生产国和贸易国的 13 个国家的蔬菜产业国际竞争力进行了单项指标评价分析和综合水平评价分析[30]。

钟金传（2005）建立了大豆产业国际竞争力的分析框架。系统分析了全球大豆产业国际竞争力的演变和竞争格局的形成以及中国大豆产业国际竞争力的下降过程、影响因素和演变机制，最后提出了提升中国大豆产业国际竞争力的策略。他认为，导致中国大豆产业国际竞争力下降的直接因素是中国大豆综合成本高，综合收益低，单产低于巴西、阿根廷和美国等，而深层原因在于产业格局不近合理，产业政策的支持和保护缺乏力度，竞争性作物玉米产业发展速度较快等。建议在大豆产业发展战略上，选择“自给为主，进口为辅”的发展战略和发展非转基因大豆战略。在大豆产业发展的战略目标上，近中期目标是不断提高中国大豆产业的自给率，长期目标是构筑具有国际竞争力的中国大豆产业生态系统[31]。

(3) 中外农产品竞争力对比研究。胡小平、涂文涛（2003）从生产成本、国内市场价格、流通费用三个方面分析了中美两国小麦的市场竞争力。目前中国小麦生产成本略低于美国，国内市场价格也低于美国。分析指出流通费用成为影响竞争力的主要因素。离开了政府的大量出口补贴，美国小麦无力在中国市场上与中国小麦竞争。总的结论是：未来五至十五年中，中国小麦在本国市场上将对美国小麦保持很强的竞争优势。在WTO农业规则对出口补贴日益严格的约束下，美国小麦无力大规模冲击中国市场[32]。

潘伟光（2005）则对中国与韩国的苹果和柑橘的竞争力进行比较，研究发现，中国水果业与韩国相比在生产成本、价格方面的优势非常明显，韩国苹果和柑橘在单位生产率方面有明显的优势。从总生产成本和价格上来看，中国柑橘和苹果类水果与韩国相比具有较大的生产成本和价格优势。成本结构的研究表明中韩两国之间劳动力价格因素是重要的影响因素。因此，对于劳动密集型的水果产品而言，在中国劳动力工资没有成倍上涨的情况下，中国在中长期内水果低成本的优势将会持续。潘伟光同时认为，要把中国水果成本价格优势转化为对韩国市场的竞争优势关键在于突破技术性贸易壁垒[33]。

余子鹏（2006）以显性竞争力指标比较分析了中美农产品国际竞争力，指出美国农产品在中国市场上的显性竞争力普遍高于中国农产品在美国市场上的竞争力。在分析影响中美农产品国际竞争力因素的基础上，提出增强中国农产品竞争力的对策：完善中国农产品对外贸易政策，加强对农业生产的支持和政策扶持，提升中国农业技术，破除国外技术壁垒等[34]。

1.3.3 简要述评

以上国内外研究现状综述表明，虽然国内较多文献研究了中国农产品的国际竞争力，并且提出了诸多富有创见之处，为提高中国农产品竞争力做出了贡献。但与国外研究相比，显然目前国内研究的范围非常广泛，但深度和力度还不够。已有研究存在以下不足之处：一是已有研究总体仍然缺少一个比较清晰系统的概念框架；二是研究偏重在比较优势和竞争优势框架下进行国内各产业或产品间竞争力横向、纵向比较研究的范式，采用显性比较优势等指标进行评估，而基于这些理论和指标进行国际竞争力评估已被国外研究认为是不恰当的；三是缺少系统的国际对比研究，难以真正反映出中国农产品的国际竞争力。已有研究绝大多数没有从国际比较的视野来研究中国农产品国际竞争力，而是从历史角度来比较中国农产品现在和过去的竞争力。这显然曲解了国际竞争力的本质，因为无论如何定义国际竞争力，在分析一国产品的国际竞争力时，是无法脱离国际比较分析的。因此，中国农产品竞争力的研究还有待进一步地深入研究。

1.4 研究目标和内容

1.4.1 研究目标

本书研究的目标在于构建竞争力绩效、竞争力潜力和竞争力实现三个层次的概念框架，为国内农产品国际竞争力研究提供一个新的分析框架，按照这一框架采用国际比较研究方法实证对比研究中美农产品国际竞争力绩效、竞争力潜力，并给出竞争力实现的对策。通过实证分析，从数量上说明中国农产品竞争力对于农产品出口的贡献和中国农产品的国际竞争力绩效及其与美国差距的所在，同时揭示中国具有国际竞争力潜力的农产品，在此基础上，提出未来提高农产品国际竞争力以实现好的竞争力绩效的机制。

1.4.2 主要研究内容

本书在假设中美农产品对外供给能力基本相似的基础上，从中美农产品竞争力比较的视角来研究中国农产品的国际竞争力，通过与世界农产品贸易最强国美国相比较，来分析中国农产品国际竞争力绩效表现和竞争力潜力，进而提出实现竞争力、提高竞争力绩效的对策。除绪论和结论外，本书主要研究内容如下：

第 2 章 竞争力的理论基础与衡量方法文献综述。本章在国内外农产品国际竞争力研究文献的基础上，阐述农产品国际竞争力的理论基础以及实证方法，主要内容包括竞争力定义与层次、理论基础、影响因素、实证研究方法等。

第 3 章 农产品国际竞争力的概念框架与评估指标。本章将在文献综述基础上界定农产品国际竞争力定义，构建一个农产品国际竞争力绩效、竞争力潜力和竞争力实现三个层次的概念框架，而后在上一章对各评估指标特点的评析基础上，甄别选用和构建相应的评估指标。

第 4 章 中美农产品国际竞争力对农产品出口的贡献比较。本章基于等市场份额模型（CMS），分解农产品出口增长来源，实证对比中美两国农产品竞争力对于各自农产品出口的贡献，以此说明中国与美国在世界农产品贸易中的差距在多大程度上归于农产品国际竞争力的差距，强调国际竞争力对于国际贸易的重要意义。

第 5 章 中美农产品国际竞争力绩效比较。本章将通过采用第 3 章构建的农产品国际竞争力绩效评估指标比较中美两国分别在中国国内市场、美国国内市场和第三国市场（日本）上的竞争力绩效，以此反映中国农产品国际竞争力的现状。

第 6 章 中美主要农产品国际竞争力潜力比较。本章将通过采用第 3 章构建的农产品国际竞争力潜力评估指标比较中美两国农产品在中国国内市场、美国国内市场和第三国市场（亚洲）上的竞争力潜力。

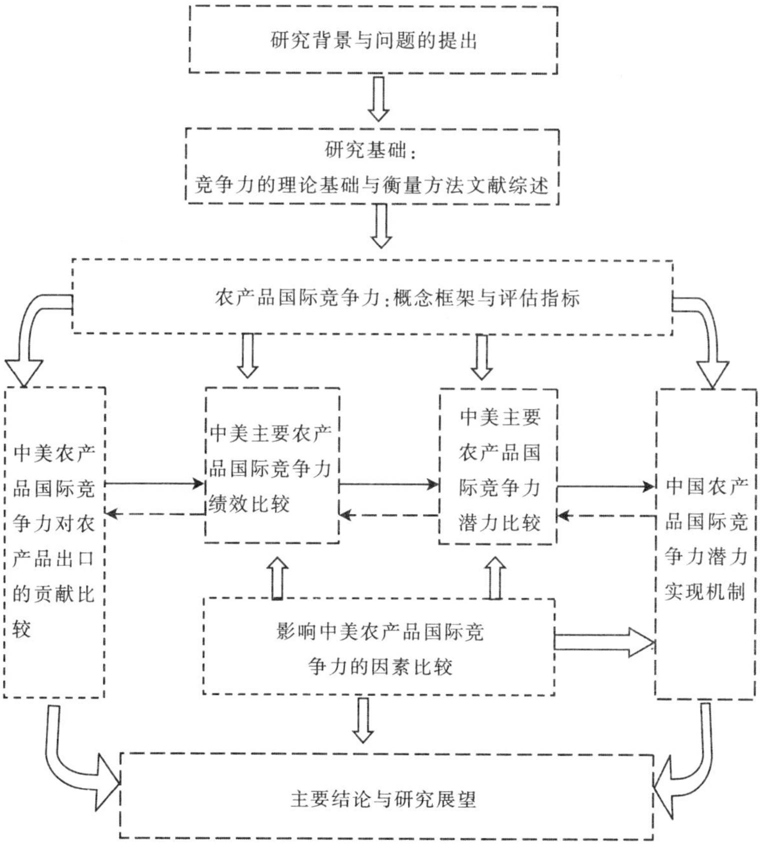

图 1-1 本书研究的框架结构图

第 7 章　中美农产品国际竞争力影响因素比较。竞争力实现机制与影响竞争力的因素相关联，因此，在下一章探讨竞争力实现机制之前，本章将从中美比较的视角来识别农产品生产和流通环节的影响因素，这些因素通过影响农产品的成本、质量和消费者对产品的认知接受程度等最终影响农产品的国际竞争力。

第 8 章　中国农产品国际竞争力实现机制。本章将在第 7 章识别中美两国农产品国际竞争力影响因素的基础上，探讨中国农产品国际竞争力的实现机制。

本书的框架结构如图 1－1 所示。

1.5　创新与不足

本书基于文献构建的农产品国际竞争力绩效、竞争力潜力和竞争力实现三个层次的概念框架，按照这一框架采用国际比较研究方法从中美比较视角实证评估中国农产品国际竞争力绩效和竞争力潜力，并给出实现竞争力、提升中国农产品国际竞争力绩效的机制对策。应该说，这一研究弥补了目前国内研究的缺陷，为国内农产品国际竞争力研究提供了一个新的分析框架。具体的创新与不足如下所述。

1.5.1　创新之处

（1）理论创新，包括三方面。

首先，对农产品国际竞争力概念进行了重新界定。本书借鉴国外文献对农产品国际竞争力的概念进行了新的界定：农产品国际竞争力是一国农产品在赢利状态下，在国内外市场获取并保持市场份额的可持续的能力。这一定义指出，农产品国际竞争力本质上是一种能力，这种能力使得生产农产品的企业或农户能够在赢利状态下在国内外市场获取和保持市场份额。总的来说，这一定义中包含竞争力的空间和时间维度，国内外市场区分强调了竞争力空间维度，而可持续性则意味着时间维度。这一定义强调国际竞争力评估必然涉及国家间的比较，同时亦隐含了竞争力评估的重要指标——赢利（成本）与市场份额。

其次，构建了新的农产品国际竞争力分析框架并首次进行系统的实证检验。本书将国外文献提出的竞争力层次分类拓展运用于农产品国际竞争力分析，构建了农产品国际竞争力绩效、竞争力潜力和竞争力实现机制三层次比较完整的概念框架，并且在国内首次按照这一框架进行实证研究，为中国农产品国际竞争力研究提供了一个新的研究框架。

第三，构建了新的农产品国际竞争力评估指标体系。本书按照竞争力绩效、竞争力潜力和竞争力实现机制三个层次的概念框架，构建了相应的农产品国际竞争力评估指标体系，扬弃了已有定量研究中在比较优势理论框架下构建的显示性比较优势指数等评价指标，系统化了农产品国际竞争力绩效和潜力的评估指标，并采用这些指标实证对比了中美两国的竞争力绩效和竞争力潜力。

（2）方法创新，采用了国际比较等研究方法。首先，与国内农产品国际竞争力研究偏重在比较优势和竞争优势框架下进行各产业或产品间竞争力国内横向或纵向比较研究的范式不同，本书在实证研究中将中国农产品国际竞争力与美国进行系统的国际横向比较，这种国际间的比较研究才能真正把握国际竞争力的内涵。同时，本书的国际比较研究涉及中美农产品在中国市场、美国市场、第三国市场（日本）的竞争力比较，这种区分市场的横向比较研究能全面反映中国农产品在国内外市场的竞争力绩效和竞争潜力。

（3）视角新，基于中美比较视角。从中美比较视角对中国农产品国际争力问题进行系统的研究在本研究领域是首次。

另外，与一般研究不同，本书基于生产环节和流通环节影响农产品成本和质量的因素来识别中国农产品国际竞争力的影响因素，这一研究方法使得对这些影响因素的提炼有着充分的依据，从而也使得本书提出的中国农产品竞争力实现机制既具有全面性，又具有针对性。

1.5.2 不足之处

（1）受限于数据的可得性和可比性，本书选择进行竞争力潜力评估和竞争力影响因素分析比较的农产品较少，仅限于种植类的六种农产品，特别是忽略了养殖类农产品，从而使得本书的分析不够全面。

（2）由于对农产品质量的评估比较仍然是一个难题，本书对于质量的评估是以最低要求的质量安全性来进行间接评估的，由此得出的结论未能精确反映出中美农产品在质量上的差异性。

（3）由于无法获得系统的农产品国内运输、加工和营销等流通环节的详尽数据，因而对于流通环节的分析比较笼统，也使得后续的竞争力实现机制探讨中难以就流通环节提出更具针对性的对策。

2 竞争力的理论基础与衡量方法文献评述

众所周知，国内外（尤其是国外）关于竞争力的研究已经汗牛充栋，诸多研究从不同的视角贡献了关于竞争力的各种理论与方法。然而，虽然国际竞争力一直是讨论的焦点和主题，但至今仍未能很好地定义或衡量它[10]。学者们也已经构建了竞争力理论框架，然而，这些理论在研究层面和观点上仍有大相径庭之处。所以，尽管对于竞争力的经济和社会贡献有诸多共识，但是对于竞争力究竟是什么以及竞争力最重要的决定因素是什么，这两个问题却仍然不甚明确[17]。

为了选择本研究的基本理论依据、衡量方法及指标，本章对相关的主要文献进行述评。参照 F. S. Thorne（2004）的研究[38]，文献述评重点关注如下方面的识别：①竞争力的合适定义与层次；②竞争力有关的理论；③影响竞争力的因素；④竞争力的衡量方法及各衡量指标的优势与缺陷。

2.1 竞争力的定义与层次

2.1.1 竞争力的定义

关于竞争力经济学家和政策制定者一直在争论，至今没有形成一个统一的认识，对此也没有形成一个无歧义的定义。在文献中，有许多关于竞争力的不同的定义[17]。经济合作发展组织（OECD）将其定义为公司、产业、地区、国家和多国地区在参与国际竞争中，在可持续基础上获得相对高的要素收入和要素利用水平的能力；欧盟委员会（EU）则将竞争力定义为一个经济体在可持续基础上为其人口提供高的或不断提升的生活水准，以及为所有愿意工作的人提供高水平就业的能力；联合国贸易发展署（UNCTAD）更加明确地把国际竞争力定义为从简单的更多出口到多样化出口产品，维持更高的出口增长率，升级出口行为中的技术和技艺含量，再到扩展国内公司基础以有能力参与全球竞争。

与以上偏重于宏观层面的定义不同，一些机构和研究从相对微观的层面来界定竞争力。Canada's Task Force on Competitiveness in the Agri-Food Sector 定义的竞争力是指一种在赢利状态下，在国内和（或）国外市场获取并保持市场份额的可持续的能力[10]。这一定义多次被国外相关研究引用。Miramon，Isabelle D. C.（1991）指出，这一定义中包含竞争力的时间和空间维度，可持续性意味着应该包括时间维度，而国内和或国际市场在空间维度上区分了国内市场竞争力和国际市场竞争力[35]。这个定义假定，当一个企业、产业或国家能以可接受的利润水平在给定市场销售给定产品，那它就是有竞争力的。这与 Porter 的竞争力的定义是一致的，因为它意识到，企业或产业可能采用不同的竞争战略来支撑其竞争力目标，同时也意识到，竞争力具有时间维度，因为竞争力必须是可持续的。Larry Martin，Randall Westgren & Erna van Duren（1991）进一步指出[10]，这一定义提供了两个可用于衡量和监测竞争力的概念——利润和市场份额(Profit and Market Share)，同时它也暗含竞争力的评估必须是可比较的[10]。

苏航（2005）在对中国农产品竞争力的研究中指出，农产品竞争力指农产品在市场交易中表现出来的市场占有能力和赢利能力[36]。农产品对市场的占有能力主要由农产品对市场需求的适应能力、农产品的质量和价格以及农产品营销服务的质量与水平来决定，农产品的赢利能力则主要由生产数量、生产成本和产品价格来决定[36]。

另外，Changping Chen，Stanley M. Fletcher，Ping Zhang，and Dale H. Carley（1997）也强调了市场份额在竞争力定义中的作用。他们指出，在经济学文献中，“竞争力”这个术语经常被定义为在可持续的一段时间内保持或增加市场份额的能力[37]。Randall D. Schnepf，Erik Dohlman & Christine Bolling（2001）则从成本的视角来界定竞争力。他们指出，简单而言，国际市场竞争力是以最低成本交付（Deliver）产品的能力，这里的最低成本是指包括企业层面的生产、运输和营销成本在内的组合成本[13]。

然而，与以上侧重单一角度的定义不同，近年的研究文献则更加注重于竞争力的复杂性，从多维的视角来定义竞争力。如Miramon，Isabelle D. C.（1991）认为，竞争力至少包括三个维度：一是经济个体单位的本性，二是这些个体单位运行的市场层次，三是时间因素[35]。竞争力在技术上可以描述为更高且持久的多维的经济绩效。换句话说，竞争力是一个多个方面的且包含了复杂经济行为的复合体[17]。国内学者柯炳生（2003）也认为农产品竞争力是由多方面因素构成的。他指出，农产品竞争力总体上可以分解为三个方面，即价格竞争力、质量竞争力和信誉竞争力，这三个方面是相辅相成的，任何一个方面的缺失、缺陷或不足，都会对竞争力产生显著的影响[3]。

以上只列举了部分具有代表性的竞争力的定义，已有的研究中实际采用的竞争力的定义还有很多。多种不同定义的存在表明竞争力概念在本质上是多维的，由此带来的结果是无论在理论上还是在经验上都很难处理它[17]。

2.1.2 竞争力的层次

F. S. Thorne（2004）指出，为了精确地衡量竞争力，进一步地定义是必要的[38]。因此，不少研究从多个层面或层次来界定和区分竞争力的内涵。Buckley et al.（1988）首次识别了竞争力的不同衡量之间的区别[7]。竞争力被区分为：

（1）竞争力绩效。它是指对特定企业、产业或国家竞争力指标的衡量。赢利性被认为是衡量竞争绩效的一个主导性指标[38]。使用赢利性作为衡量竞争力绩效的指标意味着成本和回报两者同时要考虑进来。成本定义为总现金成本和总经济成本两种。衡量竞争力绩效的具体指标包括：成本占产出的比率、利润与单位成本之比和每公顷利润[38]。

（2）竞争力潜力。它是对竞争优势来源的衡量。竞争力潜力的衡量往往关注于成本的比较。对此，Boyle（2002）提出一个重要的问题：竞争力是否应该将完全关注成本比较，或者也应该考虑产品价格差异[9]。

（3）竞争力实现。它是指竞争力潜力被转化为竞争力绩效的机制。对竞争力过程的衡量大多数是定性的。

A. Lara，P. W. Kelly，B. Lynch（2001）认为，竞争力潜力、过程和绩效这三种类型的衡量均衡量一个概念——竞争力，但却是从不同的角度，三者分别指一个竞争力系统的开始、中间和结果。没有一个单一的竞争力指标能够应对各种情况，缺少这样一个单一的指标既是由于数据的缺乏，也是由于构建一个内在一致的理论的困难[39]。

因此，正如 F. S. Thorne（2004）指出的，太多关于竞争力主题的研究集中于竞争力绩效的指标，而忽略了竞争力潜力的指标。F. S. Thorne 认为其在识别竞争力潜力上迈出了一步[38]。由于竞争力潜力与投入的可得性、数量和质量相关，以及怎样组织它们以获得更高的绩效相关（Pitts and Lagnevik，1998），因此，部分生产力指数被作为竞争力潜力的衡量指标。

然而，F. S. Thorne 是将竞争力潜力和竞争力绩效结合在一起进行测度的。他指出，不将竞争力潜力和竞争力绩效分开测度具有重要意义，强调这一点很重要。例如，如果没有和生产成本或赢利性指标进行比较参照，低物质生产力指数就不能必然推断出低竞争力潜力的结论，因为低生产成本可能超过对低物质生产力的补偿[38]。

在 Buckley et al.（1988）研究基础上，Klaus Frohberg，Monika Hartmann（1997）指出，竞争力的概念可以在产品加总和空间延伸的不同层次上应用[8]。另外，过去的表现（事后）或者竞争力潜力（事前）可能成为分析的中心。Miramon，Isabelle D. C.（1991）也认为，竞争力可以有多种定义，竞争力是一种相对概念，可以分别在企业层面、产业层面或国家层面定义它。这表明，竞争力可以通过在企业之间、产业之间、国家之间进行比较来评估。它也可以相对于不同的市场层次来进行定义，如地区、国家和国际层面[35]。

因此，Hao Liu（2004）指出，尽管已有诸多研究，但是关于竞争力的定义并未达成一致。基于不同的研究目标，竞争力有不同的定义。在国家层面上，竞争力是一国赖以增加就业和提高国民生活标准的途径[40]。正如 Harrison & Kennedy（1997）指出的：一国的竞争力就是一种能力，这种能力能持续维持经济可接受的增长率和国民的实际生活水准，同时在不降低后代的增长潜力和生活水准的条件下有效提供就业[41]。但是 Porte（1990）指出，是产业部门而不是国家之间在相互竞争，因此理解竞争力的最根本的方法是在产业层面上进行研究[42]。那些获得竞争优势的企业最终将为国家带来经济的增长和财富的不断增长。在企业层面上，Harrison & Kennedy（1997）则把竞争力定义为一种在特定市场以不高于其他卖家的价格创造和传递价值的能力[41]。

2.2 竞争力的理论基础

尽管关于竞争力的定义仍然存在争议，但是基于不同定义的竞争力理论框架却已经由经济学者和管理学者建立起来了。F. S. Thorne（2004）将竞争力理论归类于三种理论：传统贸易理论、产业组织理论和战略管理理论[38]。Miramon，Isabelle D. C.（1991）同样归纳总结了竞争力的三个理论基础，即新古典经济学、产业组织理论和战略管理理论[35]。Hao Liu（2004）也列出了竞争力理论的三个流派，所不同的是，他将产业组织理论和战略管理理论合为一个流派，而另外增加一个流派——资源基础理论（Resource Based Theory）[40]。由此，这里从四个方面，即传统贸易理论、产业组织理论、战略管理理论和资源基础理论来综述竞争力的理论基础。

2.2.1 传统贸易理论

在早期，传统贸易理论中的绝对优势理论和比较优势理论为竞争力提供了理论上的部分解释。沿着亚当·斯密的专业分工有助于国家间贸易的思想，大卫·李嘉图提出了比较优势理论①，认为两个国家间应各自遵循“两优取其重，两劣择其轻”的原则进行分工，然后通过贸易来使得两国获得最大的福利。

李嘉图的比较优势理论解释了两个国家间的贸易模式，表明贸易是基于生产力方面的效率差异。即比较优势理论表明，生产力高低是决定竞争力的重要因素，高的生产力会提高供给，从而提高市场份额[35]。在李嘉图的比较优势理论模型中，生产力测度，如劳动生产力是国际竞争力的一个衡量指标。但是，其实物投入产出的衡量方法没有纳入服务部分，而服务在某些产业中非常重要。因此，仅仅考虑单一要素的生产力衡量是不够的[35]。

F. S. Thorne（2004）指出，传统的贸易理论对竞争力概念

---

① 鉴于对于这一理论具体内容的介绍经常见于竞争力和贸易研究的中文文献如《国际贸易学》（董瑾，2006）中，我们在此不再重复理论的详细内容，而更多关注于这一理论对于竞争力分析的贡献与不足。以下对其他理论的述评也如此。

的发展提供了有用的洞见[38]。然而，McCalla（1994）指出，传统的以贸易为基础的竞争力的焦点被内化在供给经济学中[43]。基于贸易理论的界定，竞争力的主要衡量指标是相对价格差异。因此，这种理论没有很好的解释需求经济学。这些理论的一个固有的缺陷是没有阐释产品质量差异、企业营销和服务能力及支持产业获得竞争力的战略[38]。

另外，Miramon，Isabelle D. C.（1991）也指出，传统的贸易理论总体上缺少动态分析，而这对竞争力分析非常关键。比较优势理论是建立在均衡的基础上的，而实现均衡的过程被忽略了。需求或成本变动是通过比较静态指标来分析的，这样，竞争力的分析也是在某一固定时间点进行的，忽略了竞争力可能导致企业改变其行为的研究，这些都使得传统贸易理论在应用于竞争力分析时面临着诸多困境[35]。

2.2.2　产业组织理论

Joe Bain 于 20 世纪 50 年代创建了产业组织理论。尽管其因缺少理论基础受到质疑，但是产业组织理论成功地推广了“结构（Structure）—行为（Conduct）—绩效（Performance）”的分析范式，用来分析企业的行为。应该说，产业组织主流方法提供了对企业或产业行为的一个解释，强调了环境和结构对于其行为的影响，其中市场份额在决定组织行为上有重要作用，而利润则反映了绩效[35]。

显然，产业组织理论的核心是构建“结构—行为—绩效”的 SCP 框架，以识别影响经济绩效的变量。这个 SCP 模型基于如下假设：一个产业的绩效依赖于面临价格政策、惯例和广告等因素的卖方和买方的行为。行为反过来依赖于相关市场的结构，而市场结构则由买卖双方的数量和进入壁垒的有无等特征决定[38]。

McCalla（1994）总结了基于产业组织特点的竞争力理论框架，这个理论框架的特点有：①理论应用有限，研究在本质上凭直觉进行，因此发展的框架复杂而且是概念性的；②相信竞争力是由需求驱动的；③认为政策不是一个重要的构建变量；④非价格因素比价格变量更加重要[43]。

以上的分析表明，尽管如传统的贸易理论一样，产业组织理论也缺少动态分析，但是，可以明显地看到传统贸易理论到产业组织理论的转变，两者的区别是基于各自对供方经济学和需方经济学的关注重点不同[38]。

2.2.3 竞争优势理论

由迈克尔·波特领导的战略管理学派在20世纪70至80年代发展了一种新的方法，在给定的市场结构、产业结构和产业竞争，允许企业选择其绩效指标——目标，选择其最好的行为——手段的条件下，战略管理学派理论强调企业行为背后的逻辑。企业通过采取低成本或差异化等竞争战略，获得竞争优势[35]。

Porter（1990）所提出的问题是：为什么一国的特定产业在国际市场上获得了成功[42]。Porter相信其答案内在于其波特钻石模型中。钻石模型用于决定产业中的企业竞争力的各种来源，其中包括五种主要的竞争力优势来源：要素条件，需求条件，企业战略、结构，竞争对手，相关支持产业。以及另外两个波特认为对竞争力优势地位有贡献的因素：机会和政府。基于以上要素中的一种或两种，任何给定产业都可能获得相对于竞争对手的竞争优势，但是这种竞争优势在一个相对较长的时期内绝大多数是不可持续的。竞争对手将很快弄清优势的来源，并锁定能提供初始比较优势的要素。Porter认为，重要的是不断更新竞争力优势的来源以在更长时期内保持优势竞争力[38]。

竞争优势和竞争战略决定了一个企业或产业的竞争力。Porter的分析强调，企业或产业的竞争边界衡量取决于几个因素。竞争力绩效指标对一个战略有效，但可能对其他战略无效。他指出，市场份额指标可能不是竞争优势的一个合适的测度指标，特别是在一个企业追求集中（Focus）战略的条件下。财务指标如资产回报率（ROA）、投资回报率（ROI）对于成熟产业的成熟企业而言是最好的指标，但是对一个刚刚进入市场，或进行大量投资启动运营等的企业，这些指标就不能反映企业的绩效。生产力指标也是如此。在资本密集型产业，劳动生产力可能是一个好的绩效指标，但如果企业最广为人知的资产是其产品设计和质量，那劳动生产力指标就不能反映企业竞争优势的这一方面。对于低成本战略，成本是主要考虑的因素，因此也是唯一的绩效指标。但是如果企业在追求差异化战略，那成本当然就不是企业绩效的衡量指标[35]。

应该说，Porter 在企业或产业层面建立了定义竞争和竞争力的基础。而在 F. S. Thorne（2004）看来，战略管理理论可以看成是集成传统贸易理论和产业组织理论的竞争力理论[38]，这一点从 Kennedy et al.（1997）根据战略管理理论家的归纳对竞争力的定义就可以看出来。他将竞争力定义为在赢利条件下通过成本领先和（或）产品差异化创造和传递价值的一种能力。这个定义暗含竞争力直接与那些影响企业成本和需求结构的因素相关。传统贸易理论的竞争力主要关注企业的成本结构，而产业组织理论聚焦于企业的需求结构[44]。

Porter 的竞争优势模型重点关注竞争力来源而不是竞争力指标，并且具有较强的解释力，因此被认为是竞争力最好的理论模型[38]。但是 Harrison & Kennedy（1997）指出，尽管识别竞争力来源很重要，但是发现竞争力来源与竞争力测度之间的内在联系也是至关重要的，而战略管理学派包括 Porter 也没能解释这一点[41]。

2.2.4 资源基础理论

资源基础理论①（Resource Based Theory）放松了传统的战

① 关于该理论的具体内容请参见 Hao Liu（2004）等。

略管理理论中的同质假设，更加集中于企业资源和战略的异质性。因此，它对企业行为给出了更加详细的解释。资源基础理论强调反映不同的资源要素和整合这些要素的方式的特殊性。这些特殊的特征能够解释同质理论所不能解释的持续优势，因为同质的资源要素不允许运用不同的战略。特殊的资源资产将成为企业持续的竞争优势的来源[40]。

根据资源基础理论，企业的资源可以根据确定性进行分类。确定性资源是能够被量化的资源，包括：①实物资本资源（建筑、设备）；②金融资本资源；③人力资本资源；④组织资本资源（决策过程和协调体系）。不确定性资源包括技术和声望，即专利、品牌和许可证协议等。经理人将运用不同的战略充分利用、影响和培育不同的资源，以获得持久的竞争优势。

Lake（2000）重点关注企业能够拥有的灵活性，这种灵活性通过操作灵活性（Operational Flexibility）或战略灵活性（Strategic Flexibility）反映出来。企业通过采取高水平的操作灵活性或战略灵活性来改善其绩效。操作灵活性反映在产品组合、产出数量、投入控制、劳动或设备以及新产品创新，战略灵活性则是企业适应不断变化的市场条件或政策环境的能力。

显然，资源基础理论在战略管理理论的基础上，更加详细地归纳了企业成功决定要素和路径。如 Hao Liu（2004）指出的，在一个差异化产品市场，最低成本和生产力不能成为衡量竞争力的唯一标准，其他的衡量手段，包括能力利用、灵活性和成功创新产品的能力等也提供了一些补充工具，采用一组指标而不是单一指标，是考虑竞争力问题的最优方式[40]。

2.3 影响竞争力的因素

无论在理论层面还是在实证层面，已有研究对影响竞争力的诸多因素均有较多地探讨，下面分别从理论和实证层面来综述这些因素。

2.3.1 理论层面

在理论层面，首先，正如 Hao Liu（2004）指出[40]，Porter（1990）的竞争优势理论提出了四种影响产业竞争力的因素[42]。

（1）要素。包括资源禀赋和基础设施，如资本、熟练的劳动力、土地、水、能源、天气和地理位置、交通和通讯设施。

（2）需求。国内和目标市场的需求条件能够塑造产业。

（3）相关产业和支撑产业。来源于支撑产业的优势或从上下游产业协调利益能够强化竞争力。

（4）企业战略、结构和竞争对手。指那些解释公司如何被创建、组织和管理以及如何通过竞争对手形成国内竞争环境的条件。

其次，Larry Martin，Randall Westgren and Erna van Duren（1991）根据新古典经济学，产业组织和战略管理文献中归纳出影响竞争力的因素，这些因素被归结为四类：个体厂商控制的因素、政府控制的因素、准控制因素和不可控因素①。在许多情况下，政府政策通过各种显性或隐性的方式限制了企业的战略选择和实施。因此，竞争力的追求是一种公共政策和私人管理战略之间的伙伴关系。投入价格和需求条件、国际贸易环境被归入准控制因素，是因为这些因素超出了一国政府和企业的控制和影响范围。而最显而易见的不可控因素是环境和气候[10]。主要的影响因素如表 2－1 所示。

Larry Martin，Randall Westgren & Erna van Duren（1991）认为，以上这些因素之间的互动形成了竞争力的“驱动力”，而

① 详细的解释见 Miramon，Isabelle D. C.（1991，p45）。

表 2-1　影响竞争力的四类因素

由个体厂商控制	由政府控制	准可控	不可控
战略	商业环境	投入价格	自然环境
产品	税收	需求条件	
技术	利率		
培训	汇率		
自有研发	国际贸易政策		
成本	研发政策		
联结	教育培训		
	联结		
	规章和标准		

资料来源：改编自文献［10］表1的部分。

这些驱动力之间也是互动的。其中，技术、生产力、投入和成本、产业结构和需求条件等驱动力直接来源于经济学和产业组织理论，而产品和联结驱动力因素则来源于战略管理学者的贡献。后者表明，企业组织其资源的方式、企业用于分销产品的分销渠道的选择质量、和客户或供应商之间构建战略联盟的使用，这些都是竞争力越来越重要的决定因素，特别是对于快速变化的全球市场而言[10]。

Larry Martin，Randall Westgren & Erna van Duren（1991）也曾从另一视角将竞争力的影响因素分类为：生产力、技术、产品、投入和成本、产业结构和需求条件联结。这一分类虽然在形式上与前四类有所区别，但是在本质上显然是一致的，即影响竞争力的因素基本相同[10]。

Miramon，Isabelle D. C.（1991）在其构建的分析框架中，指出影响竞争力的因素包括：结构和环境、产品、技术和劳动、投入和成本四类[35]，这些影响因素的衡量如表2-2所示。表2-2表明，结构和环境因素以卖方集中度和需求条件来衡量，产品因素以进一步加工的重要性衡量，技术和劳动则以规模经济和生产力衡量，投入和成本则以投入量和价格、生产成本衡量。

表 2-2 与竞争力有关的因素及其衡量

与竞争力有关因素	分别由以下衡量
结构和环境	卖方集中度
	需求条件
产品	进一步加工的重要性
技术和劳动	规模经济
	生产力
投入和成本	投入量和价格
	生产成本

资料来源：改编自 Miramon，Isabelle D. C.（1991，p65）表 4-4 部分[35]。

Hopkins S. & Lewis P. E. T.（1996）在分析获取国际竞争力的途径时，也同样指出，在企业层面，生产力、产品质量、产品技术和生产效率的改善都会增进部门竞争力。在更加宽泛的经济层面，劳动市场效率、生产和运输设施效率、规模大小合适的政府部门和好的宏观经济管理（包括正确估值的汇率）等，都会对竞争力做出贡献[45]。

Hopkins S. & Lewis P. E. T.（1996）特别强调公共政策对竞争力的影响，Hopkins S. & Lewis P. E. T. 认为政府采取的微观和宏观政策能够提高或削弱竞争力。政府对于有效竞争必要的基础设施的发展非常重要。对农业部门而言，这包括道路和其他交通枢纽，研究和发展规划、教育、电信网络以及有助于提高金融部门、劳动力市场和整个经济效率的法律和规章制度框架[45]。

Hopkins S. & Lewis P. E. T.（1996）还指出，经济的开放也有利于促进国内竞争力，同时现代农业的生产力依赖于大量的科研和技术发展。假定科研是一个公共品，政府对于提供基础研究的资助至关重要。环境保护立法限制环境恶化，增加了农业部门成本，因此在短期内会降低竞争力。但是假定立法是保护资源基础，从长期来看，如果其他国家也采取同样的条款，那么则有助于改善竞争力[45]。

另外，Randall D. Schnepf，Erik Dohlman & Christine Bolling（2001）认为，商品市场上的竞争力反映了多种不同因素的影响，这些因素包括相对资源禀赋和农业气候条件，也包括宏观经济政策（如汇率政策、投资政策、能源成本和可获得性等政策），部门特定政策（如信贷补贴、进口投入和出口产品的进出口税等），储存和运输的基础设施和使市场更有效运行的支撑机构和制度（如信贷、管制、信息）等。出口份额和增长趋势依赖于国内需求和其他产品相对回报和其他条件[13]。

2.3.2 实证层面

在实证层面，一些研究尝试通过调查或其他实证检验技术探究影响竞争力的显著因素，其中最为典型的便是 Mark R. Metcalfe（2002）实证探讨了日益严格的环境规章要求对于美国、加拿大和北欧的猪肉加工业竞争力的影响[19]。Mark R. Metcalfe（2002）指出，美国、加拿大和北欧的猪肉加工企业被要求符合更加严厉的环境规章要求。对于猪肉生产商来说，环境规章严格度的增加，会带来更高的环境适应成本。美国和加拿大的肉猪饲养商主要受到对肥料管理系统和场地应用技术的严格要求。在美国，肥料管理成本约为每头猪 0.4 至 3.2 美元不等，占每头猪生产总成本的 1%～8%。因此，要求越来越严格的环境规章将使得欧盟企业的环境适应成本急剧地超过美国和加拿大的环境适应成本，也因此会严重地恶化欧盟的猪肉竞争力[19]。

Mark R. Metcalfe（2002）的研究表明，尽管美国的环境规章在增加，但这并没有显著地影响美国的出口竞争力。欧盟相对更加严格的环境规章实际上在帮助提升美国猪肉生产者在短期内的竞争力。不断增加的环境规章对欧盟猪肉加工商的影响最大，出口数量大幅下降。这个结论表明，对于欧盟生产商和加工商而言，推动多边动物肥料管理规章的协调，以最小化国家之间的环境规章适应成本是有利可图的。这也表明，相对更低的环境适应成本是比较优势的一个潜在的额外的来源[19]。

除以上 Mark R. Metcalfe（2002）的研究外，Joseph C. Salvacruz（1996）实证分析了技术进步水平、劳动生产力和利率对于国际竞争力的影响。在计算了国际市场份额、国际市场份额获取指数和出口导向率三种竞争力衡量指标后，回归分析了国家技术进步水平、劳动生产力和利率对于国际竞争力的影响，但是几乎所有回归方程统计检验均不理想，而且结果显示，以上三种因素对于国际竞争力的影响几乎不显著[11]。与以上不显著的结论不同，Lokman Zaibet（2000）通过对企业调查数据进行回归分析，发现实施关键控制点危害分析（HACCP）对于企业竞争力（以向 EU 和 USA 的出口占产出的比重表示）有显著的积极影响。Nicholas G. Kalaitzandonakes（2000）的检验则表明，农业生物技术进步在短期内对于竞争力的影响不大，而长期则会带来竞争力优势[194]。

2.4　竞争力的衡量方法

A. Lara，P. W. Kelly，B. Lynch（2001）指出，竞争力的问题不在于其定义，而在于其衡量和预测。因此，竞争力的研究重点往往在于竞争力的衡量指标及其在国际比较应用上的可行性[39]。Mattine Durand and Claude Giorno（1987）指出，理想而言，竞争力的衡量应满足三个原则：首先，它应该包括所有参与竞争的部门；其次，它应该包括所有开放竞争的市场；最后，它应该是基于能进行充分国际比较的数据的基础上。实际上，没有一个可得指标能够完全满足以上三个条件。因此，实际上任何竞争力的衡量指标只不过是理想衡量的一个粗略近似[192]。

同时，一个国家竞争力的衡量受市场地理位置和结构的影响。为解决这个问题，在实际中有三种选择，只研究其在出口市场或国内市场的竞争力，或者同时研究其在两个市场的竞争力。分析市场选择的不同，能导致竞争力衡量结果上的根本性差异。因此，任何特定的指标只能反映贸易绩效的特定方面，采用哪个指标应该依赖于所要回答的问题，认识到这一点很重要[192]。

一旦市场确定以后，就必须要确定所要竞争的国家，尽管原则上想要与世界上所有竞争对手进行比较，但是数据的限制使得只有可能选定一部分竞争对手进行比较。总的来说，即使是在一个很好的定义的概念框架里，竞争力的衡量仍然是在数据可得性以及不同标准和目标之间权衡的折中结果[192]。

上述观点表明了衡量竞争力的难点。由于没有一个单一指标能够很好的衡量竞争力，因此，已有研究从各个视角发展了诸多指标，并且希望以某个指标或其组合来衡量竞争力。本部分将对这些已有指标进行综述，重点关注这些指标的特点及其应用上的难点[192]。

2.4.1 赢利性与市场份额指标

Larry Martin，Randall Westgren & Erna van Duren（1991）和 Miramon，Isabelle D. C.（1991）均指出利润和市场份额是衡量竞争力的两大指标，并由此提出了相应的具体衡量指标，其中利润衡量指标包括增加值分别与销售额、雇员数、劳动成本等之比，作者认为这些具体指标数据可得，具有可比性，能够比较彻底地反映一个产业的业绩水平，虽然某种程度上是一种间接的衡量方法[10, 35]。

Christian Fischer & Sebastian Schornberg（2007）指出，就赢利性而言，有多种不同定义[17]，但是其中绝大多数均区分了会计利润和经济利润（Besanko，Dranove & Shanley，2000；

EU Commission，2005）。前者是销售收入和会计上的财务成本之间的差，而后者则试图同时评估投入的资源的机会成本。然而，实际上机会成本是很难量化的，因此经常不得不依赖于会计利润。在产业层面上，增加值可以作为这些会计利润的代理变量。Miramon，Isabelle D. C.（1991）指出增加值而不是传统的财务比率在企业或产业层面作为利润指标的相关性[35]，增加值采用产值减去购买投入品和服务的支出计算得到。

Christian Fischer & Sebastian Schornberg（2007）认为，除了实际利润之外，增加值中包含了劳动成本和用于必要投资的资本。这使得在跨国和跨产业研究中增加值成为唯一但不精确的利润衡量指标，这基于如下两个原因：首先，劳动成本在国家之间存在显著差别；其次，不同产业资本密集度不同，这意味着投资要求不同[17]。其中，对利润的衡量，Christian Fischer & Sebastian Schornberg（2007）采用总营运盈余（Gross Operating Surplus，GOS），GOS是以要素成本计算的增加值减去人员支出计算得到的。他们偏好GOS而不是增加值，是因为后者的衡量可能会因劳动成本而夸大，使得那些拥有更熟练技术（因此可能更贵）劳动力的国家在排名表中排名靠前，而其实际的利润可能较低。分析中，采用GOS占营业收入的份额这个指标[17]。

市场份额则通常定义为一个公司或产业的生产或销售额占所有市场产出或销售额的比例（Werden，2002）。Miramon，Isabelle D. C.（1991）进一步指出，市场份额可以定义为产品、企业、产业或国际层面的，一般为某个产品、企业、产业或国家销售额占整个产品、产业或国际销售额的比重[35]。Larry Martin，Randall Westgren & Erna van Duren（1991）提供了衡量市场份额的多种方法，主要包括出口导向比、进口渗透比和净出口导向比，其中净出口导向比为主要指标，指一个产业进出口额之差占国内生产消费平均额的百分比。这一衡量指标的符号直观的表明一个产业是净出口还是净进口，而它的绝对值大小则反映了贸易的相对重要性[10]。然而，Hao Liu（2004）认为，市场份额衡量应该是在自由市场条件下使用，而农产品很多时候享受政府关税和其他保护，如果考虑到这一点，出口额可能远小于进口额，由此净出口导向比的变动完全是政府放松和收紧进口控制的效果[40]。Larry Martin，Randall Westgren，and Erna van Duren（1991）利用以上指标评估和比较了美国和加拿大在1980年、1987年和1988年家禽、水果、蔬菜、小麦产品、乳品和红肉的竞争力，结论表明，总体上美国农产品竞争力较强[10]。

Klaus Frohberg，Monika Hartmann（1997）也构建了与Larry Martin，Randall Westgren & Erna van Duren（1991）相似的衡量市场份额的指标，这些指标包括：相对出口优势指数（RXA）、相对进口渗透指数（RMP）和相对贸易优势指数（RTA）[8]。

相对出口优势指数（RXA）被定义为一国某种产品出口在世界市场份额与该国所有其他商品在世界出口中的份额之比。计算出的指数值如果大于1，表明该国在该种产品上具有竞争力优势；如果小于1，则表明处于竞争力劣势。相对进口渗透指数（RMP）与相对出口优势指数非常类似，区别就在于计算公式中的出口改为进口。判断依据为指数值小于1为具有竞争优势。相对贸易优势指数（RTA）是Scott & Vollrath（1992）最先采用的，比RXA和RMP要复杂一些，因为它等于RXA减去RMP。计算出来的指数值为正值，表明具有竞争优势，而负值则表明处于竞争劣势。

另外，Klaus Frohberg，Monika Hartmann（1997）也指出，RMP指数可能造成误导，因为可能会因国内市场保护而造成严重扭曲。在进口禁令和禁止性的高关税情况下，其衡量结果会表明具有高水平的竞争优势，而显然，实质情况可能不是这样[8]。

在以上三种指数中，同时采用出口和进口数据计算指数更加重要，因为如果存在显著的产业内贸易，RXA 和 RMP 指数的结果可能会相冲突，即用 RXA 计算得出具有竞争优势，而采用 RMP 计算则得到具有竞争劣势。在这种情况下，如果采用 RTA 指数则不会得到这种冲突的情形。这表明，RTA 由于同时采用出口和进口数据计算，因而是更综合且更优的竞争力衡量指标。

Klaus Frohberg，Monika Hartmann（1997）也引用 Pitts et al.（1995）的批评指出，以上相对出口优势指数（RXA）、相对进口渗透指数（RMP）和相对贸易优势指数（RTA）三种指数不同跨国的比较，因为国家的规模大小将影响结果[8]。另外，如果由于结构变动而使得年度之间的这些指数值波动较大，这将很难对衡量结果进行解释，在这种情况下，很难得出关于竞争力的结论。Joseph C. Salvacruz（1996）构建的国际市场份额获取指数解释了一国国际市场份额在两个时期的相对变化，它被定义为一国当前国际市场份额与前一时期国际市场份额之比[11]。

对以上这些依赖于贸易信息来构建的指标，Klaus Frohberg，Monika Hartmann（1997）指出其优势之一是需求和供给反映同时被考虑进来了，另一个优势是营销和交通运输成本也被考虑进来，这些都区别于那些基于会计方法的衡量指标[8]。但 Jane L. Hsu & Joyce J. Wann（2001）指出，以贸易为基础的方法依赖于计算某个加总的衡量指数，但是缺少对在出口目的市场获得竞争力的关键因素的识别[14]。

Christian Fischer & Sebastian Schornberg（2007）也指出，尽管市场份额在衡量公司绩效上被广泛应用，但在加总的国家或产业层面上市场份额的应用存在一个问题：为了能进行含义丰富的比较，如何对其进行标准化。另一个问题是：市场份额指标有时与边际利润负相关，至少在短期，可以通过低定价“买到”市场份额[17]。

Hao Liu（2004）列出了其竞争力衡量的三大路径——赢利性、市场份额和增长，其相应的具体指标分别为每美元或每销售单位的增加值、每工资单位的增加值、每工人的增加值、净出口导向率和沿时间路径的增长变动[40]。

Hao Liu（2004）认为，增加值数据提供了一个在产业层面上衡量和比较利润的替代方法。按通常做法，增加值以毛利润（Gross Profit）代表。但是，如果对两个国家同一产业或同一国家的不同产业进行比较，使用增加值数据去评估产业绩效将会受制于一些问题。如比较两个国家的家禽加工产业，增加值比率会受到如下因素的影响：一是服务提供的程度，二是投入成本和利润水平，三是不同的市场结构。换句话说，只有企业运营成本结构和需求条件相同，毛利润的比率才能代表净利润（Net Profit）的比率。否则，如果存在不同的成本结构，增加值的比较就应该同时纳入效率分析当中[40]。

2.4.2 成本指标

基于其对竞争力的界定，Randall D. Schnepf，Erik Dohlman and Christine Bolling（2001）认为，农产品出口竞争力以组合成本的各个构成部分及其分布来衡量。相应的成本指标包括：企业层面的生产成本、国内营销和运输成本及其运往共同的出口目的地的运输成本[13]。其中，生产成本又分解为包括种子、化肥、燃料等在内与生产直接相关的可变成本和包括土地成本、税收和资产折旧等在内的固定成本两部分。而国内营销和运输成本以企业出厂价和FOB价格之间的差价的月度平均值来估计。从启动地至共同的出口目的地的运输成本则以目的地的CIF价格和启动地的FOB价格之间的差价的月度平均值来表示。他们以这些指标估计和比较了美国、巴西和阿根廷的大豆的国际竞争力，结论是阿根廷的大豆最具竞争力。

Klaus Frohberg，Monika Hartmann（1997）将衡量竞争力潜力的方法归纳为会计方法和数学模拟模型方法，并且前者包括生产成本、毛利和国内资源成本。生产成本和毛利润经常用于企业之间的比较以提示哪个企业拥有竞争优势，毛利润用总收入减去可变投入成本计算得到。由于这种计算只能就一种单一商品进行，因此这类分析是在产品层面进行的[8]。

然而，这种方法要求用于比较的数据质量相同或至少相似，因此，对于跨国比较来说，这是一个经常无法达到的高要求。原因主要在于各国之间对产出和可变投入的理解不相同。因此，如果要利用这些指标来衡量竞争力，就需要小心考虑它们的缺陷，而不要对结果做出过度解读。总体而言，这种方法的缺点有三个：一是没有考虑准固定要素如何处理；二是由于其数据来源所带来的结果的代表性问题；三是对国际比较而言，省略了物流和营销成本[8]。

Klaus Frohberg，Monika Hartmann（1997）指出，国内资源成本（DRC）用于衡量不同政策选择的比较优势，这个指标表明为节省或赚取某一单位外汇所要求的实际国内资源成本。它可以解释为生产每单位可贸易品增加值所必要的国内非贸易要素的影子价格。如果国内增加值大于国内资源的机会成本（DRC＜1），则表明替代方案会带来增长。反之，该方案则不是一个有效的替代方案[8]。国内资源法兼用生产成本数据和贸易数据，并且按照影子价格和机会成本计算生产的成本收益，因此一定程度上消除了政策的保护和扭曲作用，反映产品潜在的比较优势[46]。

DRC 的计算假定不变的投入产出系数，而且对于每个商品投入的影子价格均是分开单独计算的，因此，这一指数忽略了任何可能的替代和交叉价格效应。另外，DRC 经常会得出有偏差的结果，因而遭到批评。对可贸易品和非贸易品成本的区分经常是模糊的，而且也不容易收集到分析所必要的投入产出系数[8]。

Christian Fischer & Sebastian Schornberg（2007）也认为，更一般地说，国内资源成本方法也可以归入这一类（成本指标方法），并指出这类方法的一个主要缺点是：只有在能控制产品质量的情况下，成本才是一个有用的竞争力指标。而在处理许多消费品的加总（部门）数据时，这通常是有困难的。更高的产品质量自然会带来更高的成本，同时也会要求更高的价格。因此，只有在质量标准化的商品市场，聚焦于成本比较才是公平的[17]。

A. Lara，P. W. Kelly，B. Lynch（2001）同样意识到了成本比较的难点。他指出，国家之间的竞争力比较研究的缺乏主要是受制于两个因素：缺少可信的数据、产品特性非同质。因为各国公开出版的数据的计算、定义和解释规则都有所不同。难以比较国家之间的猪肉生产成本是因为猪肉在各国是按照不同的规格进行生产加工的，而各种市场的不同要求导致了猪肉生产规格上的差异[39]。

虽然，成本指标在实证研究的应用上存在困难，但仍然有一些学者做了尝试。如 Marvin L. Hayenga et al.（1998）通过考察猪肉产业生产和加工成本来评估美国猪肉经营部门将来是否能在国际市场上扩展份额，提升竞争力。结论是，美国与其他主要猪肉出口国如丹麦、荷兰和加拿大相比，更具有成本竞争优势。Andrew & Ethridge（1987）和 Le Stum & Camaret（1990）采用生产成本指标对棉花和小麦的竞争优势进行了跨国比较。Changping Chen，Stanley M. Fletcher，Ping Zhang & Dale H. Carley（1997）特别采用了统计检验的方法来确认中美两国在花生生产成本和回报均值是否存在显著差异[37]。

2.4.3 综合竞争力指数

Christian Fischer & Sebastian Schornberg（2007）指出，在宏观层面上，广为接受的关于竞争力比较的研究是世界经济论坛（WEF）的全球竞争力报告（Global Competitiveness Report）和瑞士国际发展研究所（IMD）编撰的世界竞争力年鉴（World Competitiveness Yearbook），为了从整体上归纳竞争力各个不同的方面，它们均采用了指数编制方法，这也带来了以指数为基础的竞争力衡量方法的流行[17]。

在借鉴这些指数的基础上，Christian Fischer & Sebastian Schornberg（2007）尝试综合已有的各种不同的研究方法，将竞争力定义为：赢利性、效率与生产力的比值和增长的函数。他们采用联合国人类发展指数计算方法，最终构建了一个单一的复合指数：产业竞争力指数（Industrial Competitiveness Index，ICI）[17]。产业竞争力指数的构建如表 2-3 所示。

表 2-3 产业竞争力指数

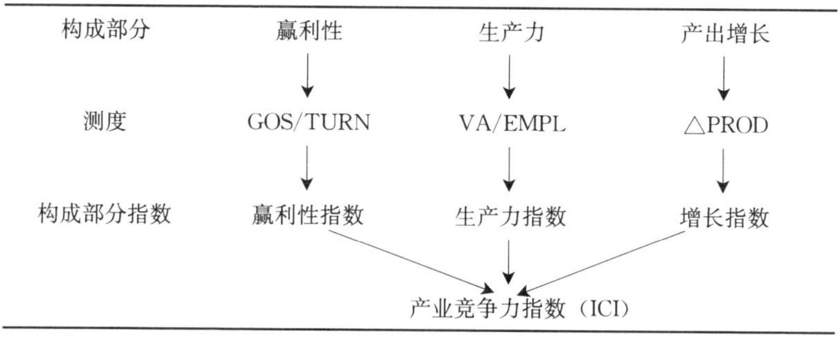

注：GOS：总运营剩余；TURN：总收入；EMPL：雇佣人员；PROD：生产；VA：增加值。

资料来源：文献［17］图 1。

然而，正如 F. S. Thorne（2004）指出的，虽然竞争力理论强调应该同时考虑需求和供给，来识别合适的竞争力指数，但对于产业部门的竞争力，已有研究并没有倾向于加总竞争力的多个维度，而是聚焦于这个多维复合体的一个或某几个方面[38]。这表明，综合竞争力指数虽然有其优点，但在已有研究中仍然没有成为主流方法。

2.4.4 显示性比较优势指数

正如 Christian Fischer & Sebastian Schornberg（2007）指出的，一些研究（如 Drescher & Maurer，1999；Traill & da Silva，1996）将比较优势和竞争力等同，因此采用基于贸易的衡

量指标如显示性比较优势指数（RCA）来衡量竞争力[17]。而RCA最先是由Balassa（1965）引入，用于衡量“特定国家中各个产业的出口表现”[177]。

王移山（2004）认为，一方面，RCA通过对一国农产品贸易业绩进行研究分析，判断其比较优势状况，属于事后评估，同时它也忽略了国际贸易壁垒对农产品比较优势产生的扭曲作用；但另一方面，它也具有明显的可操作优势，主要在于：该指数测算时所选的对比国是世界，可以较容易得到完整的、口径统一的数据资料，具有很强的可比性[46]。

尽管RCA在数据可得性上得到研究者的肯定，但是，正如Christian Fischer & Sebastian Schornberg（2007）指出的，RCA方法用于评估部门竞争力，在概念上和技术上均有缺点。从概念上看，比较优势并不等同于竞争优势。比较优势指的是一种水平的比较，即同一经济体不同经济活动之间的比较，而竞争优势指的是一种垂直的比较，即不同经济体之间某一特定经济活动的比较。一个经济体的比较优势描绘的是不同经济行为按相互之间的机会成本所得到的一个地位排名。这样，对于具有比较优势的产业，国家应该专业化生产和出口这类产品。在一个两国和两种产品的世界里，两个国家通过各自生产专业化产品进行交换，获取各自的最大利益[17]。但是，在一个有许多国家和许多产品的现实世界里，许多国家可能在某一产业或产品生产都是最好的（相对于其他产业产品而言），换句话说，他们可能拥有相似的比较优势。对于许多商品的实际需求固定的情况，比较成本优势就不够了，在这种情况下，关键的是要将最好的产品以竞争性的价格交付给客户。从更加技术的层面来看，RCA指数显示在不同规模大小的国家之间不能直接比较，这是因为最大指数得分是以国家总出口衡量的国家规模大小的函数，因此小国的最大指数得分能够比大国的大十几倍（De Benedictis & Tamberi，2001）。

Miramon，Isabelle D. C.（1991）也进一步指出，其研究不

采用显示性竞争力指数来衡量竞争力，是因为 Henderson & Franck（1990）发现，在决定国际竞争力方面，该指数不如出口导向比指数[35]。因此，De Benedictis & Tamberi（2001）认为，RCA 被看作是一个衡量国家国际专业化的指标更加合适。

2.4.5 效率和增长指标

Hopkins S. & Lewis P. E. T.（1996）认为，经济学文献中最有影响的（竞争力）评估指标是实际汇率和劳动生产率，其中，劳动生产率属于效率指标。他们进一步指出，对于国家间的国际竞争力比较，全要素生产率（TFP）在决定国际竞争力方面是最恰当的生产力衡量指标[45]。早期，Sumner（1986）便采用生产力指数（如劳动和土地生产力）的增长考察了几种农产品的竞争地位。

Hao Liu（2004）列出了其竞争力衡量的三大路径是赢利性、市场份额和增长，而其相应的具体指标中则包括了效率和增长指标。在其分类中，作为效率指标的“每个工人的增加值”被归入赢利性衡量之中，其增长指标则为“沿时间路径的增长变动”。Hao Liu（2004）还认为，对运营于两个不同体系中的产业比较，效率分析是必要的。采用效率分析比较产业，可将原材料转换为市场化产品的效率，规模经济、资本利用、技术水平和存货控制都可用于分析不同效率水平的变量[40]。

Christian Fischer & Sebastian Schornberg（2007）则指出，虽然一些研究采用效率和增长作为衡量的指标，但一些研究也指出，竞争力并不仅仅是效率[17]。如 Buckley et al.（1988）宣称：竞争力既包括效率（以最小可能的成本达到目标），也包括有效性（目标正确）。然而，不管怎样，生产力和赢利性是两个密切相关的概念，因为两者都描述了投入产出的关系。而生产力是产出除以投入，是一个相对概念（比率）；利润是产出减去投入，因此是一个绝对概念（之差）。Christian Fischer & Sebastian

Schornberg（2007）计算了人均增加值，以此衡量生产力。Christian Fischer & Sebastian Schornberg 认为，不管怎样，测算以增加值为基础的劳动生产率是有用的，因为中间投入的成本已经被剔除，因此它只与生产中最重要的要素相关[17]。

就增长而言，欧盟委员会（2005）提出了三个增长变量作为部门竞争力的指标：不变价格衡量的增加值增长率、就业率和每小时劳动生产率[17]。

2.4.6 实际汇率指标

Klaus Frohberg，Monika Hartmann（1997）根据事前与事后分析，以及数据的来源等归纳总结了各种衡量竞争力的指标。他们指出，实际汇率是最常用于分析过去竞争力绩效的指标之一[8]。Hopkins S. & Lewis P. E. T.（1996）也指出，在宏观经济学文献中，传统上采用实际汇率来衡量竞争力，实际汇率为可贸易品的价格指数与非贸易品价格指数之比。实际汇率被广泛用于衡量竞争力，在绝大多数情况下，它被用于衡量整体经济的竞争力，但是也越来越多地被用于衡量特定部门的竞争力[45]。

2.4.7 FDI 指标

Klaus Frohberg，Monika Hartmann（1997）在归纳各种衡量竞争力的指标时也指出，外商直接投资（FDI）也是最常用于分析过去竞争力绩效的指标。他们认为，克服贸易壁垒的一个途径是投资于这些国家，因此 FDI 是出口的部分替代。所以，如果一个国家对外投资水平高，这也可以看成是竞争力的指标[8]。他们也指出，一方面，一些研究也尝试将 FDI 纳入竞争力指数当中，这些指数是前面所讨论的 RXA 指数的拓展。另一方面，外国吸引的 FDI 数量也经常被视为一个国家或一个产业或地区竞争力的标志，FDI 因此被阐述为外国推动以物质资本和技艺为表现形式的国际资源流动的能力。因此，在采用 FDI 衡量竞争力时，需要区分以上对 FDI 的理解，不幸的是，这种区分在现实中是不容易做到的[8]。

2.5 小结

本章从竞争力的定义与层次、相关理论基础以及竞争力的衡量指标等几个方面综述了竞争力的研究文献。综述表明，虽然迄今为止研究者仍没能就竞争力定义达成一致，但有部分学者基于各自对竞争力的理解构建了竞争力理论框架，为竞争力研究奠定了一定的理论基础。对于竞争力层次的研究，国外学者有代表性的观点是认为竞争力可分为竞争力绩效、竞争力潜力和竞争力过程（实现机制）三个层次，但在竞争力的实际评估中，还难以对其中的某些层次（如竞争力潜力）进行很好的评估。尽管发展了很多衡量竞争力的方法，但这些方法普遍关注于事后的评估，而忽略了事前的评估。对于竞争力的理论基础，本章从四个方面即传统的贸易理论、产业组织理论、战略管理理论和资源基础理论来进行综述。而对于竞争力的衡量问题，由于竞争力评估方法的多样性，没有一个单一指标能够很好的衡量竞争力。因此，已有研究从各个视角发展了诸多指标，并且希望以某个指标或其组合来衡量竞争力。本章选择其中一些重要指标进行综述，包括赢利性与市场份额指标、成本指标、综合竞争力指数、显示性比较优势指数、效率和增长指标及 FDI 指标，重点关注这些指标的特点及其应用上的难点。由于受制于多种因素，目前对于竞争力的比较仍然存在很多困难。Miramon，Isabelle D. C. （1991）认为，竞争力可以进行如下三类比较：一是同一国内的产业之间的比较，二是同一产业的跨国比较，三是跨时比较[35]。而对于研究国际竞争力来说，跨国比较显然是其中应有之意，必不可少。

3 农产品国际竞争力的概念框架与评估指标

上一章分析表明，至今相关研究仍未能就竞争力的定义与衡量方法达成一致，对竞争力研究层面的不同决定了竞争力的定义及其衡量方法的决然不同。因此，对竞争力研究层面的界定相当重要。基于此，本章将对本书竞争力研究的层面及其竞争力的定义与相应衡量指标进行界定，由此构建农产品国际竞争力的概念框架与评估指标体系。

3.1 农产品国际竞争力的概念框架

3.1.1 农产品国际竞争力的界定

已有文献或偏重于宏观的国家层面进行定义，或从相对微观的层面来界定竞争力。竞争力概念在本质上的多维性决定了无论是理论上还是经验上都很难处理它[17]，这也意味着需要对本研究中所要采用的竞争力内涵进行界定。

根据在第一章绪论中所建立的本书研究的目标与内容框架，本书基于被国外相关研究多次引用的 Canada's Task Force on Competitiveness in the Agri-Food Sector 所定义的竞争力含义来界定农产品国际竞争力。其将竞争力定义为：（竞争力指）一种在赢利状态下在国内和（或）国外市场获取并保持市场份额的可持续的能力（The Sustained Ability to Profitably Gain and Maintain Market Share）[10]。

Miramon，Isabelle D. C.（1991）指出，这一定义中包含竞争力的时间和空间维度：可持续性意味着应该包括时间维度，而国内和国际市场在空间维度上区分了国内市场竞争力和国际竞争力。这个定义假定，当一个企业、产业或国家能以可接受的利润水平在给定市场销售给定产品，那它就是有竞争力的。这与Porter的竞争力的定义是一致的，因为它意识到，企业或产业可能采用不同的竞争战略来支撑其竞争力目标，同时也意识到，竞争力具有时间维度，因为竞争力必须是可持续的[35]。

基于这一定义的诸多优点及其被广泛引用的事实，以此为基础，本书对农产品国际竞争力界定如下：农产品国际竞争力是一国农产品在赢利状态下在国内外市场获取并保持市场份额的可持续的能力。

这里，“一国”隐含着国际竞争力必须是在国家间进行比较；而“农产品”则指明了本书研究的具体对象为某一具体农产品或农产品类别或是所有农产品的加总，亦即研究的具体对象在产品或产业层面；“在赢利状态下”表明竞争力必须是可赢利，而这也与“可持续”相关联，因为只有可赢利的，才是“可持续”的。在竞争力评估中，赢利和可持续与成本和质量相关联，更低的成本意味着更好的赢利，而更好的质量则意味着消费者更高的信赖，这两者显然都是可持续的基础。

Miramon，Isabelle D. C.（1991）认为，（竞争力定义中的）国内或国际市场区分了国内市场竞争力和国际竞争力[35]。按其观点，似乎本书对农产品国际竞争力的界定中，不应该再包括国内市场在内。但是，本书认为即使是考察国际竞争力，也涉及到国内和国外两个市场。本书的界定中，“国内外市场”表明无论是在国内还是国外市场获取和保持市场份额均反映了国际竞争力，如就本书中美农产品国际竞争力的比较而言，中国农产品和美国农产品在中国市场（对中国而言是国内市场，对美国而言则是国外市场）和美国市场（对美国而言是国内市场，对中国则是国外市场）市场份额的变动，显然均反映了中美两国农产品国际竞争力的变动。由于国际竞争力必然涉及到两国或多国间的比较，因此以上情形必然存在。这也说明，本书所界定的农产品国际竞争力隐含着三个市场的国际竞争力：中国市场、美国市场和第三地市场。这也就规定了在后续的实证评估中，应该对三个市场分别进行评估，才能准确反映中国农产品的国际竞争力。

“获取并保持市场份额”说明农产品国际竞争力的强弱最终会通过市场份额表现出来，国际竞争力强则可以获取并保持市场份额，竞争力弱则将无法获取市场份额或失去原有的市场份额甚至于完全被市场所淘汰。这也表明，市场份额可用于国际竞争力的事后评估比较，而一段时间内市场份额的变动亦可视为国际竞争力变动的结果。

“能力”表明竞争力本质上是一种能力，这种能力使得生产农产品的企业能够在赢利状态下在国内外市场获取和保持市场份额。虽然已有诸多研究包括国内研究在定义竞争力时都认为竞争力本质上是一种能力，但是也都意识到在竞争力定义中，“能力”很重要却很难评估[36]。本书认为，这种能力是一种综合能力，确实难以通过量化指标得以直接表现，因此，往往只能借用其他反映这种能力结果的指标来间接评估这种能力。比如，市场份额指标可以从事后的角度反映这种能力的结果，而成本指标同样也反映了这种能力的结果，在同等质量情况下，显然更低的成本表明了这种能力的增强。

总之，农产品国际竞争力这一定义中包含竞争力的空间和时间维度：国内外市场区分强调了竞争力空间维度，而可持续性则意味着时间维度。这一定义也强调国际竞争力评估必然涉及国家间的比较。同时，亦隐含了竞争力评估的重要指标：赢利（成本）与市场份额。对这一定义的理解归纳如表 3－1 所示。

表 3-1　农产品国际竞争力定义的关键点及其应用含义

农产品国际竞争力：是一国农产品在赢利状态下在国内外市场获取并保持市场份额的可持续的能力			
序号	定义关键点	进一步的解释	对本书实证应用的含义
1	一国	意味着国际竞争力评估要求国家间的比较	中美比较，以美国作为参照
2	农产品	指明特定研究对象	包括三个层次：某具体农产品、某类农产品、所有农产品加总
3	赢利状态	意味着竞争力要求是赢利的	赢利与成本相关联，可采用赢利与成本指标作为间接衡量指标
4	可持续	强调时间维度	可持续与赢利（成本）和质量相关联，可建立二者指标来间接衡量，同时应该进行跨时比较，以反映时间维度
5	国内外市场	强调空间维度，区分四个市场	世界市场、中国市场、美国市场和第三地市场
6	市场份额	市场份额从事后反映出国际竞争力的强弱	市场份额指标可作为国际竞争力衡量的事后衡量，包括中美两国农产品在中国市场、美国市场和第三地市场的市场份额
7	能力	竞争力本质上是一种能力，这种能力使得企业能够在赢利状态下在国内外市场获取和保持市场份额	这是一种综合能力，难以直接评估，只能通过反映这种能力结果的间接指标来衡量，如市场份额与成本指标等

3.1.2　农产品国际竞争力的层次

虽然以上从概念上对农产品国际竞争力进行了相对明晰地界

定，但是，正如 F. S. Thorne（2004）指出的，为了精确的衡量评估竞争力，从实证衡量出发进一步的界定是必要的[38]。Buckley et al.（1988）首次识别了竞争力的不同衡量指标之间的区别，从实证衡量的角度，竞争力评估被区分为竞争力绩效、竞争力潜力和竞争力实现三个层次[7]。A. Lara，P. W. Kelly，B. Lynch（2001）认为，竞争力潜力、实现和绩效这三种类型的衡量均衡量一个概念：竞争力，但却是从不同的角度，三者分别指一个竞争力系统的开始、中间和结果[39]。

基于 Buckley et al.（1988）对竞争力衡量层次的贡献[7]，为后续实证评估的需要，同样将农产品国际竞争力区分为类似的农产品国际竞争力绩效、农产品国际竞争力潜力与农产品国际竞争力实现（实现机制）。

（1）农产品国际竞争力绩效。农产品国际竞争力绩效是指对一国某具体农产品、某类农产品或所有农产品加总竞争力结果的事后表现的衡量。在有些学者如 F. S. Thorne（2004）看来，赢利性是竞争力绩效的一个主导性指标[38]。本书认为，基于本研究对农产品国际竞争力的界定，赢利性和市场份额均是农产品国际竞争力绩效的主导衡量指标。同时，基于农产品国际竞争力的定义，两大主导性衡量指标应该同时结合使用，共同反映出竞争力绩效，而仅采用其中一个均是有偏的。因为二者从不同的角度反映竞争力绩效，单纯的高赢利性并不意味着竞争力强，因为其市场份额可能低，而反过来，单纯的高市场份额也可能是以牺牲赢利性来获得的，虽然短期可能达到，但却是不可持续的。因此，虽然已有研究更加偏重于以市场份额作为竞争力绩效的事后衡量指标，但本书强调赢利性和市场份额指标的并重，同时采用才能准确衡量农产品国际竞争力绩效。另外，需要强调的是，本书不赞成 F. S. Thorne（2004）对赢利性指标的处理，即在实际应用中拆分为成本和回报指标分别进行比较，因为成本指标是竞争力潜力的衡量指标。

（2）农产品国际竞争力潜力。农产品国际竞争力潜力是对一国农产品竞争力来源的衡量。Buckley et al.（1988）指出的：竞争力绩效衡量“提供一个历史的视角，其特征是无法就关于这种绩效的可持续性提供洞见的，仅仅采用这些指标衡量会留下太多疑问[7]”。因此，既要关注绩效评估，同时亦要关注竞争力潜力，因为竞争力潜力与未来的竞争力绩效相关。尽管根据竞争力理论，竞争力的来源是多样的，然而，竞争力潜力的衡量往往只关注于成本的比较。对此，Boyle（2002）提出了一个重要的问题：竞争力是否应该将完全只关注成本比较，或者也应该考虑产品价格差异[9]。由于竞争潜力与投入的可得性、数量和质量相关以及与怎样组织它们以获得更高的绩效相关（Pitts and Lagnevik，1998）。因此，F. S. Thorne（2004）将部分生产力指数作为竞争潜力的指标[38]。本书认为，虽然生产力指数指标反映的生产效率将影响竞争力潜力，但是生产效率的提高并不一定意味着竞争力潜力增强，例如劳动生产率的提高虽然使单位产量提高了，但是如果劳动报酬也提高了，则生产成本不一定会下降，这意味着赢利和市场份额不一定会增加。

因此，生产效率指标并不是一个最佳的衡量竞争力潜力的指标，而成本指标则更好地反映了竞争力潜力。如果一国农产品包括生产和运输成本等在内的组合成本下降，则显然意味着在将来，该国或者在产品价格不变的前提下增加赢利，或者在赢利不变的情况下下调价格来扩大市场份额，无论是哪一项的增加，均是竞争力增强的结果。值得强调的是，这里的成本是指包括生产、运输和营销成本等在内的组合成本。

产品品质指标亦可从另一角度衡量农产品的国际竞争力潜力。产品品质的高低显然会影响到未来消费者对产品的需求，高品质产品可能意味着更高和更持久的赢利，也意味着市场份额的维持和扩大。因此，质量指标也是一个较好的竞争力潜力指标，但是在实际应用中，若非对某一特定产品而言，质量指标由于缺乏标准化数据以及可比性而常常难以付诸实施。然而，理想而言，完全而准确地评估竞争力潜力需要同时采用成本和品质指标。

也许由于竞争力潜力衡量在实证中的难度，已有关于竞争力主题的研究倾向集中于竞争力绩效的指标，而忽略了竞争力潜力的指标。因此，竞争力潜力的衡量显得更加重要。另外，F. S. Thorne（2004）认为，不应该将竞争潜力和竞争绩效分开测度，否则可能会得到不恰当的结论[38]。尽管对竞争力绩效和潜力的衡量指标有所不同，在评估竞争力潜力时，以竞争力绩效衡量指标作为参照比较，有助于正确推断出竞争力潜力的结论，因为毕竟这些指标都仅仅反映了竞争力的某一个方面。

（3）农产品国际竞争力实现。农产品国际竞争力过程是指将农产品国际竞争潜力被转化为竞争绩效的实现机制。竞争力潜力并不会必然转化为更高的竞争力绩效，因为竞争力潜力可能没有被实现或者没有被充分利用[47]。因此，在竞争力绩效和潜力之外，还应该考虑将竞争力转化为竞争力绩效的实现机制。

尽管理论上存在着诸多增强竞争力、将竞争力潜力转化为竞争力绩效的机制，然而在实证层面上，对竞争力实现的衡量大多数仍然是定性的。虽然竞争力过程指向于一个竞争力系统的中间，但是在分析中，往往在比较分析竞争力绩效和竞争力潜力基础上，再针对性地定性提出将竞争力潜力转化为绩效的实现机制。本书后续的研究也将遵从这一结构安排。

从实证衡量出发，将农产品国际竞争力区分为农产品国际竞争力绩效、农产品国际竞争力潜力和农产品国际竞争力过程（实现机制）三个层次显然为后续实证评估中美农产品国际竞争力理清了一条脉络，同时亦为提供政策导向指明了方向。其中，竞争力绩效和潜力的评估是定量评估，竞争力过程评估则是定性分析。竞争力绩效指向竞争力的现状，而竞争力潜力和竞争力过程则指向未来，因而也指向于政策方向。因此，农产品国际竞争力三个层次的区分也构建了一个农产品国际竞争力的完整分析框架（如表 3－2 所示）。

表 3－2　农产品国际竞争力的层次

层　　次	竞争力系统	评估方法	备　注
农产品国际竞争力潜力	开始	定量分析，成本与质量指标	实证评估，指向未来
农产品国际竞争力过程（实现机制）	中间	定性分析	政策导向，指向未来
农产品国际竞争力绩效	结果	定量分析，赢利性与市场份额指标	实证评估，指向过去

3.2　农产品国际竞争力的评估指标

前文关于农产品国际竞争力的概念框架，实际上也揭示了农产品国际竞争力评估的主导指标，根据其中构建的竞争力层次，本书将对中美农产品在国内外市场的国际竞争力绩效和竞争力潜力进行实证评估。尽管已经揭示出评估竞争力绩效和潜力的主导指标，但在进一步应用前，显然需要详细构建这些指标的具体衡量指标，并说明其应用的可行性。因此，这里从竞争力绩效和潜力两个层次来构建相应评估指标。

3.2.1　竞争力绩效的评估指标

由于竞争力绩效衡量的是竞争力在过去和现在的表现，因此也是一种事后评估，市场份额和赢利性是竞争力绩效的主导评估指标。

(1) 市场份额指标。根据已有关于市场份额的研究，一般而言，市场份额指某具体农产品、某类农产品或所有农产品销售额占市场销售总额的比重。基本的计算公式如下：

$$\text{市场份额（\%）}=\frac{\text{某具体农产品或某类农产品或所有农产品销售额}}{\text{对应的市场销售总额}}\times 100\%$$

基于研究目的，本书对市场份额的界定实际上包括如下几个层次：

首先，由于本书考察的对象既包括某具体农产品、某类农产品也包括所有农产品加总即农产品产业，因此，衡量的市场份额也分别包括与此相对应的三个层次。

其次，根据所考察竞争市场的区分，亦可以区分中美两国分别在世界市场、中国市场、美国市场和第三地市场的市场份额四个方面。

最后，考虑到竞争力的时间维度，需要考察竞争力绩效随时间变动的结果，这可以通过分别计算各年的市场份额进行比较，亦可以采用 Joseph C. Salvacruz（1996）构建的国际市场份额获取指数来说明，国际市场份额获取指数解释了一国国际市场份额在两个时期的相对变化，它被定义为一国当前国际市场份额与前一时期国际市场份额之比[11]。计算公式为：

$$\text{市场份额获取指数（\%）}=\frac{\text{当前市场份额}}{\text{前一时期市场份额}}\times 100\%$$

综上所述，可将要考察的市场份额归纳如表 3-3 所示。

另外，值得特别说明的是，本书以上对市场份额的界定和计算没有采用 Larry Martin，Randall Westgren & Erna van Duren（1991）提供的衡量市场份额的出口导向比，进口渗透比和净出口导向比等指标[10]，也没有采用 Klaus Frohberg，Monika Hartmann（1997）构建的类似指标：相对出口优势指数

(RXA)、相对进口渗透指数(RMP)和相对贸易优势指数(RTA)[8]。原因在于，根据这些指标的界定内涵，这些指标适用于对一国各种产品(产业)之间竞争力绩效的比较，以发现其中具有相对竞争力的产品(产业)，而不适用于同类产品的跨国比较。因此，如果采用以上指标，并不能实现本书研究进行中美比较的目的。

表 3-3 市场份额(MS)的具体界定

	某具体农产品(k)	某类农产品(g)	所有农产品加总(a)	
世界市场(w)	MS_w^k	MS_w^g	MS_w^a	$MSGI_w^{k(g,a)}=MS_{w,t}^{k(g,a)}/MS_{w,t-1}^{k(g,a)}$
中国市场(c)	MS_c^k	MS_c^g	MS_c^a	$MSGI_c^{k(g,a)}=MS_{c,t}^{k(g,a)}/MS_{c,t-1}^{k(g,a)}$
美国市场(u)	MS_u^k	MS_u^g	MS_u^a	$MSGI_u^{k(g,a)}=MS_{u,t}^{k(g,a)}/MS_{u,t-1}^{k(g,a)}$
第三地市场(o)	MS_o^k	MS_o^g	MS_o^a	$MSGI_o^{k(g,a)}=MS_{o,t}^{k(g,a)}/MS_{o,t-1}^{k(g,a)}$
				时间维度(t)
				市场份额获取指数(MSGI)

(2)赢利性指标。如前所述，赢利性在已有相关研究文献中有多种定义，但是其中绝大多数均区分了会计利润和经济利润[17]。由于机会成本很难量化，因此经常不得不依赖于会计利润。在产业层面上，增加值可以作为这些会计利润的代理变量。在具体衡量中，已有文献均采用了相对比率的指标，如增加值分别与销售额和雇员数的比值、劳动成本和企业数之比[10,35]，这些具体指标数据可得，具有可比性，能够比较彻底地反映一个产业的绩效水平，虽然某种程度上是一种间接的衡量方法。Hao Liu(2004)列出赢利性的具体指标为：每美元或每销售单位的增加值、每工资单位的增加值和每工人的增加值[40]。

然而，已有这些评估指标均基于企业调查数据，无法应用于基于农户调查数据的研究。考虑到数据的可得性和可比性带来的实际应用中的诸多困难，针对不同层次的分析时，应采用不同的评估指标。

针对农业产业的整体赢利性，以农业增加值、平均每公顷农业增加值、农民净收入、单位成本的增加值和收入成本比来评估赢利性。其中，单位成本的增加值和收入成本比指标的计算公式如下：

$$每单位成本的增加值=\frac{增加值}{总成本}$$

$$收入成本比=\frac{收入}{总成本}\times 100\%$$

这两个衡量指标可以近似反映产业的成本利润率。显然，指数数据越高，越近似说明产业的利润率愈高。在保证一定的市场份额条件下，更高的每单位成本的增加值和收入成本比某种程度上说明产业竞争力相对更高。

针对产品层面的赢利性，给出如下具体衡量指标：每单位（英亩或亩）的增加值、每单位的净利润、每单位成本的增加值和成本利润率。同时评估效率指标单位产量作为赢利性指标的参照。对这些指标的计算和解释如下：

$$每单位成本的增加值=\frac{每英亩增加值}{每英亩总成本}$$

$$成本利润率=\frac{每英亩净利润}{每英亩总成本}\times 100\%$$

Hao Liu（2004）考虑到增加值作为利润的替代仍然存在一些缺陷，因此指出，在进行跨国比较时，为使得这种比较更加可靠，可以通过进行效率比较来使增加值比率的分析更加精确化。两个国家效率比较的结果可以在增加值比率比较之外提供更加可靠的信息。在每单位同样的增加值水平上，如果一个产业的效率指标低于其参照产业，则表明在产出价格一致的情况下，效率更低的产业将获得比其参照产业更低的利润，因为相比较其竞争对手而言，效率更低的该产业的每单位增加值中包含了额外的成本[40]。考虑到效率分析结果对于增加值比率分析的有效补充，能够更精确地间接反映出真实利润水平，因此，本书研究中将采用单位产量指标进行效率比较，以作为赢利性评估的参照。

综上所述，本书将采用的赢利性衡量的具体指标可归纳如表3-4所示。

表3-4 赢利性的具体衡量指标

指标类型	具体指标
主导性的增加值或利润指标	农业增加值、每单位面积增加值、农民净收入、每单位的净利润、每单位成本的增加值、收入成本比、成本利润率
参照性的效率指标	单位面积产量

3.2.2 竞争力潜力的评估指标

（1）成本指标。基于以上对已有的竞争力潜力衡量指标的分析，Randall D. Schnepf，Erik Dohlman and Christine Bolling（2001）提出了用组合成本指标来衡量农产品竞争力潜力[13]。与较多文献只关注农户或企业的生产成本不同，组合成本关注包括生产成本、国内营销和运输成本及其国际运输成本在内的综合成本，对于在国家之间比较考察农产品的国际竞争力而言，这显然比单纯的生产成本要更准确的反映了竞争力的潜力。因为，从已有文献对各种成本的比较中可以发现，某一部分成本的高低并不必然代表最终总成本的高低，因此，生产成本的高或低亦不能必然说明其销往某国外市场的总成本的高或低[39]。

根据Randall D. Schnepf，Erik Dohlman & Christine Bolling（2001）的研究，组合成本的成本构成项目包括：企业（农户）层面的生产成本、国内营销和运输成本、运往共同的出口目的地的国际运输成本[13]（如图3-1所示）。

生产成本
+ 国内营销和运输成本
+ 国际运输成本
= 组合成本

图 3-1 组合成本的构成

在以上组合成本的构成项目中，对于各种不同类别的农产品而言，国内营销和运输成本与国际运输成本的计算基本相同。沿着 Randall D. Schnepf，Erik Dohlman & Christine Bolling (2001) 的方法，国内营销和运输成本以企业出厂价和 FOB 价格之间差价的月度平均值来估计[13]。这一差价应该能够反映交通、存储、装卸、税收以及其他伴随农产品从农户到港口仓库的成本的不同。从启动地至共同的出口目的地的国际运输成本则以目的地的 CIF 价格和启动地的 FOB 价格之间的差价的月度平均值来表示。

组合成本构成中的企业或农户层面的生产成本的计算根据所属农产品类别的生产加工流程不同而不同。根据后续计算的需要，总的来说，可将农产品粗略划分为植物产品和动物产品，或者是种植产品和养殖产品。对于种植类的植物产品，尽管具体每一种产品的生产成本构成会有区别，但大体来说，其生产成本可以分解为包括种子、肥料、农药、燃料、机器维修等在内与生产直接相关的可变成本和包括土地成本、税收、资产折旧等在内的固定成本两部分（参见表 3-5）。为便于在中美两国间的比较，各项成本指标均转换为统一的计量单位。

而对于养殖类的动物产品，尽管具体每一种产品的生产成本构成可能也会有区别，但大体来说，其生产成本同样可以分解为包括饲料、燃料、防疫、药品、机器维修等在内与生产直接相关的可变成本和包括土地成本、税收、资产折旧等在内的固定成本两部分（参见表 3-6）。同样，为便于在中美两国间的比较，各项成本指标均转换为统一的计量单位。

表 3-5 种植类农产品的生产成本构成

种植类农产品的生产成本	
可变成本：	固定成本：
种子	土地成本
肥料	税收
农药	保险
燃料	资产折旧
机器维修	……
劳动力	
贷款利息	
……	

表 3-6 养殖类农产品的生产成本构成

养殖类农产品的生产成本	
可变成本：	固定成本：
饲料	土地或水面成本
防疫	税收
药品	保险
燃料	资产折旧
机器维修	环境规章成本
劳动力	……
贷款利息	
……	

对于成本比较的方法，A. Lara，P. W. Kelly，B. Lynch (2001) 指出其难点在于缺少可信的数据和产品特性非同质[39]。因为各国公开出版的数据的计算、定义和解释规则都有不同。因此，本书将根据数据质量和可比性，来决定进行成本比较的农产

品和相应的类别。

（2）质量指标。已有研究表明，在评估竞争力潜力时，仅仅关注于成本的比较是不够的，在进行成本比较的同时，进行质量指标的评估和比较，以作为成本比较结果的参照是非常有意义的。

然而，由于农产品质量的可比较的量化衡量本身存在一定的困难，加之各种农产品的特性和用途的区别，各种农产品的具体质量衡量指标间显然存在很大差异，难以给出一个统一的、简便的和可比较的质量衡量指标。基于此，在后续的中美农产品竞争力潜力的衡量中，将视资料的可得性和可比较性，争取对常见和主要的农产品进行质量指标的比较，以作为成本指标的参照，从而达到更准确评估中美农产品竞争力潜力的目的。

3.3 小结

本章建立了农产品国际竞争力的概念框架与相应的实证评估指标。首先将农产品国际竞争力界定为：农产品国际竞争力是一国农产品在赢利状态下在国内外市场获取并保持市场份额的可持续的能力。这一定义中包含竞争力的空间和时间维度：国内外市场区分强调了竞争力空间维度，而可持续性则意味着时间维度。同时将农产品国际竞争力区分为农产品国际竞争力绩效、农产品国际竞争力潜力与农产品国际竞争力实现（实现机制）三个层次，这三个层次的区分为后续实证评估中美农产品国际竞争力理清了脉络，同时亦为提供政策导向指明了方向。其中，竞争力绩效和潜力的评估是定量评估，竞争力过程评估则是定性分析。相应地建立了竞争力绩效和竞争力潜力的两层次的实证评估指标——市场份额和赢利性是竞争力绩效的主导评估指标，效率指标作为赢利性指标的参照。成本和质量是竞争力潜力的主导评估指标，其中成本指标指包括生产成本、国内营销和运输成本、国际运输成本在内的组合成本，而质量指标则因农产品类别差异较大，无法给出统一的评估指标。具体的竞争力绩效和潜力评估指标可归纳如表 3-7 所示。

表 3-7　农产品国际竞争力的评估指标

评估层次	主导性指标	具体指标	参照性指标	具体指标
国际竞争力绩效	市场份额	市场份额（%）、市场份额获取指数		
	赢利性	农业增加值、每单位面积增加值、农民净收入、每单位的净利润 每单位成本的增加值、收入成本比、成本利润率	效率指标	单位面积产量
国际竞争力潜力	成本	组合成本（生产成本＋国内营销和运输成本＋国际运输成本）		
	质量	因产品而异		

4 中美农产品国际竞争力对农产品出口的贡献比较

国内外学者研究表明，农产品国际竞争力是影响农产品出口持续增长的重要因素。2002—2007年，中国农产品出口额从180.2亿美元增加到409.7亿美元，增长了127.4%。而美国农产品出口额从531.43亿美元增加到899.08亿美元，增长了约70%。单纯从这一数据对比，中国农产品增长率是明显快于美国的，但这并不能说明中国农产品国际竞争力强于美国，而是需要研究中美两国农产品国际竞争力的相对变化趋势。因此，本章从中美比较的视角，采用恒定市场份额模型（CMS）分析2002—2006年期间中美农产品出口增长背后的国际竞争力因素的贡献，由此比较中美农产品国际竞争力强弱的相对变动趋势，以便更准确地把握中国农产品的国际竞争力及其变动趋势，探寻提升中国农产品国际竞争力的途径。

4.1 中美农产品出口变动：2002—2007年

4.1.1 中国农产品出口变动

加入WTO以来，中国农产品出口仍然保持了逐年增长的势头，农产品出口总额从2002年的180.2亿美元增长到2007年的409.7亿美元，增长了127.4%（见图4-1）。

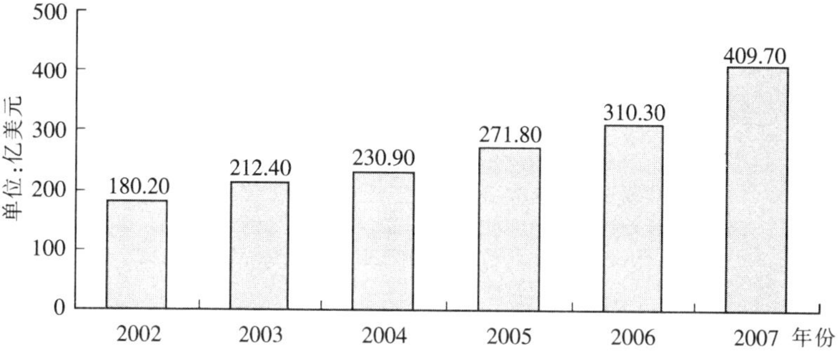

数据来源：中国商务部对外贸易司．中国农产品进出口月度统计报告（2002—2007 年）。

图 4－1 中国农产品出口变动（2002—2007 年）

从各商品类别（HS）来看，从属于农产品的第 01～24 章①及其他农产品中，可可及其制品与制粉工业产品的出口额 2007 年比 2002 年的增长幅度均超过 300%，蔬菜水果坚果等制品，活植物及花卉与动植物油脂及其分解产品的出口增长幅度均超过 200%，糖及糖食、水产品制品、食用水果及坚果、食用蔬菜、乳品蛋品蜂蜜及其他食用动物产品与虫胶树胶树脂及其他植物液汁等类别农产品的出口增幅均超过 100%，只有禽肉及杂碎这一类农产品在这一期间的出口额出现了负增长（图 4－2）。

① 此处的“章”是协调编码制度（HS）中的分类层次，并非指本书的章节。根据 HS 分类，第 1～24 章分别指：活动物、肉及杂碎、水海产品、乳品蛋品蜂蜜及其他食用动物产品、其他动物产品、活植物及花卉、食用蔬菜、食用水果及坚果、咖啡茶、马黛茶及调味香料、谷物、制粉工业产品、油料工业用或药用植物稻草秸秆及饲料、虫胶树胶树脂及其他植物液汁、编织用植物材料、动植物油脂及其分解产品、肉类制品、糖及糖食、可可及其制品、谷物粮食粉淀粉制品糕点、蔬菜水果坚果等制品、杂项食品、饮料酒及醋、食品工业的残渣废料配制的动物饲料、烟草及其制品。

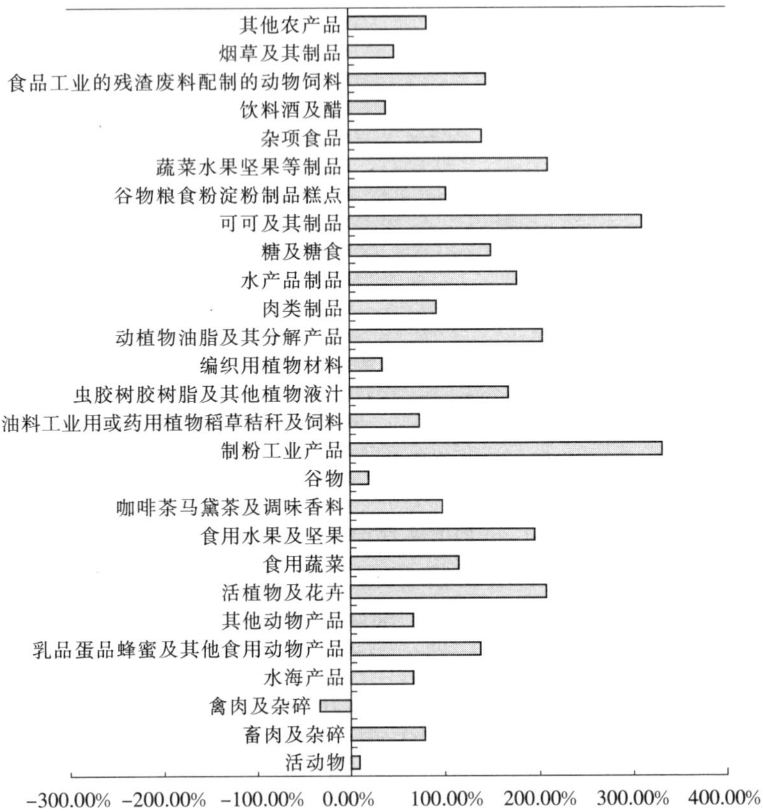

数据来源：中国商务部对外贸易司．中国农产品进出口月度统计报告（2002—2007年）。

图 4－2　中国农产品分类出口变动百分比（2002—2007年）

从商品结构来看，如图 4－3 和图 4－4 所示，2002 年，水海产品出口占据了最大的份额，约为 15.95％，食用蔬菜占 10.45％，谷物占 9.16％，水产品制品占 9.05％，蔬菜水果坚果等制品占 9.76％。2007 年，蔬菜水果坚果等制品出口占据了最大的份额，约为15%，水海产品出口比重下降为13%，食用蔬菜出口所占比重基本保持不变，仍然为11%，谷物比重快速下降约一半，只占5%，水产品制品所占比例上升为12%。

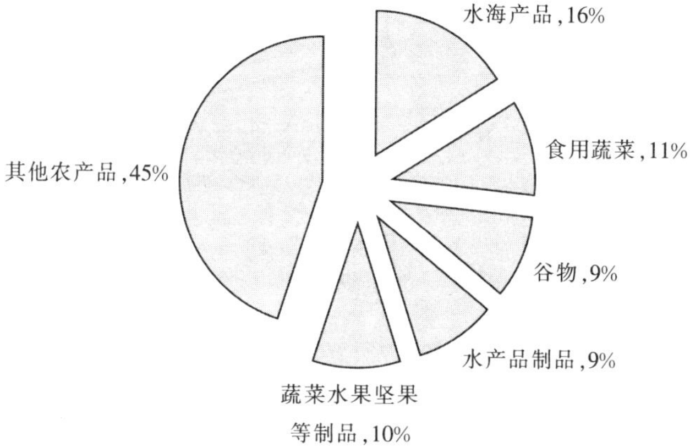

数据来源：中国商务部对外贸易司．中国农产品进出口月度统计报告（2002）。

图4-3 2002年中国农产品出口商品结构

从出口地区分布来看，如图4-5和图4-6所示，2002年，73%的中国农产品出口亚洲，13%出口欧洲，而10%出口北美洲，其他4%的农产品出口到南美洲、大洋洲和非洲。而到了2007年，尽管出口地区分布的大格局没有改变，但明显除亚洲在中国农产品出口中所占的比重显著下降（61%）外，其他各大洲的比重均出现了不同程度的上升，其中欧洲的比重显著上升为19%，北美洲的比重上升为13%，其他各洲所占比重亦均上升了1个百分点。这一出口市场格局表明，中国农产品出口仍然主要依赖于亚洲，尽管从2002年和2007年，出口地区结构朝着多元化方向发展，但仍然过度依赖于亚洲市场。因此，出口地区结构优化仍然显得非常重要。

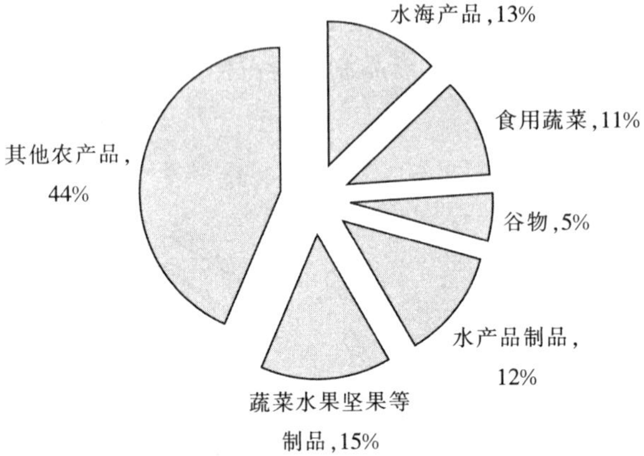

数据来源：中国商务部对外贸易司．中国农产品进出口月度统计报告（2007）。

图 4－4　2007 年中国农产品出口商品结构

4.1.2　美国农产品出口变动

2002 年，美国农产品出口总额为 531.43 亿美元，2007 年增长到 899.08 亿美元，增长了约 70%（图 4－7）。

2002—2007 年，按 HS 分类的 24 类产品中，乳品蛋品蜂蜜及其他食用动物产品的出口额增长超过 250%，糖及糖食、制粉工业产品、谷物和咖啡、茶及调味品的出口增长幅度均超过 100%，而烟草及其制品与编织用植物材料两类农产品在这一期间的出口额反而出现了下降（图 4－8）。

从出口商品结构来看，如图 4－9 和图 4－10 所示，2002 年，谷物出口占据了最大的份额，约为 19%，其他居前几位的农产品类别依次是：油料工业用或药用植物稻草秸秆及饲料占 14%，肉及杂碎占 11%，食用水果及坚果和食品工业的残渣废料配制的动物饲料均各占 7%，烟草及其制品占 6%，杂项食品占 5%。

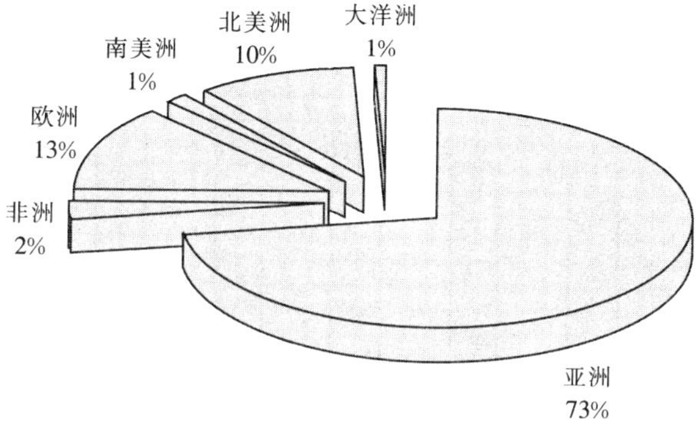

数据来源：中国商务部对外贸易司．中国农产品进出口月度统计报告（2002）。

图 4-5 2002 年中国农产品出口地区分布

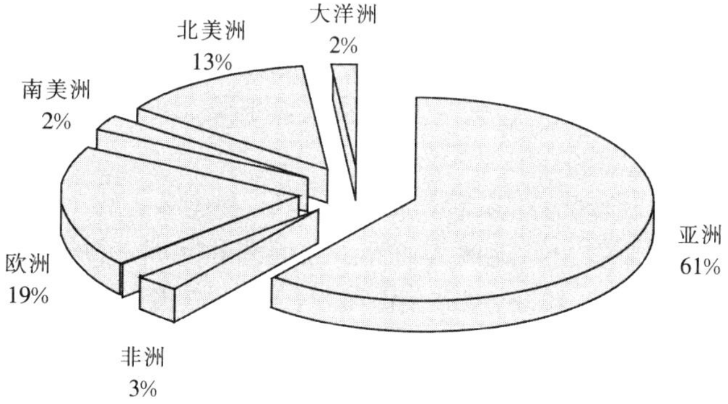

数据来源：中国商务部对外贸易司．中国农产品进出口月度统计报告（2007）。

图 4-6 2007 年中国农产品出口地区分布

2007 年，美国农产品出口商品结构总体格局与 2002 年基本一

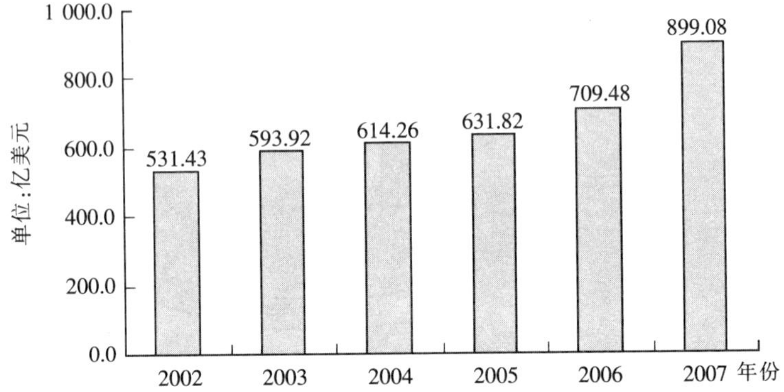

数据来源：美国商务部和农业部 ERS。

图 4－7　美国农产品出口变动（2002—2007 年）

致，谷物出口仍然占据了最大的份额，而且比重大幅上升为 23%，油料工业用或药用植物稻草秸秆及饲料的比重仍然为 14%，肉及杂碎比重下降为 9%，食用水果及坚果和杂项食品的比重与 2002 年一致，而食品工业的残渣废料配制的动物饲料比重略有下降为 6%，烟草及其制品比重下降了 50%，由 2002 年的 6%下降为 3%。

从出口地区分布来看，如图 4－11 和图 4－12 所示，2002 年，美国的主要出口地区为亚洲、北美洲和欧洲，分别占美国农产品出口总额的 42%、35%和 15%，合计占美国农产品出口额的 92%，仅有总数 8%的农产品出口到南美洲、大洋洲和非洲（图 4－11）。这一地区分布结构表明亚洲、北美洲和欧洲在美国农产品出口中占绝对主导地位。2007 年，美国农产品出口的地区分布格局与 2002 年没有明显改变，占据美国农产品出口前三位的地区仍然是亚洲、北美洲和欧洲，而南美洲、大洋洲和非洲所占份额仍然非常小。其中比较显著的变化是，2007 年北美洲在美国农产品出口额中所占比重从 2002 年的 35%上升为 39%，

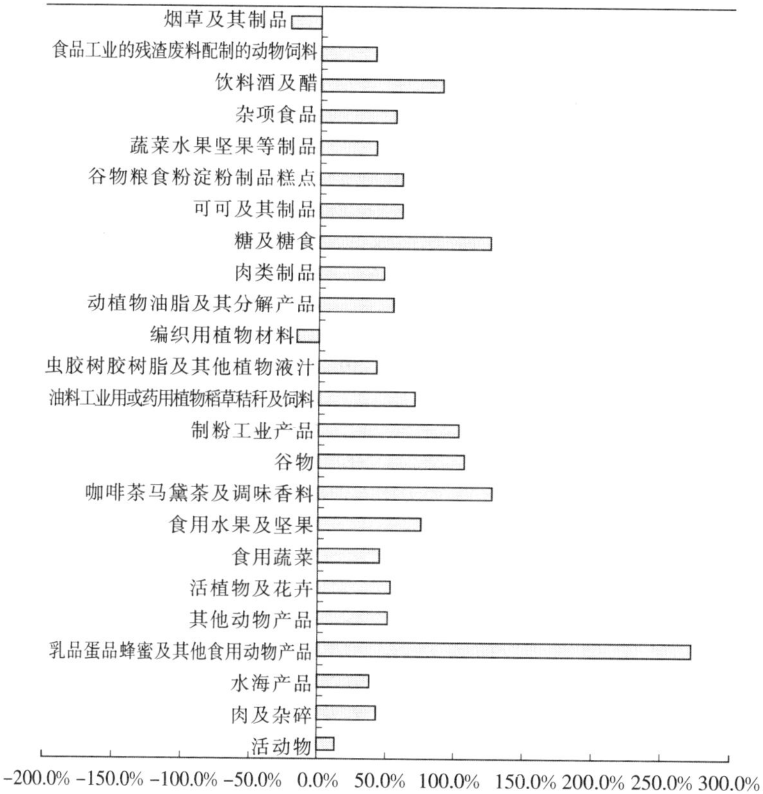

数据来源：美国商务部和农业部 ERS。

图 4-8 美国农产品分类出口变动百分比（2002—2007 年）

由此成为美国农产品出口的第一大目的地，而亚洲所占的比重下降为 38%，跌落到第二位。美国农产品出口地区分布的变动表明，亚洲市场在其农产品出口中的地位略有下降，而北美洲的地位则在上升，二者基本平分秋色，成为美国农产品出口最为重要的两大目的地区。

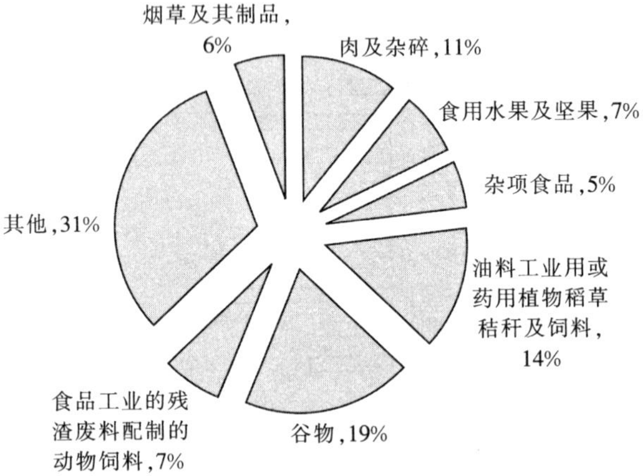

数据来源：美国商务部和农业部 ERS。

图 4－9　2002 年美国农产品出口商品结构

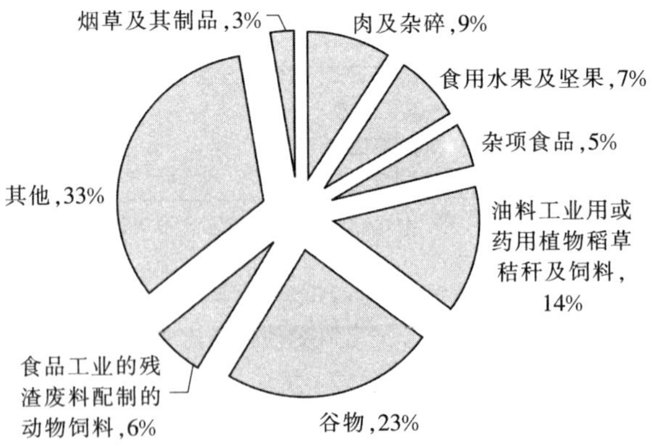

数据来源：美国商务部和农业部 ERS。

图 4－10　2007 年美国农产品出口商品结构

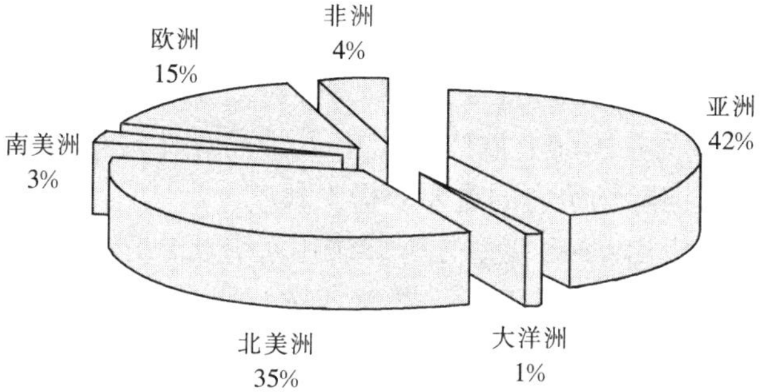

数据来源：美国商务部和农业部 ERS。

图 4-11 2002 年美国农产品出口地区分布

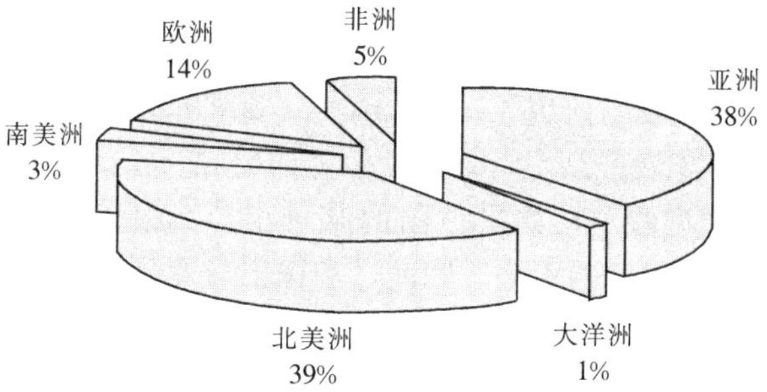

数据来源：美国商务部和农业部 ERS。

图 4-12 2007 年美国农产品出口地区分布

4.2 恒定市场份额模型（CMS）

早在 20 世纪 50 年代初，国际经济学家开始关注和研究世界贸易结构变化以及单个国家出口贸易增长的源泉，由此诞生了多种研究方法，恒定市场份额模型分析方法（Constant Market

Share Analysis，CMS）就是其中被广泛应用的方法之一。恒定市场份额模型分析方法最初由泰森斯基（Tyszynski，1951）提出[50~51]，后来经过学者利墨和斯特恩、Richardson（1971）、Jepma（1986）以及 Milana（1988）等对该模型的验证和修正完善[52~55]，成为在国际上被广泛应用于研究对外贸易增长来源以及出口产品国际竞争力的重要分析工具[56]。

国内外应用 CMS 模型分析方法用于分析农产品出口竞争力的研究文献主要有：李岳云、吴滢滢和赵明（2007）在入世五周年对中国农产品贸易的回顾及国际竞争力变化的研究[57]；孙林（2005）、陈建军和肖晨明（2004）对中国与东盟农产品贸易竞争与合作的研究[58~59]；帅传敏、程国强和张金隆（2003）对中国农产品国际竞争力的估计[24]；Asian Development Bank（2002）对东亚发展中国家在亚洲金融危机前出口竞争力的研究[60]；Chen & Duan（2001）对加拿大农产品在亚洲市场上和主要竞争对手竞争力比较的研究[61]；Chen，Xu & Duan（1999）对中国1980—1996 年农产品出口事后竞争力的研究[62]。

CMS 模型假定，如果一国的某种出口商品的竞争力不变，它的市场份额也应当不变。因此，一国出口商品的实际变化和竞争对手出口额变化之间的差，一定是由于出口结构或竞争力变化所引起的。虽然出口市场份额的变化不完全取决于竞争力的变化，但相对于国际市场而言，等市场份额模型（CMS）能够提供一个国家产品竞争力变化的可以接受的测度[61]。

由 Jcpma（1986）完善后的 CMS 模型[54]对出口变化进行两级分解。在第一级分解中，出口变动被分解为结构效应、竞争效应和二阶效应。在第二级分解中，结构效应又进一步被分解为增长效应、市场效应、商品效应和交互效应，竞争效应被进一步分解为整体竞争效应和特定竞争效应，而二阶效应则被分解为纯二阶效应和动态结构残差（参见图 4－13）。显然，通过分析不同效应在出口商品增长额中所占的份额，可发现出口国商品国际竞争力对于出口增长的贡献，并揭示该国商品出口增长的源泉和制约出口增长的因素所在[24]。

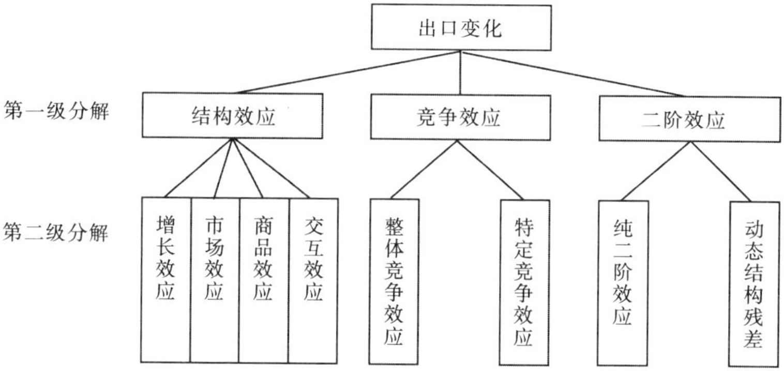

资料来源：Kevin Chen & Yufeng Duan，2001，p. 14[61]。

图 4-13 出口变动的两级分解示意图

由 Jepma（1986）修改后的 CMS 模型结构如下[61]：

第一级分解公式：

$$\Delta q = \underbrace{\sum_i \sum_j s_{ij}^0 \Delta Q_{ij}}_{\text{结构效应}} + \underbrace{\sum_i \sum_j Q_{ij}^0 \Delta s_{ij}}_{\text{竞争效应}} + \underbrace{\sum_i \sum_j \Delta s_{ij} \Delta Q_{ij}}_{\text{二阶效应}} \quad (4.1)$$

第二级分解公式：

$$\begin{aligned}\Delta q = {} & \underbrace{s^0 \Delta Q}_{\text{增长效应}} + \underbrace{\Big(\sum_i \sum_j s_{ij}^0 \Delta Q_{ij} - \sum_i s_i^0 \Delta Q_i\Big)}_{\text{市场效应}} + \underbrace{\Big(\sum_i \sum_j s_{ij}^0 \Delta Q_{ij} - \sum_j s_j^0 \Delta Q_j\Big)}_{\text{商品效应}} \\ & + \underbrace{\Big[\Big(\sum_i s_i^0 \Delta Q_i - s^0 \Delta Q\Big) - \Big(\sum_i \sum_j s_{ij}^0 \Delta Q_{ij} - \sum_j s_j^0 \Delta Q_j\Big)\Big]}_{\text{结构交互效应}} + \underbrace{\Delta s Q^0}_{\text{整体竞争效应}} \\ & + \underbrace{\Big(\sum_i \sum_j \Delta s_{ij} Q_{ij}^0 - \Delta s Q^0\Big)}_{\text{特定竞争效应}} + \underbrace{(Q^1/Q^0 - 1) \sum_i \sum_j \Delta s_{ij} Q_{ij}^0}_{\text{纯二阶效应}} \\ & + \underbrace{\Big[\sum_i \sum_j \Delta s_{ij} \Delta Q_{ij} - (Q^1/Q^0 - 1) \sum_i \sum_j \Delta s_{ij} Q_{ij}^0\Big]}_{\text{动态结构残差}} \end{aligned} \quad (4.2)$$

上两式中 q 是出口国农产品出口总值，s 是出口国农产品出口在世界农产品市场上的市场份额，s_j 是出口国在 j 地区农产品进口中的市场份额，s_i 是出口国在世界 i 商品出口中的市场份额，s_{ij} 是出口国在世界向 j 地区出口 i 商品中的市场份额，Q 是世界农产品进口总额，Q_j 是 j 地区的农产品进口总额，Q_i 是世界 i 产品的进口总额，Q_{ij} 是 j 地区 i 产品的进口总额。Δ 表示期末与期初相比的变动，上标 0 表示期初年份，上标 1 表示期末年份，下标 i 和 j 分别表示出口商品和地区。CMS 模型的两阶分解项目的具体含义见表 4－1。

显然，如 Chen & Duan（2001）指出的，为估计出口国农产品出口增长中的竞争力贡献，需要重点考察 CMS 模型第一级分解中的竞争效应，以及在第二级分解中的整体竞争效应和特定竞争效应。由表 4－1 可知，竞争效应衡量出口国农产品出口变动的总体竞争力贡献，其来源于整体竞争效应和特定竞争效应的综合。其中，整体竞争效应源于出口国总体农产品出口在世界市场的市场份额变动，而特定竞争效应则是出口国特定农产品在特定市场因竞争力的变动而带来的结果[61]。

4.3 实证估计结果

4.3.1 数据来源与分解步骤

本研究采用 2002 年和至 2006 年中国农产品出口、美国农产品出口和世界农产品进口的相关数据进行估计分析。其中，中国农产品出口详细数据来源于联合国 COMTRADE 数据库，美国农产品出口详细数据来源于美国商务部和农业部，世界农产品进口详细数据来源于 UNCTAD－WTO 的 ITC（International Trade Center）数据库。考虑到目前国际贸易统计中普遍采用 HS 分类系统，同时依据资料的可得性，根据 HS1996 分类，将农产品产品结构分为 1～24 章。特别说明的是，由于受限于资料可得性，其他分散于各章但归属于农产品定义范围的产品没有纳入到本书农产品分类之中。同时，依据通行的地理划分，以

表 4-1　CMS 模型二阶分解项目的含义

分解项目		含　义
出口变动		出口国农产品出口额的变动
一阶分解：		
结构效应（Structural Effect）		因世界农产品进口额变动而引起的出口变动
竞争效应（Competitive Effect）		因出口国农产品竞争力变动而引起的出口变动
二阶效应（Second-Order Effect）		因出口国农产品竞争力变化和世界农产品进口需求变化交互作用而引起的出口变动
二阶分解：		
结构效应	1. 增长效应（Growth Effect）	因世界农产品进口需求变化而引起的出口农产品出口变动
	2. 市场效应（Market Effect）	因市场分布效应而带来的农产品出口变化
	3. 商品效应（Commodity Effect）	因出口商品结构效应而带来的农产品出口变化
	4. 结构交互效应（Interaction Effect）	因出口商品结构与出口市场分布效应的交互作用而引起的农产品出口变化
竞争效应	5. 整体竞争效应（General Competitive Effect）	因出口国农产品整体竞争力变化而带来的农产品出口的变化
	6. 特定竞争效应（Specific Competitive Effect）	因出口国特定农产品在特定市场竞争力的变动而带来的农产品出口变动
二阶效应	7. 纯二阶效应（Pure Second-Order Effect）	因出口国农产品出口竞争力与世界农产品总进口的交互作用而带来的出口国农产品出口变动
	8. 动态结构残差（Dynamic Structural Residual）	因农产品出口竞争力与特定市场特定农产品进口的交互作用而带来的出口国农产品出口的变动

资料来源：Chen & Duan（2001，p. 15）[61]，经作者修改。

Wikipedia 所列的各洲国家和地区名录①，把所有贸易国家和地区归类为 6 大市场，即将市场结构分为亚洲、北美、欧洲、大洋洲、南美洲和非洲 6 个地区变量。由于本研究的目的不在于考察中美两国农产品国际竞争力的历史演变，因此，采用的是 2002—2006 年的数据。

依据 CMS 模型（4.1）和（4.2）进行分解，由于采用这一模型分解所得到的各项效应是以绝对名义值进行衡量的，显然不能直接用于中美两国间出口竞争力贡献的横向比较。为便于横向比较，沿着 Chen & Duan（2001）的方法[61]，即将各绝对名义值除以出口国的出口变动值，得到以百分比表示的相对衡量结果，从而可以发现，出口变动的多大百分比变动可以归因于出口国竞争力变动的贡献。

4.3.2 CMS 模型的分解估计结果

利用 2002—2006 年数据进行分解估计的结果如表 4-2 所示。总体而言，在中国加入 WTO 后至 2006 年这一时期，中美两国的农产品出口均实现了较大幅度增长。CMS 模型第一级分解结果表明，2002—2006 年，中美两国农产品出口增长均主要归功于结构效应。从百分比来看，中国农产品出口增长中，65.57%的增长来源于结构效应的贡献，而对美国而言，结构效应的贡献则达到了惊人的 157.18%。第二级分解结果进一步表明，无论是对中国还是美国而言，正向且高的结构效应均绝对地来自增长效应。具体来看，增长效应对中国农产品出口增长的贡献达到了 80.32%，而对美国农产品出口增长的贡献则达了 199.16%。这表明，中美两国农产品出口增长的绝大部分归功于世界农产品需求的增长。

① 具体名录参见网址：http://en.wikipedia.org/wiki/List_of_countries_by_continent。

表 4-2 中美农产品出口变动的 CMS 模型分解结果

	中国		美国	
	绝对值（千美元）	百分比（%）	绝对值（千美元）	百分比（%）
出口变动	12 811 878.76	100.00%	15 762 729.00	100.00%
结构效应	8 401 321.92	65.57%	24 775 642.56	157.18%
1. 增长效应	10 290 429.23	80.32%	31 393 553.08	199.16%
2. 市场效应	−1 655 856.90	−12.92%	−3 838 160.14	−24.35%
3. 商品效应	−401 050.91	−3.13%	−2 405 262.51	−15.26%
4. 结构交互效应	167 800.49	1.31%	−374 487.88	−2.38%
竞争效应	2 860 230.04	22.32%	−5 983 108.85	−37.96%
5. 整体竞争效应	1 584 432.31	12.37%	−9 822 121.17	−62.31%
6. 特定竞争效应	1 275 797.73	9.96%	3 839 012.32	24.35%
二阶效应	1 597 515.29	12.47%	−3 029 804.70	−19.22%
7. 纯二阶效应	1 691 511.06	13.20%	−3 538 349.94	−22.45%
8. 动态结构残差	−93 995.77	−0.73%	508 545.23	3.23%

数据来源：作者计算。

而对于中美两国而言，二级分解结果表明，结构效应中的市场效应均为负，分别为−12.92%和−24.35%。表 4-1 表明，市场效应反映了出口国出口的市场分布结构对于出口绩效的影响。中美两国均为负的市场效应表明，两国均没有能将其农产品出口集中于那些需求增长更快的市场，而是更多地集中于那些需求增长缓慢的市场。图 4-14 表明，在由六大洲构成的世界农产品市场中，大洋洲和非洲是需求增速最快的市场，从 2002—2006 年，其农产品进口分别增长了 74.33%和 68.72%；欧洲市场的需求增长速度为中等；亚洲和北美洲的市场需求增长最为缓慢，2006 年与 2002 年相比，增长幅度分别为 48.01% 和 45.64%。然而，从图 4-5、图 4-6、图 4-11 和图 4-12 可以发现，中美两国农产品出口的80%以上均集中于需求增长相对缓慢的亚洲、北美洲和欧洲。这样的市场分布显然对两国农产品出口增长带来负面影响。

与市场效应的情形基本类似，中美两国农产品出口增长中的商品效应亦均为负。这一结果说明，中美两国的农产品出口商品结构均不适应世界农产品市场商品结构变动的需要，出口更多地集中于那些市场需求增长较慢的商品类别上。表4-3列出了按增长率排名的世界各类农产品从2002—2007年期间的进口增长率，列在表左侧的产品类别增长率高于所有农产品的平均增长水平（57.32%），而右侧的产品类别增长率均低于这一平均水平。表4-3表明，动植物油脂及其分解产品、糖及糖食、咖啡茶、马黛茶及调味香料和杂项食品四类产品在2002—2007年期间进口增长最快，而烟草及其制品、其他动物产品、谷物和活植物及花卉四类产品在这一期间增长最为缓慢。

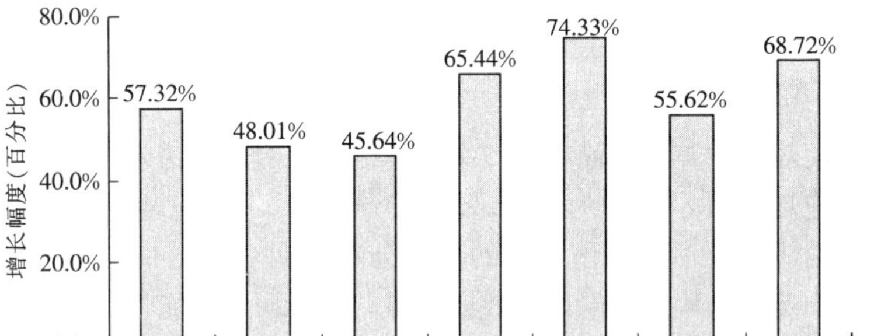

数据来源：作者依据联合国/WTO的ITC（International Trade Center）数据库相关数据计算所得。

图4-14　2002—2007年世界各大洲农产品进口增长幅度

结合表4-3和中美两国农产品出口商品结构（图4-3、图4-4、图4-9和图4-10）可以发现，2007年世界市场需求增长最快的四类产品动植物油脂及其分解产品、糖及糖食、咖啡茶马黛茶及调味香料和杂项食品仅分别占中国农产品出口额的0.9%、1.6%、3%和3%，而世界市场需求增长缓慢的水海产品和谷物则分别占中国农产品出口总额的13%和5%。美国的情况也类似，2007年美国农产品出口中，占据出口份额前几位的农产品如谷物、油料工业用或药用植物稻草秸秆及饲料、肉及杂碎和烟草及其制品均属于世界市场需求增长缓慢的产品类别，而世界市场需求增长最快的动植物油脂及其分解产品、糖及糖食、咖啡茶马黛茶及调味香料仅分别占美国农产品出口额的3.6%、1.1%和0.4%。

本研究重点关注竞争效应。表4-2的估计结果表明，总体上，中国农产品出口增长的竞争效应贡献为正向的22.32%，这一结果与帅传敏、程国强和张金隆（2003）[24]及Chen，Xu & Duan（1999）[62]分别对中国1990—2000年和1981—1996年农产品出口竞争效应的估计结果基本一致①。由此可以认为，中国农产品的国际竞争力在增强，且在国际农产品市场上具有较强的竞争力，因而对出口增长做出了积极贡献。表4-2也表明，美国的竞争效应为－37.96%，说明尽管美国是世界上最大的农产品出口国，但其农产品在国际市场上总体上已经相对缺乏竞争力，因此反而负面影响了其农产品出口的增长。这一结论亦可部分从Chen & Duan（2001）对美国在1980—1997年期间向亚洲出口农产品市场的竞争效应的估计结果得到佐证，其研究结果表明，美国这一期间农产品向亚洲出口增长的竞争效应为－6.8%[61]。

① 需要特别说明的，由于本研究与他们的研究在数据来源、产品分类和地区分类等方面均完全不同，因而无法就具体数值大小的结论（即贡献值大小）进行直接比较，但是可以从贡献的正负来作方向和趋势性的比较和佐证。下文中的比较亦如此。

表 4-3 世界分类农产品（HS）进口增长幅度（2002—2007 年）

产品类别	增长幅度（%）	产品类别	增长幅度（%）
动植物油脂及其分解产品	82.64%	肉及杂碎	56.92%
糖及糖食	79.83%	活动物	54.23%
咖啡茶、马黛茶及调味香料	77.52%	虫胶树胶树脂及其他植物液汁	52.01%
杂项食品	70.17%	油料工业用或药用植物稻草秸秆及饲料	50.71%
饮料酒及醋	67.49%	制粉工业产品	48.96%
谷物粮食粉淀粉制品糕点	66.86%	编织用植物材料	48.06%
食用水果及坚果	65.69%	水海产品	45.43%
肉类制品	61.71%	食品工业的残渣废料配制的动物饲料	45.33%
蔬菜水果坚果等制品	60.84%	活植物及花卉	45.10%
乳品蛋品蜂蜜及其他食用动物产品	58.55%	谷物	39.98%
食用蔬菜	57.84%	其他动物产品	39.29%
可可及其制品	57.77%	烟草及其制品	27.75%
所有农产品平均	**57.32%**		

数据来源：作者依据联合国 UNCTAD-WTO 的 ITC（International Trade Center）数据库相关数据计算所得。

进一步从二级分解结果来看，中国农产品整体竞争效应和特定竞争效应均为正值，表明二者共同为中国农产品出口增长形成了正的竞争效应。这一结果与帅传敏、程国强和张金隆（2003）和 Chen，Xu & Duan（1999）的估计结果存在较大差异，其研究均发现，1980—2000 年，中国农产品出口的整体竞争效应均为正值，但特定竞争效应却均为负值[24，62]。这一结果的差异可能是由于产品分类方法不同造成的。帅传敏、程国强和张金隆（2003）只将农产品分为食品和原材料两大类[24]，Chen，Xu & Duan（1999）则将农产品分为大宗产品、加工中间产品、热带产品和直接消费品四类[62]，而本书根据 HS 分类体系，将农产品分为活动物等 24 类。因为，更加细致的产品分类更能准确地反映出口商品的结构变动，从而也更能准确地反映特定产品竞争力的变动和贡献。因此，可以认为，中国农产品出口增长中的特定竞争效应由较早期的负面效应转变为正面效应，这表明中国农产品出口结构优化已经初步适应国际市场需求的变化，出口商品结构优化程度超过世界平均水平。

二级分解结果同时表明，美国的整体竞争效应为较大负值（－62.31%），所以尽管特定竞争效应为正值（24.35%），但由于其绝对值远小于整体竞争效应的绝对值，因此导致总的竞争效应亦为负值（－37.96%）。这一估计结果总体上与 Chen & Duan（2001）对美国在亚洲市场农产品出口竞争效应的二级估计结果[61]一致，其估计结果同样表明，尽管特定竞争效应为正，但绝对值小于为负值的整体竞争效应，因此总的竞争效应为负值。这一结果这表明，总体上，美国农产品国际竞争力正在下降。

4.4 小结

从 2002—2007 年，中美两国均实现了农产品出口的较大幅度增长。本章采用恒定市场份额模型（CMS）对中美农产品出口数据进行的分解则表明，中美两国农产品出口增长主要归因于世界农产品需求的大幅增长所带来的增长效应。而竞争效应结果表明，中美农产品国际竞争力变动趋势相反，因而对各自农产品出口增长做出了截然相反的贡献。中国农产品出口增长的整体竞争效应和特定竞争效应均为正值，使得最终的竞争效应亦为正值，表明中国农产品国际竞争力的提升为农产品出口做出了积极贡献。而美国农产品出口增长中，由于整体竞争力下降，使得整体竞争效应为较大负值。所以，尽管特定竞争效应为正值，但最终的竞争效应仍然为负值。这表明，美国农产品国际竞争力的下降给其农产品出口带来了负面影响。

尽管从CMS模型分解结果中发现，中国农产品国际竞争力提升对农产品出口增长具有积极贡献，而美国农产品国际竞争力下降对其农产品出口带来负面影响，但是，这一结果只是反映了中美两国农产品国际竞争力相对变动的趋势，并不能从中得出近几年中国农产品国际竞争力已经超过美国的结论。

5 中美农产品国际竞争力绩效比较

基于第 3 章构建的农产品国际竞争力的概念框架与评价指标体系，本章将同时利用市场份额和赢利性两类指标，对中美两国农产品国际竞争力绩效进行实证评估。在空间维度上，将分别评估比较中美两国所有农产品、分类（HS）农产品和若干代表性农产品分别在世界市场、各自国内市场和第三国市场的市场份额；而在时间维度上，无论是市场份额还是赢利性指标，将尽量考察其最近四年内的变动，以反映中美两国农产品国际竞争力绩效的动态变化。

由于涉及到中美间的比较，因此实证评估中，尽量采用同一来源的数据，对于来自不同来源的数据，将在尽力确保口径一致的前提下进行单位的统一换算，确保数据的可比性。由于数据众多，因此有必要先指出主要的数据来源，包括：联合国的国际贸易中心数据库（International Trade Center，ITC，UN）、世界贸易组织贸易数据库（WTO）、美国农业部经济研究服务（Economic Research Service，ERS，USDA）、美国农业部对外农业服务（Foreign Agriculture Service，FAS，USDA）、中国国家商务部农产品进出口统计月报、联合国世界商品贸易数据库（COMTRADE，UN）、联合国粮农组织统计数据库（Food and Agriculture Organization，FAO，UN）、全国农产品成本收益资料汇编、中国农业发展报告和中国统计年鉴等。

5.1 中美农产品国际竞争力绩效比较：世界市场

为从总体上比较和评估中美两国农产品国际竞争力绩效，首先以世界市场作为整体，来考察中美两国农产品出口占世界市场的份额及其相应的市场份额获取指数。由于市场份额的变动是国际竞争力变动的事后结果，因此，这些指标将从总体上反映过去几年中中美两国农产品国际竞争力的变动趋势。

5.1.1 基于所有农产品加总数据的比较

首先分别采用不同统计口径和来源的数据计算了中美所有农产品出口的世界市场份额及市场份额获取指数，结果分别如表5-1和表5-2所示。其中表5-1为WTO口径统计，而表5-2为按海关协调编码制度（HS）分类的01～24章[①]数据加总统计。从表5-1和表5-2可以看出，虽然两者结果有差异，但总体结论是一致的。从世界市场份额指标来看，虽然美国农产品出口占据世界农产品出口的份额近几年有所下降，而中国农产品的世界市场份额有所上升，但中美之间的差距仍然很大，美国农产品的世界市场份额是中国农产品的世界市场份额的2倍多。不过从市场份额获取指数来看，中国农产品历年所获取的市场份额基本在增长，而美国的则呈减少趋势。2006年与2005年相比，虽然中美两国农产品市场份额获取指数均大于1，但中国农产品市场份额获取指数大于美国的农产品，显示出中国农产品世界市场份额增长速度快于美国，这些数据总体表明，中国农产品国际竞争力绩效呈改善趋势，中美农产品国际竞争力差距在未来有望

① 参见第4章相应脚注，也可参见本书文后的附录。在后文中，由于图表中排版美观的需要，将分别以分类章号指代该类产品。

缩小。

表 5-1　中美农产品出口占世界农产品出口的市场份额及市场份额获取指数（一）

年份	世界市场份额（%）		世界市场获取指数	
	美国	中国	美国	中国
2002	9.05	3.07		
2003	8.69	3.11	0.96	1.01
2004	7.81	2.94	0.90	0.95
2005	7.43	3.19	0.95	1.09
2006	7.51	3.29	1.01	1.03

数据来源：作者计算，原始数据分别来源于 WTO，USDA，中国商务部。

表 5-2　中美农产品出口占世界农产品出口的市场份额及市场份额获取指数（二）

年份	世界市场份额（%）		世界市场获取指数	
	美国	中国	美国	中国
2002	11.32	3.58		
2003	10.66	3.63	0.94	1.01
2004	9.56	3.48	0.90	0.96
2005	9.06	3.75	0.95	1.08
2006	9.26	3.91	1.02	1.04

数据来源：作者计算，原始数据来源于 ITC。

5.1.2　基于各大类农产品数据的比较

进一步按 HS 分类法考察中美各大类农产品（01～24 章）的世界市场份额及其变动。图 5-1 至图 5-3 分别描述了 2002 年、2004 年和 2006 年中美 01～12 章农产品出口世界市场份额的比较。表明，在 01～12 章的 12 类农产品中，中国只有 03

（水海产品）章、05（其他动物产品）章和09（咖啡茶、马黛茶及调味香料）章农产品的世界市场份额超过美国，而且市场份额差距逐年有增加趋势，但是差距仍然较小。而07（食用蔬菜）章农产品的世界市场份额在2004年超过美国后，在2006年继续扩大领先优势。因此，在2006年，中国03（水海产品）章、05（其他动物产品）章、07（食用蔬菜）章和09（咖啡茶、马黛茶及调味香料）章农产品市场份额超过美国。

另一方面，在2002年、2004年和2006年，美国在其余8类农产品的世界市场份额均超过中国，而且多数产品市场份额远领先于中国，如02（肉及杂碎）章、08（食用水果及坚果）章、10（谷物）章、11（制粉工业产品）章和12（油料工业用或药用植物稻草秸秆及饲料）章农产品市场份额均超过中国相应产品的8%以上，特别是10（谷物）章和12（油料工业用或药用植物稻草秸秆及饲料）章农产品的市场份额均超过中国相应产品市场份额的25%。这些数据总体表明，在01～12章农产品类别中，中国农产品占世界市场的份额远远落后于美国农产品占世界市场的份额，且差距明显。

再考察中美两国13～24章各大类农产品的世界市场份额及其变动。图5-4至图5-6分别描述了2002年、2004年和2006年中美两国13～24章农产品世界出口份额的比较。表明，在13～24章的12类农产品中，中国14（编织用植物材料）章农产品的世界市场份额2006年超过美国5%，而16（肉类水产品制品）章农产品的世界市场份额每年均超过美国10%，并且市场份额差距逐年显著增加，到2006年，中国该类农产品的世界市场份额领先优势扩大为14.8%，这一领先的竞争力绩效表明，在这一类产品上，中国具有显著强于美国的国际竞争力优势。第20（蔬菜水果坚果等制品）章农产品的世界市场份额在2004年超过美国后，在2006年继续扩大市场份额领先优势。美国则在其余9类农产品的世界市场份额上均超过中国，而且多数产品市

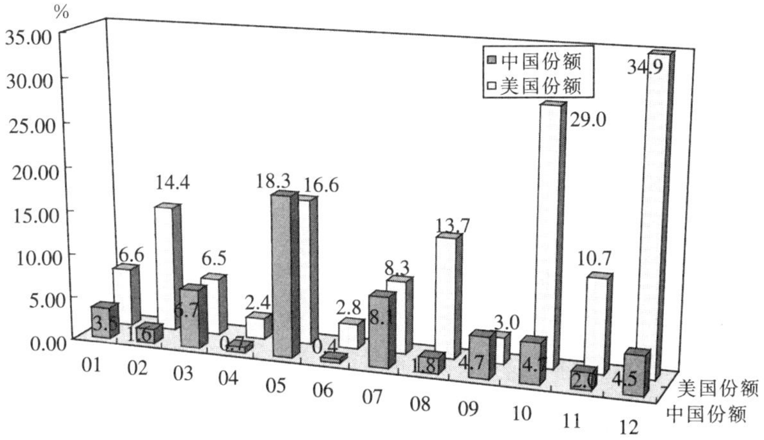

数据来源：ITC。

图 5-1 中美各类农产品出口占世界市场的份额比较（2002，01～12 章）

场份额远远领先于中国，如 13（虫胶树胶、树脂及其他植物液汁）章、21（杂项食品）章、23（食品工业的残渣废料配制的动物饲料）章、24（烟草及其制品）章农产品的世界市场份额均超过中国 6%～10%。

以上对中美两国各类农产品世界市场份额的比较分析总体表明，占据农产品主体的 01～24 章农产品中，中国只有不到 30%（24 类中的 7 类）的农产品类别的世界市场份额高于美国，而大部分类别农产品的市场份额远远落后于美国，且差距明显。在 2006 年，中国 03（水海产品）章、05（其他动物产品）章、07（食用蔬菜）章、09（咖啡茶、马黛茶及调味香料）章、14（编织用植物材料）章、16（肉类水产品制品）章和 20（蔬菜水果坚果等制品）章农产品市场份额超过美国，而美国则在其他类别农产品上远远超过中国。因此，通过以上对中美两国农产品世界市场份额的比较，可以发现，以世界市场作为分析的基准，总体

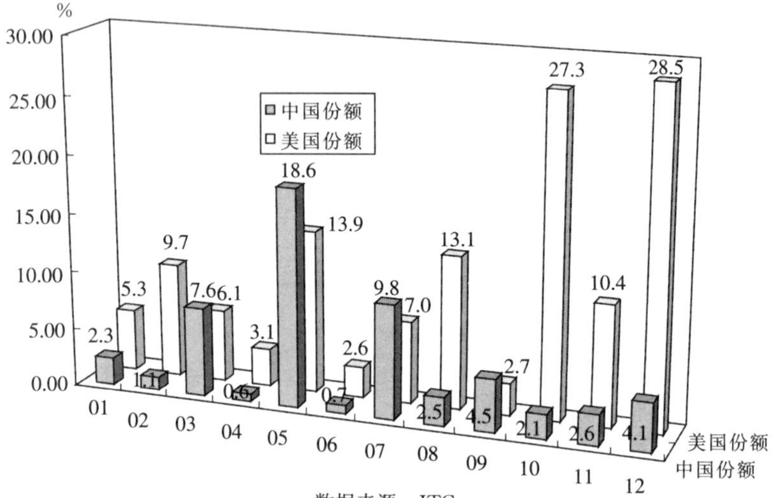

数据来源：ITC。

图 5-2　中美各类农产品出口占世界市场的份额比较（2004，01～12 章）

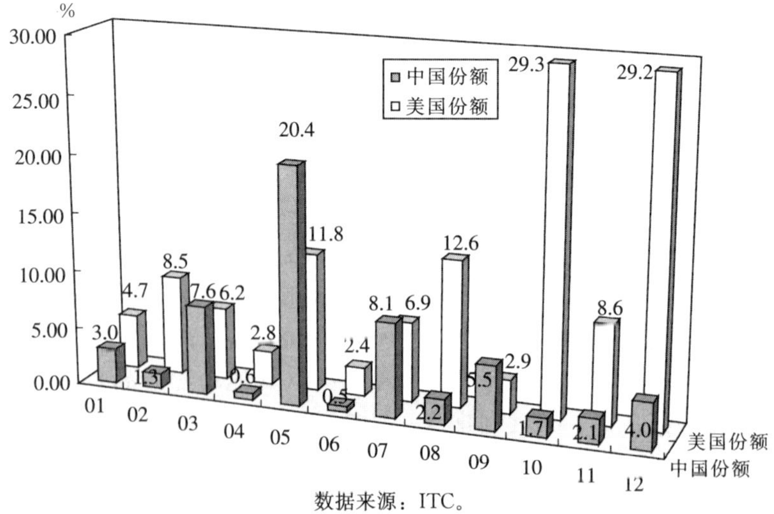

数据来源：ITC。

图 5-3　中美各类农产品出口占世界市场的份额比较（2006，01～12 章）

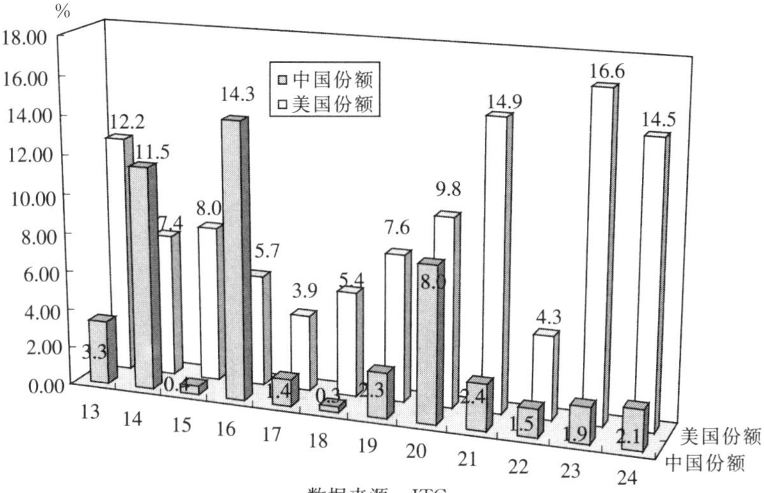

数据来源：ITC。

图 5-4　中美各类农产品出口占世界市场的份额比较（2002，13～24 章）

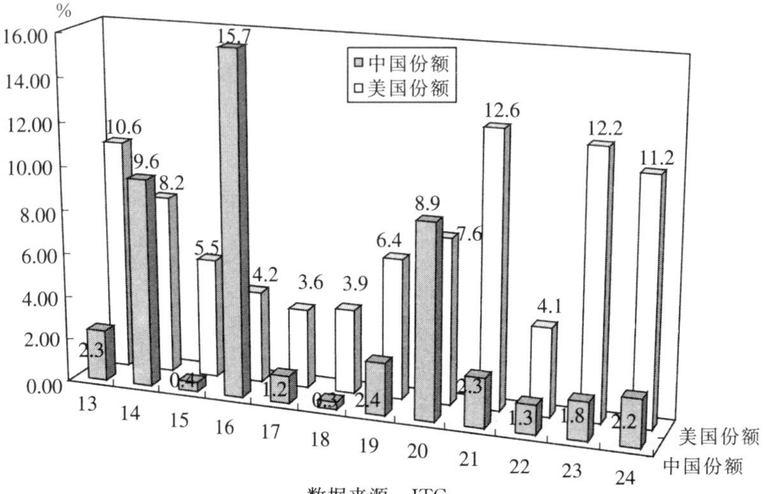

数据来源：ITC。

图 5-5　中美各类农产品出口占世界市场的份额比较（2004，13～24 章）

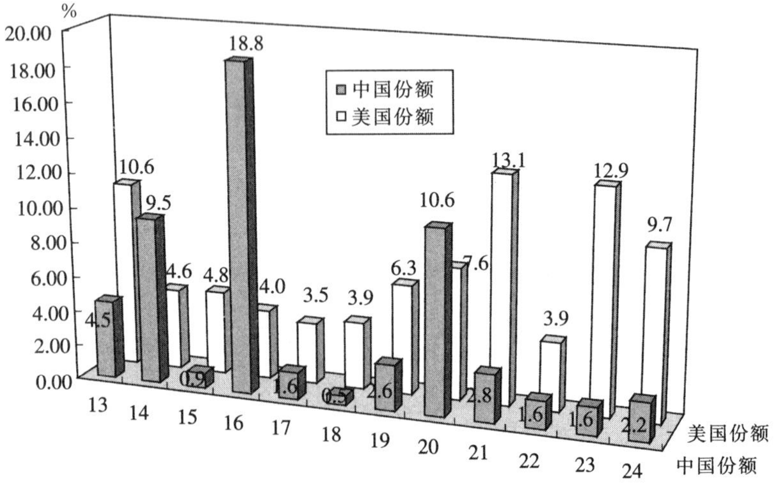

数据来源：ITC。

图 5-6　中美各类农产品出口占世界市场的份额比较（2006，13～24 章）

上，中国农产品的国际竞争力绩效远逊于美国，且差距较大。

再从时间维度考察 2004—2006 年间中美两国各类农产品的市场份额获取情况，结果如表 5-3 所示。前文已经指出，市场获取指数大于 1 表明市场份额比上一年增长，而小于 1 则表明市场份额下降。表 5-3 结果表明，一方面，中国 03（水海产品）章、05（其他动物产品）章、07（食用蔬菜）章、14（编织用植物材料）章、16（肉类水产品制品）章、19（谷物、粮食粉、淀粉制品、糕点）章和 20（蔬菜、水果、坚果等制品）章农产品的市场份额在 2005 年和 2006 年均较上年大幅增长，特别是 05（其他动物产品）章、07（食用蔬菜）章和 16（肉类水产品制品）章农产品的市场份额获取指数均大大超过 1，表明这几类农产品市场份额呈爆炸性增长。而对这些类别的农产品，美国相应的市场获取指数大部分稍大于 1，少部分则小于 1，表明相对中国农产品的市场份额急剧增长，美国这些农产品的市场份额在

2005年和2006年基本稳定，市场份额无论是增长还是减少幅度均不大。这表明，在这些类别的农产品上，中美两国均在侵蚀其他竞争者的市场份额。

表 5-3 中美各类农产品市场获取指数（2005—2006年）

农产品类别	2005		2006	
	中国	美国	中国	美国
01	1.17	0.46	1.08	0.57
02	0.46	1.83	0.48	1.85
03	6.47	0.67	6.87	0.63
04	0.08	0.47	0.08	0.53
05	32.66	4.34	29.10	4.31
06	0.03	0.19	0.04	0.19
07	16.12	2.90	13.68	2.68
08	0.24	1.79	0.25	1.86
09	2.27	0.20	1.83	0.21
10	0.65	10.17	0.47	10.02
11	0.71	0.32	1.25	0.38
12	2.02	3.33	1.58	2.76
13	0.70	0.34	1.08	0.37
14	3.11	0.43	2.14	0.43
15	0.07	1.20	0.09	1.03
16	22.81	0.85	21.31	0.83
17	0.10	0.82	0.08	0.89
18	0.29	1.11	0.34	1.09
19	4.97	1.72	4.95	1.64
20	3.89	1.17	4.01	1.20
21	0.24	1.64	0.26	1.72
22	0.51	0.31	0.58	0.30
23	1.34	3.24	1.00	3.26
24	1.34	0.75	1.38	0.76

数据来源：作者计算。

另一方面，中国也有部分类别农产品的市场份额在2005—2006年均呈显著下降趋势，如04（乳品蛋品蜂蜜及其他食用动物产品）章、06（活植物及花卉）章、15（动植物油脂及其分解产品）章和17（糖及糖食）章农产品市场份额指数均小于0.1，表明这几类农产品市场份额急剧下降。而在这四类农产品中，美国除15（动植物油脂及其分解产品）章产品外，其余三类产品的市场份额也大幅下降。中美两国农产品的世界市场份额并没有出现此消彼长的变动态势表明，两国这三类农产品出口的市场份额遭遇了强大的共同竞争者的侵蚀。

另外，表5-3结果也表明，美国的02（肉及杂碎）章、10（谷物）章、21（杂项食品）章和23（食品工业的残渣废料配制的动物饲料）章农产品出口占世界市场的份额显著增长，特别是10（谷物）章农产品的市场获取指数连续两年超过10，市场份额出现爆炸性增长。而中国相应的02（肉及杂碎）章、10（谷物）章和21（杂项食品）章产品市场获取指数均大大小于1，表明市场份额在逐年较大幅度地下降。中美两国农产品的世界市场份额的此长彼消的变化说明，美国这些类别的农产品国际竞争力在增强而中国相应的农产品国际竞争力在下降。

5.1.3 基于25种代表性农产品数据的比较

再分别考察25种有代表性的重要农产品的市场份额变动情况。从图5-7可以看出，2006年中国的活猪、天然蜂蜜和猪鬃及其废弃物3种产品的世界市场份额均大大超过美国相应产品的市场份额，特别是猪鬃及其废弃物占据了世界市场份额的70%左右，远远领先于美国1.4%的市场份额。在活家禽、新鲜或冷藏牛肉、鲜鱼、冻鱼和冷冻牛肉等5种产品上，中国所占世界市场份额相应地大幅低于美国，特别是活家禽、新鲜或冷藏牛肉和冻鱼产品的世界市场份额低于美国6%～8%，差距较大。而两国活牛和花卉所占的世界市场份额均很小，彼此差

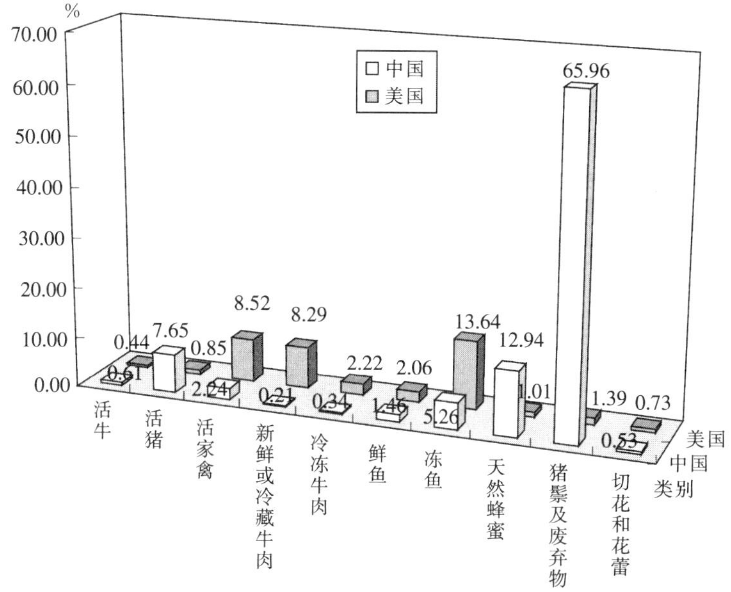

数据来源：作者计算，原始数据来自 COMTRADE 和 ITC。

图 5－7　2006 年中美主要农产品占世界市场份额的比较之一

距也非常小。

图 5－8 则表明，在其他 15 种代表性的农产品中，中国冷冻蔬菜、腌制蔬菜、干制蔬菜和茶叶的世界市场份额均超过美国 10 个百分点以上，特别是腌制蔬菜和干制蔬菜分别占据了世界市场近 40％和 50％的市场份额，分别领先于美国 30％～40％。而在其他 11 种产品中，除醋制黄瓜和洋葱、未发酵水果和蔬菜汁外，美国其余农产品的世界市场份额均较大幅度高于中国相应份额。特别是美国的小麦、玉米和大豆分别占据世界市场份额的 20.61％、55.28％和 42.96％，分别超出中国份额 20％、50％和 40％以上。

对 2006 年中美两国以上 25 种重要农产品世界市场份额的比

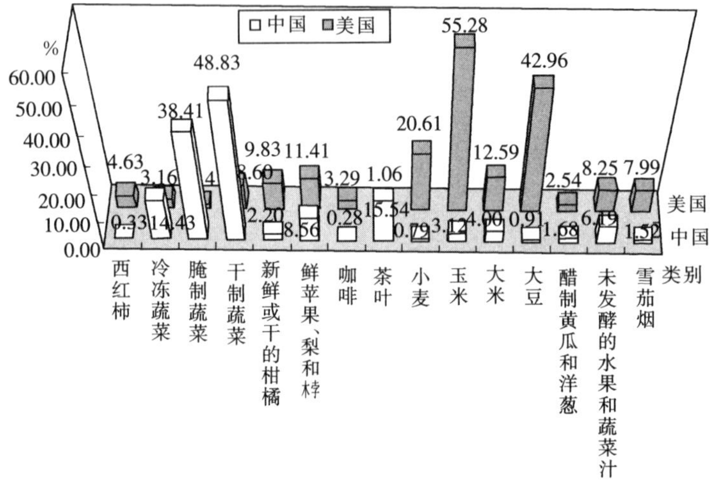

数据来源：作者计算，原始数据来自 COMTRADE 和 ITC。

图 5-8　2006 年中美主要农产品占世界市场份额的比较之二

较结果表明，中国的活猪、天然蜂蜜、猪鬃及其废弃物、冷冻蔬菜、腌制蔬菜、干制蔬菜和茶叶共 7 种农产品在世界市场的份额大幅高于美国，反映出中国这 7 种农产品的国际竞争力显著强于美国。而中国活家禽、新鲜或冷藏牛肉、鲜鱼、冻鱼、冷冻牛肉、西红柿、柑橘、新鲜苹果、梨和桲及大米等产品，特别是小麦、玉米和大豆的市场份额显著低于美国，这一结果说明中国这些农产品的国际竞争力与美国相比，处于明显的劣势地位。因此，总体而言，以上对世界市场份额指标的比较结果表明，就这 25 种农产品来说，中国只有 25％强的农产品的国际竞争力绩效大大优于美国，而大部分农产品的国际竞争力绩效则逊于美国，特别是少部分农产品的国际竞争力绩效与美国差距非常大。

以上只考察了 2006 年中美两国 25 种有代表性的重要农产品的国际竞争力绩效，无法反映近几年两国农产品的国际竞争力绩效随时间的变动情况，因此需要进一步对 2005—2006 年中美两国 25 种农产品的世界市场份额变动进行比较。

表 5－4 表明，在 2005 年和 2006 年，中国猪鬃及其废弃物、冷冻蔬菜、腌制蔬菜、干制蔬菜、鲜苹果、梨和桲及茶叶的世界市场份额连续两年出现了较大幅度的增长，特别是冷冻蔬菜、干制蔬菜和茶叶的市场份额增幅连续两年均达到 1.5％以上。而美国相应产品的市场份额在这两年却呈微增长或下降的趋势。这也使得在 2006 年，中国上述农产品的世界市场份额继续保持对美国的领先地位。

尽管分析发现中国活猪在世界市场的份额大幅高于美国，但是其市场份额却连续两年出现下降，特别是 2005 年下降了 2.46％。同时，美国活猪的市场份额也连续两年出现小幅下降。这表明，中美两国活猪产品在世界市场上面临着共同的竞争对手。

表 5－4 也表明，中国活家禽、鲜鱼和冻鱼的世界市场份额在 2005 年和 2006 年连续两年也均有小幅下降，西红柿、大豆、醋制黄瓜和洋葱的市场份额虽然在 2005 年有所增长，但在 2006 年均出现下降，基本抵消了 2005 年的增长份额。同时，美国活家禽的世界市场份额连续两年小幅增加，新鲜或冷藏牛肉则连续两年出现较大幅度增长，2006 年增长了 2.77 个百分点，鲜鱼却出现连续两年下降的情形。

另外，值得注意的是，中美两国玉米和大豆产品的世界市场份额在 2005 年和 2006 年出现了此消彼长的变动态势。2005 年，中国玉米世界市场份额增长了 6.86 个百分点，而同时美国玉米市场份额则减少了 8.31 个百分点；2006 年，则出现了相反的情形，中国的份额减少了 6.52 个百分点，而美国的份额则猛增了 11 个百分点。这种此消彼长而且幅度较大的份额变动似乎说明，中美两国在玉米市场有着较强的竞争关系，而两国玉米产品的国际竞争力也处于不稳定状态中。

表 5-4　中美主要农产品世界市场份额变动

单位:%

农产品名称	中国		美国	
	2006	2005	2006	2005
活牛	−0.08	−0.13	0.3	0
活猪	−0.96	−2.46	−0.21	−0.55
活家禽	−0.49	−0.1	0.86	1.09
新鲜或冷藏牛肉	0.06	0.08	2.77	1.59
冷冻牛肉	0.08	−0.05	0.7	0.38
鲜鱼	−0.54	−0.85	−0.78	−0.94
冻鱼	0.62	0.02	−0.21	0.45
天然蜂蜜	0.84	1.71	0	0.09
猪鬃及废弃物	2.4	0.74	0.69	−0.54
切花和花蕾	0.17	0.05	0	−0.01
西红柿	−0.02	0.09	0.19	0.22
冷冻蔬菜	1.82	3.68	−0.21	−0.19
腌制蔬菜	0.48	1.79	0.15	−0.06
干制蔬菜	2.73	13.65	−0.99	−0.54
新鲜或干的柑橘	0.21	0.87	0.81	−1.02
鲜苹果、梨和椁	0.7	2.32	0.03	2.31
咖啡	0.07	0.04	0.28	−0.19
茶叶	1.44	2.93	0.08	0.12
小麦和混合麦	0.58	−0.37	−4.06	−2.26
玉米	−6.52	6.86	11	−8.31
大米	1.71	−0.29	−0.55	0.18
大豆	−0.17	0.14	2.59	−2.92
醋制黄瓜和洋葱	−0.62	0.07	−0.16	0.05
未发酵的水果和蔬菜汁	0.33	1.29	−0.36	−0.08
雪茄烟	0	0	0.01	−1.26

数据来源：中美出口数据来自于 ITC，世界出口数据来自 COMTRADE。

以上分析总体说明，在过去的几年中，除猪鬃及其废弃物、冷冻蔬菜、腌制蔬菜、干制蔬菜、鲜苹果梨和桲、茶叶、活家禽、新鲜或冷藏牛肉和玉米等外，中美两国其他农产品的市场份额变动很小，这表明，中美两国这些农产品的国际竞争力绩效比较稳定，也反映出两国不少农产品的国际竞争力在 2005 年和 2006 年没有较显著变动。

5.2 中美农产品国际竞争力绩效比较：中美市场

根据第 3 章构建的概念框架，在考察一国农产品国际竞争力时需要区分不同的市场，因此，在上一节实证评估比较了中美两国农产品在世界市场的总体国际竞争力绩效后，接下来将分别考察比较中美两国农产品在中国市场、美国市场和第三地市场的国际竞争力绩效。

对于中美两国农产品在中国市场和美国市场的竞争力绩效的评估，理论上应该分别评估和比较两国农产品分别在中国市场上的市场份额和在美国市场上的市场份额，但是，由于无法得到完整系统的中美两国各自国内市场所有农产品或某类农产品或某农产品的销售数量或金额统计，由此也没有相应统计数据支持区分中国市场或美国市场销售农产品总额中来自国内和从对方进口的农产品的销售份额。基于此，采用间接方式评估中美两国农产品在中国和美国市场的国际竞争力绩效，即分别考察两国在各自农产品进口额中来自对方农产品所占的份额，并加以比较，从而以相对进口份额的比较来反映两国农产品在各自国内市场的国际竞争力绩效差异。除横向比较外，将采用近几年数据进行跨时比较，以反映国际竞争力绩效的动态变化。

5.2.1 基于所有农产品加总数据的比较

首先考察在中美两国农产品进口中来自各自对方的农产品所

占的市场份额，结果如图 5-9 和图 5-10 所示。从图 5-9 可以发现，2005—2007 年，中国从美国进口的农产品逐年递增，2007 年达到了 91.26 亿美元。然而，虽然进口金额在增加，但来自美国农产品占中国农产品进口总额的市场份额稳中略有下降，2007 年的份额比 2006 年下降了 1.5%，为 22.27%。而图5-10表明，按美国 FAS 农产品定义统计数据，来自中国的农产品占美国农产品进口总额的份额从 2003—2007 年呈逐年递增态势，但份额最高的 2007 年仍然只达到 5.63%，按 HS 分类 01～24 章加总统计数据计算的结果类似，份额亦连年递增，但 2007 年也仅为 4.05%。

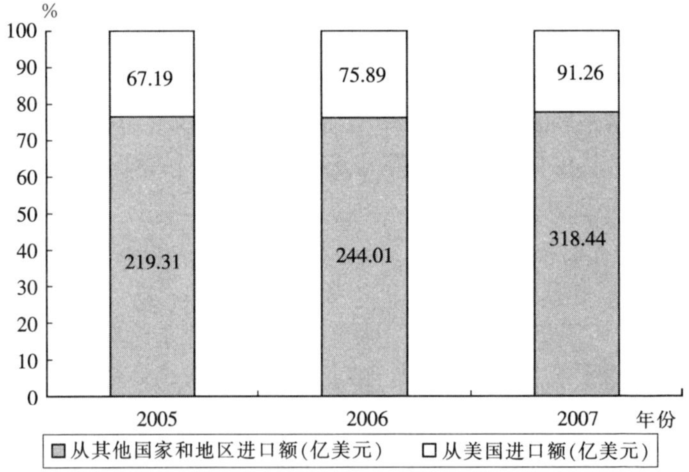

数据来源：作者计算，原始数据来源于中国商务部。

5-9　美国农产品占中国农产品进口的市场份额（2005—2007 年）

虽然由于农产品定义和统计范围的差异，可能使得来自中国的农产品在美国进口农产品总额中的份额有所低估，但不影响得出如下结论：来自美国的农产品占中国进口农产品总额的市场份额远远大于来自中国的农产品占美国进口农产品总额的市场份额。因此，从总体来看，在中美两国国内市场，中国农产品竞争力绩效远逊于美国农产品竞争力绩效。这表明，即使将两国农产

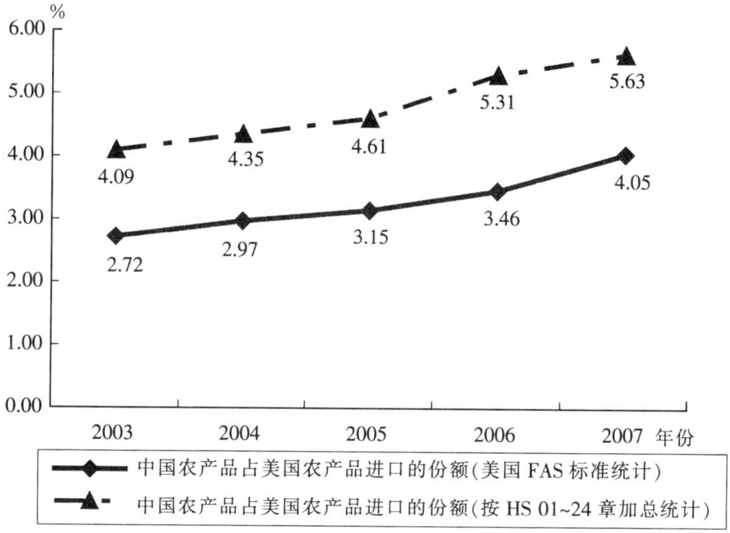

数据来源：作者计算，原始数据来自于美国农业部 FAS。

图 5-10 中国农产品占美国农产品进口总额的份额（%）

品贸易保护程度差异、消费者偏好以及生产供给有限等差异考虑进来，仍然可以认为，在过去的几年中，在中美两国国内市场，中国农产品国际竞争力与美国农产品的国际竞争力差距很大。

5.2.2 基于分类农产品数据的比较

表 5-5 列出了中美两国按 HS 分类的 01～24 章农产品各自占对方农产品进口额的市场份额，数据表明，来自中国的各类农产品占美国相应类别农产品进口的市场份额普遍大大低于来自美国的各类农产品占中国相应类别农产品进口的市场份额。在 24 类农产品中，2006 年美国有 01（活动物）章、02（肉及杂碎）章、05（其他动物产品）章、12（油料工业用或药用植物稻草秸秆及饲料）章、20（蔬菜水果坚果等制品）章和 21（杂项食品）章农产品占中国相应类别农产品进口的份额超过了 25%，特别是 02（肉及杂碎）章农产品的份额达到了 52.11%，而中国只有 05（其他动物产品）

章农产品占美国进口该类产品的份额超过了25%，达到42.24%。

表5-5 中美各类农产品占美中各类农产品进口的市场份额

单位:%

农产品类别	中国农产品占美国进口份额			美国农产品占中国进口份额	
	2005	2006	2007	2005	2006
01	1.13	1.12	1.11	15.36	28.03
02	0.20	0.27	0.38	42.06	52.11
03	11.73	13.98	14.54	11.88	12.88
04	1.69	1.92	0.90	13.15	14.97
05	42.97	42.24	46.32	28.61	27.71
06	1.22	1.37	1.46	6.05	8.51
07	3.85	4.96	5.70	—	3.25
08	1.89	2.13	2.16	16.53	15.24
09	2.78	2.59	2.69	13.12	17.54
10	0.17	3.32	2.73	7.46	5.24
11	2.24	4.17	2.42	—	—
12	12.17	11.61	10.49	39.21	34.12
13	10.98	11.35	12.98	18.25	22.22
14	21.93	23.56	16.38	—	7.91
15	0.63	0.72	0.94	—	—
16	10.90	13.49	12.84	9.38	11.54
17	3.70	3.54	5.11	—	—
18	1.54	1.81	1.55	—	—
19	2.18	2.63	2.63	7.16	
20	13.40	13.85	18.33	29.14	30.60
21	2.81	3.28	3.99	28.01	32.78
22	0.17	0.70	0.20	4.41	—
23	11.81	15.96	16.07	7.43	9.69
24	0.89	1.01	1.34	3.04	13.53

注：因ITC只提供每类进口的前五位来源国的统计数据，因此，如果美国在该类进口中所占份额在前五名之外，则无法获得相应数据，在表中以"—"表示。从ITC的统计数据来看，一般而言，前五名之外，通常份额在5%以下。

数据来源：作者计算，美国占中国农产品进口份额的原始数据来自于ITC，中国占美国农产品份额的原始数据来源于美国农业部FAS。

进一步考察，中国的03（水海产品）章、12（油料工业用或药用植物稻草秸秆及饲料）章、13（虫胶树胶、树脂及其他植物液汁）章、14（编织用植物材料）章、16（肉类水产品制品）章、20（蔬菜、水果、坚果等制品）章和23（食品工业的残渣废料配制的动物饲料）章农产品占美国进口相应类别农产品的份额超过了10%，但是美国相应的产品中，只有03（水海产品）章、14（编织用植物材料）章、16（肉类水产品制品）章和23（食品工业的残渣废料配制的动物饲料）章农产品占中国进口的相应类别农产品的份额低于中国占美国相应的份额。另外，中国有三类农产品占美国进口该类农产品的份额低于1%，包括02（肉及杂碎）章、15（动植物油脂及其分解产品）章和22（饮料、酒及醋）章农产品，而美国的02（肉及杂碎）章农产品占中国该类农产品进口的份额则达到了42.06%以上，22（饮料、酒及醋）章农产品的份额2005年也达到了4.41%。

因此，总体而言，从中美两国各类农产品各自占对方进口的市场份额相对比较来看，在2005年和2006年，01～24章农产品中，排除因缺乏数据无法比较的产品类别外，中国只有03（水海产品）章、05（其他动物产品）章、07（食用蔬菜）章、14（编织用植物材料）章、16（肉类水产品制品）章和23（食品工业的残渣废料配制的动物饲料）章，共6类农产品的份额高于美国的相应份额，国际竞争力绩效相对优于美国。然而，美国则多数类别农产品的份额远高于中国的相应份额，国际竞争力绩效显著好于中国。这表明，从分类农产品的评估比较结果来看，在中美两国国内市场，中国只有少数（25%）类别的农产品相对美国具有稍微更强的国际竞争力，但美国却在大多数类别的农产品上相对中国具有非常强的国际竞争力。

5.2.3 基于23种具体农产品数据的比较

进一步从产品层面分析中美两国23种农产品在中美两国国内

农产品市场的国际竞争力绩效。经计算的中美两国 23 种农产品占美中进口的市场份额数据如表 5－6 所示。结果显示，绝大部分中国农产品占美国农产品进口的市场份额大大低于美国占中国农产品进口的相应份额，中国多数农产品所占美国进口农产品份额几乎可以忽略不计。在这 23 种农产品中，中国只有苹果汁、大豆、茶叶、冷冻蔬菜和脱水蔬菜等 5 种农产品占美国相应产品的进口份额较高。其中，苹果汁 2005 年的份额超过了 50%，达到了 54.47%，远远超过 2005 年美国该产品占中国相应进口额的 16.11%的比例，茶叶、冷冻蔬菜和脱水蔬菜的份额也小幅度超过美国的相应份额，中国大豆 2005 年占美国大豆进口的市场份额虽然达到了 33.84%，但仍然低于美国大豆占中国进口大豆 40.63%的份额。

而反观美国农产品在中国农产品进口中的份额，除以上提到的 5 种农产品外，美国其他农产品均占中国相应产品进口相当的份额。如美国苹果在 2004 年就占中国苹果进口的 51.85%，在 2005 年更是达到了 61.80%，而同期中国苹果占美国苹果进口的份额不到 0.1%；美国鸡肉的份额也在 2005 年达到惊人的 76.63%，而中国鸡肉所占美国进口鸡肉的份额为零①；梳棉、皮棉、玉米、橙子和猪的情形也是类似，美国占据高的中国这些产品进口市场份额，而中国占美国这些进口市场的份额几乎可以忽略不计。

因此，总体来说，与前文对 24 类农产品的分析结果类似，中国在这 23 种具体农产品在中美两国国内市场的国际竞争力绩效上处于劣势地位，除少数产品如苹果汁、茶叶、冷冻蔬菜和脱水蔬菜、大豆外，中国农产品所占美国农产品进口市场份额微小，反映出中国农产品在美国市场的竞争力很弱。而美国的多数农产品则占有中国进口农产品市场的较高份额，反映出美国农产品在中国农产品市场的竞争力很强。这一市场份额的相对高低显

① 值得说明的是，这并不说明美国完全没有从中国进口鸡肉，可能只是因金额太小，在加总计算百分比中被略去了。

然表明，与美国相比较，中国农产品的国际竞争力绩效较差，远低于美国农产品的竞争力绩效表现。虽然考虑到这些农产品不能代表所有的农产品，做出以上结论可能有一定误差，但是，这些产品均属于常见的农产品，覆盖了水果、家禽、猪、蔬菜、粮食等几大类，因此对这些产品的分析结果仍有一定的代表性。

表 5-6 中美 23 种农产品占美中进口的市场份额

单位：%

农产品名称	中国占美国进口市场份额		美国占中国进口市场份额	
	2005	2004	2005	2004
苹果汁	54.47	45.99	16.11	2.57
苹果	0.05	0.01	61.80	51.85
鸡肉	0.00	0.00	76.63	5.14
浓缩柑橘汁	0.00	0.00	3.66	0.00
柑橘汁	0.19	0.00	6.83	1.59
梳棉	0.00	3.21	49.21	26.75
皮棉	0.00	0.00	52.94	63.21
棉绒	0.62	4.41	9.06	29.06
菠萝汁	0.64	0.13	24.91	50.40
西红柿汁	0.00	0.00	3.36	4.03
玉米	0.05	0.11	34.92	37.99
浓缩橙汁	0.00	0.00	14.01	0.74
橙汁	0.00	0.00	0.72	0.52
橙子	0.00	0.02	63.27	59.80
猪	0.00	0.00	60.67	38.94
鲜猪肉	0.00	0.00	16.24	39.44
大豆	33.84	30.13	40.63	47.98
茶叶	22.38	20.59	12.15	17.20
冷冻蔬菜	8.02	8.49	7.62	10.85
脱水蔬菜	47.80	46.27	45.49	40.29
新鲜蔬菜	1.45	1.82	3.24	5.01
小麦	0.00	0.00	13.60	39.52

数据来源：作者计算，原始数据来自于 FAO。

5.3 中美农产品国际竞争力绩效比较：第三地市场

在世界市场上，中美两国农产品除在中美两国的国内市场竞争外，更重要的是在中美两国以外的第三地市场竞争。由于在各自国内市场的竞争可能受各自的贸易政策、消费者偏好等因素的影响，并不是完全充分的自由和公平竞争，因此难以真正准确的反映出两国农产品国际竞争力绩效的差异。而在第三地市场，中美两国农产品面临着同等的市场政策环境，竞争相对公平自由，因此，两国农产品在第三地市场的市场份额相对就更加准确地评估两国农产品的国际竞争力绩效，从而也相对准确地反映两国的国际竞争力强弱。

基于此，应特别关注两国在第三地市场的竞争力绩效表现。基于日本在两国农产品出口的重要地位，特别是占据了中国农产品出口的约 1/3，因此，本书选定日本作为第三地市场的代表，以日本市场为例比较中美两国农产品在第三地市场的国际竞争力绩效。在分析方法上，同样从加总农产品、分类（HS）农产品和具体农产品三个层次展开分析。

5.3.1 基于所有农产品加总数据的比较

先比较中美两国所有农产品出口占日本进口农产品的市场份额。从图 5-11 可以看出，2003—2007 年，美国农产品占日本农产品进口的份额呈下降趋势，由 2003 年的 25.9%一直下降到 2006 年的 21.9%，但 2007 年重新回升到 23%；而 2003—2007 年，中国农产品占日本农产品进口的份额呈缓慢上升趋势，由 2003 年的 13.2%一直上升至 2006 年的 15.1%，但 2007 年份额又下降为 14.1%。显然，从市场份额指标来看，虽然美国农产品出口占日本农产品进口的份额近几年有所下降，中国农产品占日本农产品进口的市场份额有所上升，但中美两国之间仍差距较大。平均来看，美国农产品占日本农产品进口市场份额比中国农产品占日本进口农产品市场份额高约8%～9%。以上比较分析结果表明，就日本市场而言，虽然中国农产品的国际竞争力绩效呈改善趋势而美国农产品的国际竞争力绩效呈下降趋势，但中国农产品的国际竞争力绩效仍以较大差距逊于美国。

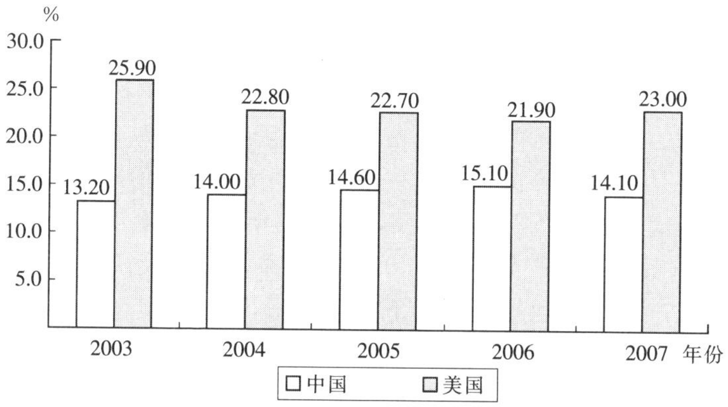

数据来源：日本农林水产省农林水产物输出入概况。

图 5-11　中美农产品占日本进口农产品的市场份额比较（2003—2007 年）

5.3.2 基于分类农产品数据的比较

再从 HS 分类农产品层面来比较中美两国农产品在日本市场的竞争力绩效。表 5-7 列出了 2003—2005 年中美两国各类农产品占日本进口相应农产品的市场份额。为便于分析，将中美两国农产品占日本农产品进口市场份额的关系分为三类：美国份额大幅高于中国的、中国份额大幅高于美国的和两国份额差距不大的。

从表 5-7 可以看到，2003—2005 年，中国农产品占日本农产品进口份额大幅高于美国的农产品，包括05（其他动物产品）章、06（活植物及花卉）章、07（食用蔬菜）章、09（咖啡茶马黛茶及调味香料）章、14（编织用植物材料）章、19（谷物粮食粉淀粉制品糕点）章、16（肉类水产品制品）章和20（蔬菜水果坚果等制品）章共8类农产品，其中07（食用蔬菜）章和16（肉类水产品制品）章农产品所占日本进口农产品的市场份额均超过50%以上，均高于美国相应份额40%以上，这表明中国这两类农产品在日本农产品市场具有非常好的竞争力绩效。同时，从动态的角度看，在这8类中国份额大幅领先的农产品中，中国06（活植物及花卉）章、07（食用蔬菜）章、16（肉类水产品制品）章、19（谷物粮食粉淀粉制品糕点）章和20（蔬菜水果坚果等制品）章农产品在2003—2005年三年中的份额连年增加，美国相应的农产品则正好相反，在这三年的份额逐年下降；而中国05（其他动物产品）章和09（咖啡茶马黛茶及调味香料）章两类农产品则出现先增加后下降的情形，美国05（其他动物产品）章农产品则出现了先下降后上升的趋势。这说明，在中国份额大幅高于美国的8类农产品中，多数农产品的份额在2003—2005年三年中逐年增加，竞争力绩效相对美国仍在逐年扩大领先优势，反映出中国这几类农产品在日本市场的国际竞争力不断增强。

表5-7结果也表明，在2003—2005年，在日本农产品进口中，美国农产品所占的份额大幅高于中国份额的农产品，包括01（活动物）章、02（肉及杂碎）章、04（乳品蛋品蜂蜜及其他食用动物产品）章、08（食用水果及坚果）章、10（谷物）章、12（油料工业用或药用植物稻草秸秆及饲料）章、15（动植物油脂及其分解产品）章、17（糖及糖食）章、21（杂项食品）章、22（饮料、酒及醋）章、23（食品工业的残渣废料配制的动物饲料）章和24章共12类农产品。其中10（谷物）章和24（烟草及其制品）章农产品所占日本进口农产品的

份额均超过70%以上，均高于中国相应份额近70%；而01（活动物）章、08（食用水果及坚果）章和12（油料工业用或药用植物稻草秸秆及饲料）章农产品的份额则超过中国相应份额约30个百分点。这表明，美国在这些类别的农产品上在日本市场具有远胜于中国的竞争力绩效。同时，从2003—2005年的动态变化看，在这12类中国所占份额大幅落后的农产品中，中国仅有08（食用水果及坚果）章农产品在三年中的份额连年下降，12（油料工业用或药用植物稻草秸秆及饲料）章和21（杂项食品）章农产品的份额则出现连续三年增加的趋势。这表明，尽管中国有12类农产品的份额大幅低于美国相应农产品的份额，但是其中多数产品的市场份额在增加，国际竞争力绩效在2003—2005年中得到改善，也说明虽然相对美国而言，中国这些产品在日本市场的国际竞争力很弱，但是其国际竞争力却在逐步增强。

除以上中美两国各自具有明显的市场份额领先优势的农产品外，中美两国其他类别农产品在日本农产品市场的份额差距较小，这些农产品包括03（水海产品）章和13（虫胶树胶树脂及其他植物液汁）章两类产品。其中03（水海产品）章农产品，中美两国的份额均连续三年增加，说明两国03（水海产品）章农产品竞争力绩效均在改善；13（虫胶树胶、树脂及其他植物液汁）章农产品，美国的份额连续三年下降，中国的份额先下降后上升，因此表明中国的微弱领先优势在扩大。

以上重点从时间维度考察了中美两国农产品于2003—2005年在日本农产品进口市场的竞争力绩效变化情况，接下来则重点关注和比较中美两国农产品在2006年在日本市场的竞争力绩效。图5-12直观地反映了中美两国农产品2006年的市场份额对比情况。2006年，中美两国在24类农产品上的市场份额分布与前几年基本一致。

表 5-7　中美各类农产品占日本进口农产品的市场份额比较（2003—2005 年）

农产品类别	2003		2004		2005	
	美国	中国	美国	中国	美国	中国
01	44.02	—	41.36	4.12	30.54	—
02	38.79	—	19.16	—	19.10	—
03	10.85	11.67	10.93	12.84	11.64	13.64
04	8.98	—	10.79	—	12.66	—
05	21.49	31.93	8.09	43.34	8.58	37.07
06	—	8.35	—	9.73	—	10.71
07	14.15	53.80	12.75	55.98	11.33	57.71
08	36.39	7.49	35.94	6.34	34.86	6.07
09	—	16.89	—	21.31	—	15.82
10	71.94	5.08	74.17	4.28	74.44	4.36
11	—	—	—	—	—	—
12	46.64	9.38	42.33	9.60	41.84	10.20
13	13.56	14.19	12.99	14.06	10.36	14.31
14	—	53.46	—	49.69	—	47.52
15	12.49	—	9.95	—	10.66	—
16	7.11	50.80	5.00	53.81	4.69	55.09
17	12.90	—	13.06	—	12.16	—
18	6.26	—	7.03	—	—	—
19	14.77	19.79	14.52	23.00	13.80	26.01
20	20.00	39.10	17.89	41.25	17.36	42.74
21	29.84	10.12	27.48	11.69	30.37	13.69
22	13.49	—	14.36	—	13.64	—
23	31.85	16.03	28.22	19.25	32.07	16.14
24	88.01	0.79	88.06	0.98	87.57	0.76

数据来源：ITC，“—”表示份额未进入前五位。

中国 05（其他动物产品）章、07（食用蔬菜）章、14（编织用植物材料）章、16（肉类水产品制品）章、19（谷物、粮食粉、淀粉制品、糕点）章和 20（蔬菜、水果、坚果等制品）章农产品占日本相应农产品进口份额大幅高于美国相应类别的农产品份额。其中 07（食用蔬菜）章、14（编织用植物材料）章和 16（肉类水产品制品）章农产品所占的份额均超过 50%以上，均高于美国相应份额近 50%，与 2005 年相比，相对美国相应农产品的市场份额领先优势提高了约 10 个百分点，表明中国这些类别的农产品在日本市场具有非常好的竞争力绩效，而且竞争力绩效仍在进一步得到提高。图 5－11 结果也表明，在 2006 年，在日本农产品市场，美国仍在传统优势农产品类别上获得比中国高出较大幅度的市场份额，如 01（活动物）章、02（肉及杂碎）章、08（食用水果及坚果）章、10（谷物）章、12（油料工业用或药用植物稻草秸秆及饲料）章和 24（烟草及其制品）章农产品。其中 10（谷物）章和 24（烟草及其制品）章农产品所占日本进口农产品的份额分别达到 75.06%和 83.98%，分别高于中国相应份额约 72%和 82%；而 08（食用水果及坚果）章和 12（油料工业用或药用植物稻草秸秆及饲料）章农产品的份额仍然超过中国相应份额的 30%。这表明，2006 年美国这些类别农产品在日本市场仍具有远胜于中国农产品的竞争力绩效。

以上分析结果表明，从分类农产品的层面来看，中美两国各类农产品在日本进口农产品市场的份额差距不是太大，中国约有 8 类农产品的市场份额大幅领先美国的同类产品，而美国约有 12 类农产品市场份额大幅领先中国，因此，美国农产品在日本市场的国际竞争力绩效总体上仍超过中国。

5.3.3　基于 26 种代表性农产品数据的比较

再从具体农产品层面上考察中美两国 26 种农产品在日本农产品市场的份额，以此进一步比较和评估中美两国农产品在日本

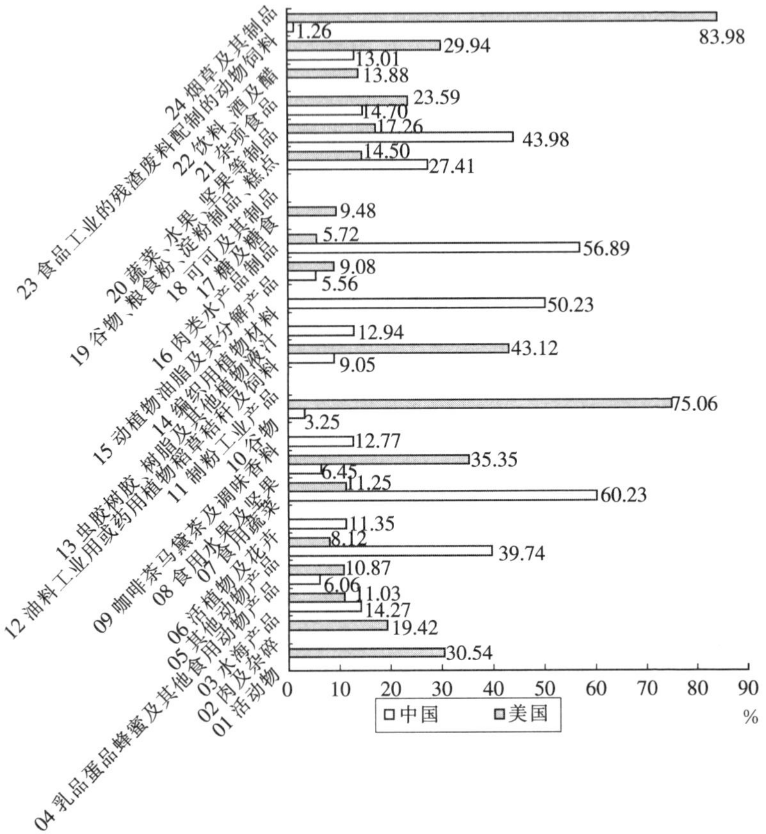

数据来源：ITC，空缺表示份额未进入日本该产品进口金额的前五位。

图 5-12　2006 年中美各类农产品占日本进口农产品的市场份额比较

农产品市场的国际竞争力绩效。

先重点评估 2005 年中美两国农产品在日本农产品市场的份额。从图 5-13 可以发现，总体上，在选定的日本进口的 26 种有代表性的农产品中，中国只有少部分农产品相对美国具有领先的市场份额。具体而言，中国出口的新鲜蔬菜、脱水蔬菜、冷冻蔬菜、茶叶、菠萝汁、梳棉和浓缩苹果汁共 7 种产品占有日本进

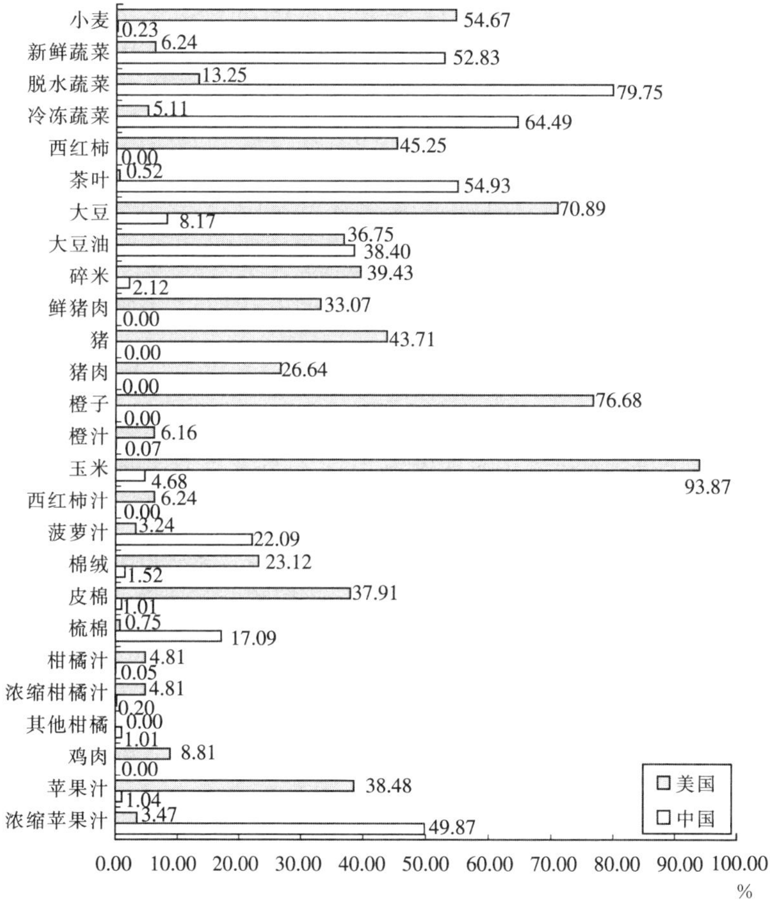

数据来源：作者计算，原始数据来自于FAO。

图5-13　2005年中美26种农产品占日本主要农产品进口份额比较

口农产品的较大份额，特别是新鲜蔬菜、脱水蔬菜、冷冻蔬菜、茶叶和浓缩苹果汁的份额超过或达到50%，远远超过美国相应产品在日本农产品市场的份额。

同时也发现，在日本农产品市场，中国在大多数农产品上的市场份额远远落后于美国。如美国出口的小麦、西红柿、大豆、碎米、新鲜猪肉、猪、猪肉、橙子、玉米、棉绒、皮棉和苹果汁均占有日本进口农产品市场的20%以上的份额。其中小麦、大豆、橙子和玉米的份额均超过50%，玉米的份额更是达到惊人的93.87%，几乎完全垄断了日本的玉米进口，而中国小麦、大豆、橙子和玉米的份额仅分别为0.23%、8.17%、0%和4.68%，市场份额差距巨大，农产品竞争力绩效远逊于美国。

除以上产品外，2005年，中美两国出口的大豆油在日本农产品市场的份额差距不大，美国以38.40%的份额稍微高于中国36.74%的份额。另外，中国出口的橙汁、西红柿汁、柑橘汁和鸡肉在日本进口农产品市场的份额与美国相应产品相比，也低约5%。

以上分析比较了中美两国农产品2005年在日本进口农产品的市场份额，但是无法反映中美两国这26种农产品在日本市场竞争力绩效的动态变化。因此，有必要再进一步分析最近几年中中美两国农产品占日本进口农产品市场份额的变动情况，以发现中美两国这些农产品国际竞争力的变动趋势。

表5-8展示了2004—2005年中美两国26种农产品占日本进口农产品市场份额变动情况的计算结果。从中可以看到，就中国而言，2004—2005年，占日本进口农产品市场的份额增加较大的农产品较少，只有浓缩苹果汁、梳棉、大豆油和菠萝汁4种产品在2004年或2005年增加的市场份额在5%以上，其中2005年浓缩苹果汁份额增加5.51个百分点，梳棉份额增加11.99个百分点，大豆油份额则迅猛增加了36.35百分点，2004年菠萝汁的份额增加9.23个百分点。而美国这四类产品中，2004年和2005年浓缩苹果汁、菠萝汁和梳棉的份额分别略减和略增，大豆油则在2004年暴减39.84个百分点，而后2005年又下降6.27个点。这说明，中国的浓缩苹果汁、梳棉和菠萝汁，特别是大豆油在日本进口农产品市场的竞争力绩效得到提升，而美国相应产品的竞争力绩效则在下降。

表 5-8 中美 26 种农产品占日本主要农产品进口份额变动情况（2004—2005 年）

农产品名称	2005		2004	
	中国	美国	中国	美国
浓缩苹果汁	5.51	0.13	2.70	−1.71
苹果汁	−0.71	14.49	1.75	11.75
鸡肉	0.00	4.39	0.00	−6.53
其他柑橘	1.01	0.00	−0.98	−5.25
浓缩柑橘汁	−0.60	−1.73	−3.26	−1.77
柑橘汁	0.05	−3.33	0.00	1.55
梳棉	11.99	0.75	0.67	−1.81
皮棉	−1.22	−2.67	1.16	−1.47
棉绒	1.52	−4.91	0.00	8.23
菠萝汁	−1.96	0.02	9.23	0.46
西红柿汁	0.00	6.11	−0.12	0.12
玉米	0.74	−1.28	−2.37	5.75
橙汁	−0.06	−2.82	0.11	−1.33
橙子	0.00	−0.99	0.00	1.44
猪肉	0.00	−2.57	0.00	5.27
猪	0.00	−9.09	0.00	13.35
鲜猪肉	0.00	3.05	0.00	−2.58
碎米	−6.42	−8.76	3.26	1.91
大豆油	36.35	−6.27	2.05	−39.84
大豆	2.10	0.50	1.85	−3.68
茶叶	−1.55	−0.09	4.83	−0.26
西红柿	0.00	13.96	0.00	18.65
冷冻蔬菜	3.02	−0.10	4.63	−1.41
脱水蔬菜	−0.32	0.31	0.94	−1.33
新鲜蔬菜	3.71	0.55	−20.45	1.42
小麦	−0.33	1.26	0.28	−0.70

数据来源：作者计算，原始数据来自于 FAO。

另一方面，中国新鲜蔬菜在日本进口农产品中所占的份额在2004年剧减了20.45个百分点，虽然2005年提升了3.71%，但总体来看，2004—2005年，新鲜蔬菜的市场份额净下降了16%以上。与中国新鲜蔬菜竞争力绩效恶化相反的是，美国新鲜蔬菜的相应市场份额在这两年均略有增加，竞争力绩效得到进一步提升。

表5-8的结果也表明，2004—2005年，在这26种重要的农产品中，美国苹果汁和西红柿占日本进口相应的市场份额均连续增长了10%以上，而其他产品的份额则小幅增加或下降。2005年，美国26种农产品中只有12种产品的份额在增加，而超过50%的农产品的份额出现了下降，其中份额下降较多的农产品有柑橘汁、棉绒、猪、碎米和大豆油等5类产品。而相同的5类产品中，中国只有碎米的份额下降了6.42%，其他产品均实现了市场份额的增长。

以上2004—2005年的数据结果表明，在26种农产品中，美国只有苹果汁和西红柿的市场份额出现了较大幅度的增长，亦即竞争力绩效得到较大提升；而中国则有梳棉和大豆油的份额有较大增长。因此，从动态的市场份额变动结果来看，中美两国在这26种农产品的竞争力绩效变动趋势相似。

5.4 中美农产品国际竞争力绩效比较：基于赢利性指标

根据第3章的概念框架，对农产品国际竞争力绩效的评估，虽然是以市场份额作为主导性的评估指标，但是也不能忽略对赢利性指标的评估，因为通过牺牲利润可以达到提高市场份额的目的，因此，需要对中美两国农产品的赢利性进行评估比较。

然而，正如第3章指出的，赢利性的评估和国际比较在实际应用中存在诸多困难，由于数据的可得性和可比性，在产业和分类产品加总的层次难以进行评估和国际比较，而在具体产品层次虽然可以进行评估和比较，但是结果的准确和精确性可能会存在一些问题。基于这一考量，本书将赢利性指标的结果作为参照，以完整的评估中美两国农产品的国际竞争力绩效。

具体就本书的赢利性评估指标而言，理论上应该考察和比较中美两国农产品在出口前的所有赢利，包括生产者和出口商的赢利，但是由于无法获取出口商的平均赢利数据，因此在具体产品层面上重点评估比较中美两国农产品生产者的赢利状况，以此作为赢利性的参考结果。这一间接替代评估对于中国的情形而言，应该是完全可行的，因为一直以来，中国生产者的利润总体低于中间贸易商的利润。

对赢利性评估的重点在于确认两国农产品是否赢利，而不是关注两国农产品的赢利比较。根据中美两国相应数据的可获得性，这里选取了稻谷、小麦、玉米、棉花和生猪等农产品进行比较分析，选取美国大豆、中国 2 种油料作物和蔬菜进行非比较分析。同时，为了从总体上把握中美两国农产品的赢利状况，也以农业增加值等指标进行替代分析。

5.4.1　基于农业整体赢利性的比较

首先评估中美两国农业的整体赢利性。基于评估需要和数据可得性，对中国农产品的评估以中国农产品平均每公顷农业增加值作为赢利率的替代指标，结果如图 5－14 所示。图 5－14 表明，从 2002—2006 年，中国平均每公顷农业增加值逐年增长，2006 年达到了每公顷 8 885.40 元。由于增加值与利润之间存在相关性，由此，相信中国农业生产的利润回报可能也在连年增加，总体而言，中国农业生产的赢利性亦有保证。

再看美国农业的总体赢利性。由于数据相对中国更加完整，这里采用了更多的指标来评估，以期更加准确的反映美国农业的整体赢利性。表5－9列出了各项评估结果。

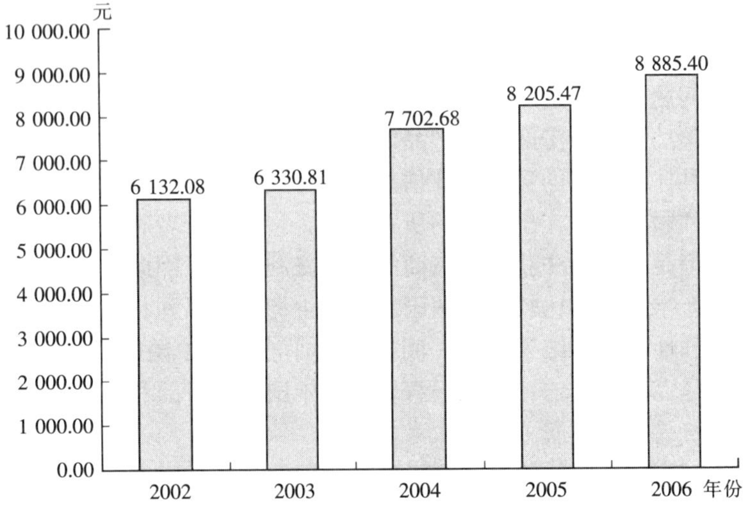

数据来源：作者计算，原始数据来自于中国农业发展报告（2007）。

图 5-14　中国平均每公顷农业增加值

表 5-9　美国农业增加值和农民收入（2004—2007 年）

指　　标	2004	2005	2006	2007
农业净增加值（10 亿美元）	127.60	123.63	103.11	132.46
农民净收入（扣除政府直接支付）（10 亿美元）	72.83	54.94	42.72	74.87
政府直接支付（10 亿美元）	12.97	24.40	15.79	11.90
农民净收入（包括政府直接支付）（10 亿美元）	85.80	79.34	58.51	86.78
单位成本的增加值（10 亿美元）	0.61	0.56	0.44	0.52
收入成本比（扣除政府直接支付）（%）	34.7	24.8	18.3	29.4
收入成本比（包括政府直接支付）（%）	40.9	35.8	25.0	34.1

数据来源：收入成本比指标数据由作者计算所得，其原始数据和其他指标数据来自美国农业部 ERS。

2004—2007年，美国农业净增加值在2005年和2006年略有下滑，而2007年大幅增长，农民净收入（无论是否考虑政府直接支付）亦呈现出相应的变动趋势。由于美国农民不像中国农民那样同时从事除农业外的其他产业获取收入，因此农民净收入指标即反映了美国农业的赢利水平，这一指标结果表明，2007年，美国农业赢利达到了748.7亿美元，若再加上美国政府对农业的直接支付，赢利进一步增加到867.8亿美元。

从单位成本的增加值指标来看，2007年指标值达到了0.52，虽然低于2004年和2005年，但仍然超过了0.5，表明美国农业生产过程中的增值超过了成本，因此利润部分也会相应较高。而收入成本比指标值也说明，如果不考虑政府直接支付，美国农业的成本利润率除2006年外，均超过了24%以上，2007年则接近30%；若加入美国政府直接支付，则成本利润率进一步相应增加，2007年达到了34.1%。以上从绝对值和相对值的相关指标分析结果说明，美国农业的整体赢利稳定，保持了较高的赢利性，特别是美国政府对农业的直接支付进一步提高了美国农业的赢利性。

以上对中美两国农业整体赢利性的分析表明，总体上，中美两国农业的赢利性均有保证，特别是数据表明，由于美国政府对农业的直接支付，美国农业的赢利性较高。

5.4.2 基于若干重要农产品赢利性的比较

接下来重点考察中美两国具有代表性的重要农产品，如稻谷、小麦、生猪、玉米和棉花等的赢利性。根据第3章给定的评估指标，针对不同的产品分别评估和比较以下赢利性指标——每单位（英亩或亩）的增加值、每单位的净利润、每单位成本的增加值和成本利润率，同时评估效率指标，以单位产量作为赢利性指标的参照。

(1) 稻谷的赢利性。中美两国稻谷生产赢利性指标的评估结果如表5-10所示。从每英亩*增加值的比较来看，自2004—2007年，每年中国稻谷的单位增加值均高于美国稻谷的单位增加值，但差距在缩小。每英亩的净利润指标则表明，中国稻谷生产的净利润在近几年维持在每英亩142.80美元以上，2007年达到了每英亩182.84美元；而美国稻谷的净利润在2004—2006年均为负，其中2005年亏损最多，达到了每英亩亏损234.50美元，2007年首次出现了赢利，单位面积净利润为39.38美元，但远低于中国稻谷的净利润水平。因此，从中美两国稻谷的单位赢利的绝对指标来看，近几年中国稻谷的赢利水平明显高于美国稻谷的赢利水平。

由于绝对指标的比较涉及货币兑换的汇率问题，而汇率可能存在低估或高估的可能性，因而绝对指标的比较可能存在误差。因此，为保证可比性，再进一步以无量纲的相对指标，即每单位成本的增加值和成本利润率进行评估比较。每单位成本的增加值指标结果表明，2004—2007年中国单位成本的增加值比达到0.9以上，2004年甚至达到了1.13，表明相对成本而言，中国稻谷生产中的增值比例很高。而美国历年的单位成本增加值比基本低于0.51，2005年甚至仅为0.13。成本利润率指标结果亦表明，中国稻谷的成本利润率最低在40%左右，最高达到了62.71%，而美国由于多数年份净利润为负，因此利润率也基本为负，只有2007年的利润率达到正的5.34%。因此，从相对指标的比较结果来看，中国稻谷的赢利率水平显著地高于美国稻谷的赢利水平。

然而，值得特别说明的是，由于无法获得美国对某特定农产品的政府直接支付数据，表中对美国稻谷的净利润和成本利润率指标的计算，没有加入美国政府对该农产品的补贴。因此，表中

* 1英亩=6.07亩。

美国稻谷的净利润为负，并不意味着美国农场农民种植稻谷的净利润必然为负。以美国对农业的保护程度之高，如果将政府的直接支付考虑进来，美国稻谷生产实际净利润应该为正，但由于中国赢利率相当高，因此美国稻谷生产的赢利率可能仍比中国低。

表 5-10 中美稻谷单位赢利指标比较

年份	每英亩增加值（美元/英亩）		每英亩净利润（美元/英亩）		单位成本增加值（美元）		成本利润率（%）	
	中国	美国	中国	美国	中国	美国	中国	美国
2004	376.60	273.38	209.09	−49.48	1.13	0.42	62.71	−7.59
2005	328.70	94.02	142.80	−234.50	0.90	0.13	39.06	−33.33
2006	354.38	256.66	154.10	−57.83	0.90	0.38	39.05	−8.49
2007	405.66	374.07	182.84	39.38	0.92	0.51	41.27	5.34

数据来源：每单位成本的增加值和成本利润率由作者计算所得，中国数据系作者换算计算得到，换算中采用的人民币汇率为年平均汇率，数据来自中国统计年鉴2008，其他原始数据来自全国农产品成本收益资料汇编，美国数据来自美国农业部ERS。下同。

另外，也可从效率指标参照反映两国稻谷生产的赢利性。图5-15表明，从稻谷生产的单位产量指标来看，中国稻谷产量稳定在每英亩60美担*上下，而美国稻谷的产量则在每英亩73美担上下，美国的单位产量比中国平均高约13美担。因此，从生产效率来看，美国稻谷比中国高，但是由于美国单位成本高于中国，因而导致美国的赢利率仍低于中国。

（2）生猪的赢利性。中美两国生猪生产赢利性指标的评估结果如表5-11所示。从单位净利润的指标来看，2004—2007年，中美两国生猪的单位利润均出现较大波动，中国生猪的单位利润经历了一个下降而后又剧增的变化阶段，而美国则经历了一个逐

* 1美担=50.80千克。

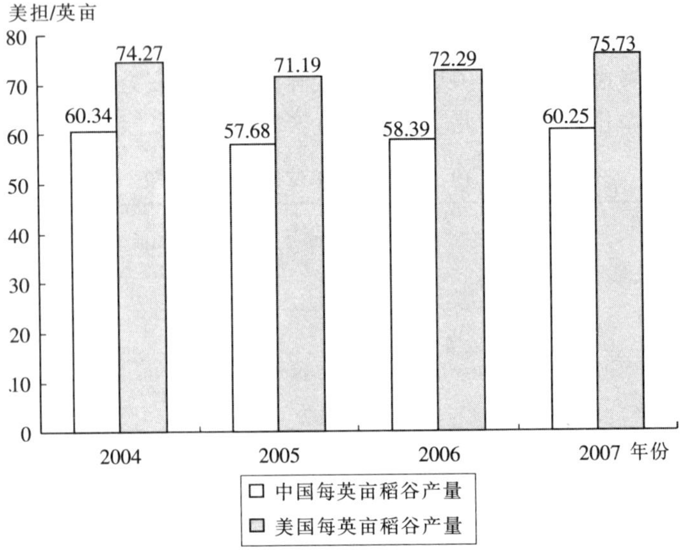

数据来源：中国数据系作者换算计算得到，原始数据来自全国农产品成本收益资料汇编，美国数据来自美国农业部 ERS。

图 5－15　中美稻谷单位产量比较

步下降的过程。从两国比较来看，2004—2006 年的 3 年中，中国生猪的单位利润均较大幅度低于美国，而在 2007 年，由于中国生猪单位利润出现了意外的剧增，而美国生猪的单位利润继续下降，因而中国生猪的单位利润首次大幅超过美国。因此，从中美两国生猪生产单位赢利的绝对指标来看，总体而言近几年中国生猪的赢利水平低于美国，但是呈反超趋势。

同样，为保证数据的可比性，再进一步以无量纲的相对指标，即每单位成本的增加值和成本利润率进行评估比较。每单位成本的增加值指标结果表明，2004—2007 年中国单位成本的增加值比最低仅为 0.17，最高为 0.44，表明相对成本而言，中国生猪生产中的增值比例低，但总体呈上升趋势。而美国历年的单位成本增加值比呈下降趋势，在 2007 年首次低于中国。然而，成本利润率指标的结果却展示不同的变动趋势。总体来看，中美两国生猪的成本利润率呈相反的变动趋势，中国的呈上升趋势，总体成本利润率高于美国，最低的2005年为9.5%，而最高的2007年达到了37.40%，远超过美国2007年4.55%。因此，从相对指标的比较结果来看，中国生猪的赢利率水平总体上显著地高于美国。

表5-11 中美生猪单位赢利指标比较

年份	单位利润（美元/美担）		每单位成本增加值（美元）		成本利润率（%）	
	中国	美国	中国	美国	中国	美国
2004	8.21	10.01	0.28	0.42	19.98	17.24
2005	3.73	13.51	0.17	0.47	9.51	22.38
2006	4.91	7.11	0.21	0.38	12.39	11.79
2007	21.13	2.98	0.44	0.29	37.40	4.55

注：考虑到可比性，中国数据为规模养殖相应数据。

数据来源：每单位成本的增加值和成本利润率由作者计算所得，中国数据系作者经单位换算和相关计算得到，原始数据来自全国农产品成本收益资料汇编，美国数据来自美国农业部ERS。

然而，与稻谷的情况相同，由于无法获得美国对某特定农产品的政府直接支付数据，表中对美国生猪的净利润和成本利润率指标的计算，没有加入美国政府的补贴。因此，如果将政府的直接支付考虑进来，美国生猪生产的单位实际净利润以及成本利润率应该更高，在某些年份，其赢利性指标值可能比中国高。另外，特别说明的是，由于中美两国统计中指标存在严重的差异，无法进行换算比较，因此，对生猪的比较中没有采用单位产量的效率指标。

（3）棉花的赢利性。中美两国棉花的赢利性如表5-12所示，从每英亩增加值的比较来看，2004—2007年，每年中国棉花的单位增加值均是美国的3倍以上，远远高于美国棉花，而且差距在持续扩大。2007年中国棉花每英亩增加值达到803.79美元，是美国棉花每英亩增加值 166.93 美元的近 5 倍。单位净利润指标则表明，2004—2007 年，中国棉花的单位利润呈逐年上升趋势，2007 年达到每英亩净利润 309.55 美元。而同期美国棉花的单位利润均为负，出现连年亏损局面，特别是 2004—2006 年亏损金额呈逐年扩大趋势，2007 年亏损缩小为每英亩 40.72 美元。因此，从中美两国棉花生产单位赢利的绝对指标来看，总体而言近几年中国棉花的赢利水平远远高于美国，而且差距呈持续扩大趋势。

再比较相对指标，即每单位成本的增加值和成本利润率的结果。从每单位成本的增加值指标来看，2004—2007 年中国棉花单位成本的增加值比基本达到 1.0 以上，最低的 2004 年也达到了 0.9 以上，表明多数年份，中国棉花生产中的增值部分高于投入的成本。而美国历年的单位成本增加值比基本低于 0.34，2006 年甚至仅为 0.05。成本利润率指标结果亦表明，中国棉花的成本利润率最低也有 30%以上，而最高达到了 41.86%，而美国棉花由于 2004—2007 年净利润均为负，因此成本利润率也均为负，但 2007 年比 2006 年相比，亏损率大幅下降。

表 5-12　中美棉花单位赢利指标比较

年份	每英亩增加值（美元/英亩）		每英亩净利润（美元/英亩）		单位成本增加值（美元）		成本利润率（%）	
	中国	美国	中国	美国	中国	美国	中国	美国
2004	490.17	168.14	163.59	−18.02	0.90	0.34	30.02	−3.59
2005	613.10	107.43	245.55	−87.54	1.05	0.20	41.86	−16.08
2006	672.41	28.15	255.64	−170.46	1.01	0.05	38.57	−30.71
2007	803.79	166.93	309.55	−40.72	1.04	0.27	40.18	−6.58

数据来源：每单位成本的增加值和成本利润率由作者计算所得，中国数据系作者经单位换算和相关计算得到，原始数据来自全国农产品成本收益资料汇编，美国数据来自美国农业部 ERS。

以上美国棉花的净利润数据中不包括美国政府对棉花生产的直接支付，因此，以上赢利性指标的比较结果表明，如果不考虑上述因素，中国棉花的赢利率水平显著地远远高于美国。可以相信，如果将政府的直接支付考虑进来，美国棉花生产实际的净利润很可能为正，但由于中国赢利率相当高，因此美国棉花生产的赢利率应该仍比中国低。

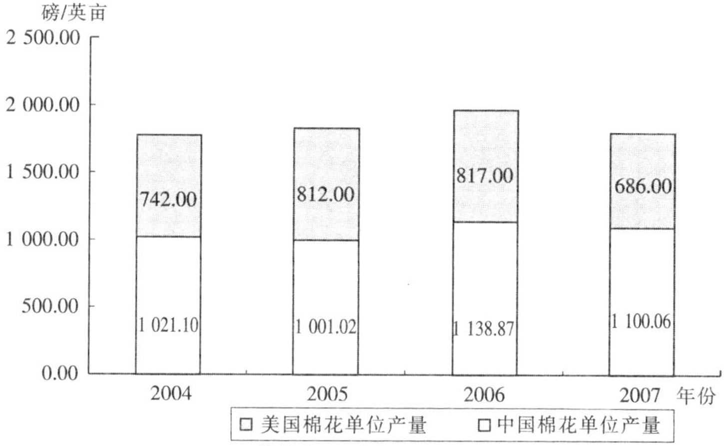

数据来源：同图 5－15。

图 5－16 中美棉花单位产量指标比较

另外，从参照性的效率指标评估结果（图 5－16）来看，近四年，中国棉花单位产量稳定在每英亩 1 000～1 100 磅左右，而美国棉花的单位产量则在每英亩 700～800 磅上下，总体上比中国平均低 200～300 磅。因此，从生产效率来看，中国棉花比美国高，这可能是导致中国棉花单位赢利指标高于美国的重要原因之一。

（4）小麦的赢利性。中美两国小麦生产赢利性指标的评估结果如表 5－13 所示。从每英亩增加值的比较来看，2004—2007 年，中美两国呈现出相同的先下降后回升的变化趋势，但每年中国小麦的单位增加值均大幅高于美国小麦，但差距在缩小。每英亩的净利润指标则表明，中国小麦生产的单位净利润在近三年维持上升趋势，2007 年达到了每英亩 99.99 美元；而美国小麦的净利润在 2004—2007 年均为负，其中 2005 年亏损最多，达到了每英亩亏损 74.77 美元，2007 年亏损最少，为每英亩亏损 30.62 美元。因此，从以上单位赢利的绝对指标结果来看，近几年中国小麦的赢利水平显著地远高于美国小麦。

表 5-13　中美小麦单位赢利指标比较

年份	每英亩增加值（美元/英亩）		每英亩净利润（美元/英亩）		单位成本增加值（美元）		成本利润率（%）	
	中国	美国	中国	美国	中国	美国	中国	美国
2004	238.52	71.66	124.37	−48.12	0.91	0.38	47.65	−25.25
2005	187.19	53.23	58.80	−74.77	0.65	0.26	20.37	−36.04
2006	222.27	59.00	89.62	−72.77	0.72	0.27	29.08	−33.57
2007	254.47	108.34	99.99	−30.62	0.73	0.46	28.57	−13.04

数据来源：每单位成本的增加值和成本利润率由作者计算所得，中国数据系作者经单位换算和相关计算得到，原始数据来自全国农产品成本收益资料汇编，美国的数据来自美国农业部 ERS。

同样，为避免以上绝对指标可能存在的误差，进一步评估比较相对指标结果。表 5-13 表明，2004—2007 年，中国小麦单位成本的增加值比介于 0.65～0.91 之间，2007 年为 0.73，表明相对成本而言，中国小麦生产中的增值比例较高。同期，美国的单位成本增加值比介于 0.26～0.46 之间，其最高值仍低于中国的最低值。成本利润率指标结果亦表明，2004—2007 年，中国小麦的成本利润率最低为 2005 年的 20.37％，最高 2004 年达到了 47.65％；而美国由于各年净利润为负，因此成本利润率均为负，2007 年亏损率最小，为 13.04％。因此，从相对指标的比较结果来看，如果不考虑美国政府的直接支付，中国小麦的赢利率水平明显大幅高于美国。

再从效率指标参照反映两国小麦生产的赢利性。图 5－17 表明，从小麦生产的单位产量指标来看，中国小麦产量稳定在每英亩 80 蒲式耳*上下，而美国小麦的产量则在每英亩 37 蒲式耳上下，中国的单位产量平均约为美国的 2 倍。因此，从生产效率来看，中国小麦比美国小麦高出 1 倍，这可能也是中国小麦的赢利状况显著强于美国的重要原因。

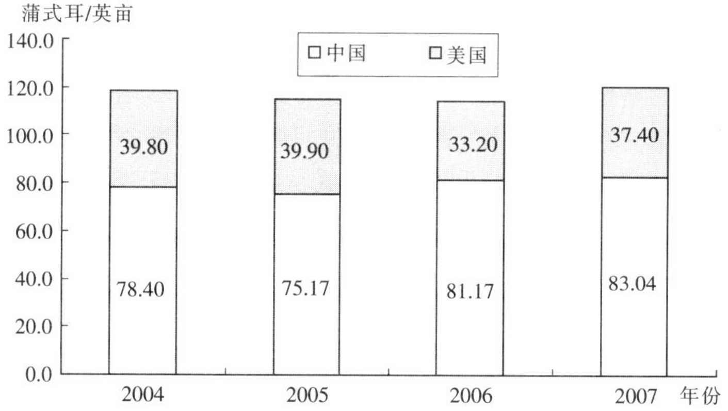

数据来源：中国数据系作者经单位换算和相关计算得到，其中 1 蒲式耳小麦＝26.309 千克，原始数据来自全国农产品成本收益资料汇编，美国数据来自美国农业部 ERS。

图 5－17 中美小麦单位产量比较

（5）玉米的赢利性。中美两国玉米的赢利性如表 5－14 所示，从每英亩增加值的比较来看，2005—2007 年，中美两国玉米的单位增加值均呈上升趋势，但是每年中国玉米的单位增加值均大幅高于美国玉米。2007 年，中国玉米每英亩增加值比美国玉米高出约 120 美元。单位净利润指标则表明，2004—2007 年，中国玉米的单位利润基本呈逐年上升趋势，2007 年达到每英亩净利润 160.25 美元。而同期美国玉米的单位利润基本为负，但

* 1 蒲式耳小麦＝26.309 千克。

近三年亏损呈连年缩小趋势，2007 年实现赢利，赢利为每英亩 24.97 美元，但仍远低于中国同年的每英亩 160.25 美元的赢利水平。以上绝对指标结果表明，总体而言，近几年中国玉米的赢利水平远高于美国，但差距呈缩小趋势。如果考虑到美国政府的直接支付，中美两国间玉米的赢利水平差距应该会更小。

从相对指标，即每单位成本的增加值和成本利润率的结果来看，2004—2007 年，中国玉米单位成本的增加值平均在 0.9 左右，最高的 2007 年达到了 1.0，表明相对成本而言，中国玉米生产中的增值比例很高。而美国历年的单位成本增加值平均为 0.4 左右，2007 年最高达到了 0.54。成本利润率指标结果亦表明，中国玉米的成本利润率最低为 24.36%，最高达到了 44.66%，而美国在连续三年的亏损后，在 2007 年实现赢利，成本利润率为 5.62%。以上赢利性指标的比较结果表明，中国玉米的赢利率水平明显高于美国。当然，如果将政府的直接支付考虑进来，美国玉米生产实际的成本利润率应该更高，但由于中国赢利率相当高，因此美国玉米生产的赢利率仍可能比中国低。

表 5-14　中美玉米单位赢利指标比较

年份	每英亩增加值（美元/英亩）		每英亩净利润（美元/英亩）		单位成本增加值（美元）		成本利润率（%）	
	中国	美国	中国	美国	中国	美国	中国	美国
2004	247.06	186.41	98.97	−15.15	0.90	0.49	35.92	−4.01
2005	231.01	74.06	70.80	−126.45	0.79	0.19	24.36	−32.68
2006	280.34	145.89	110.23	−57.87	0.89	0.36	35.16	−14.12
2007	360.51	239.95	160.25	24.97	1.00	0.54	44.66	5.62

数据来源：每单位成本的增加值和成本利润率由作者计算所得，中国数据系作者经单位换算和相关计算得到，原始数据来自全国农产品成本收益资料汇编，美国数据来自美国农业部 ERS。

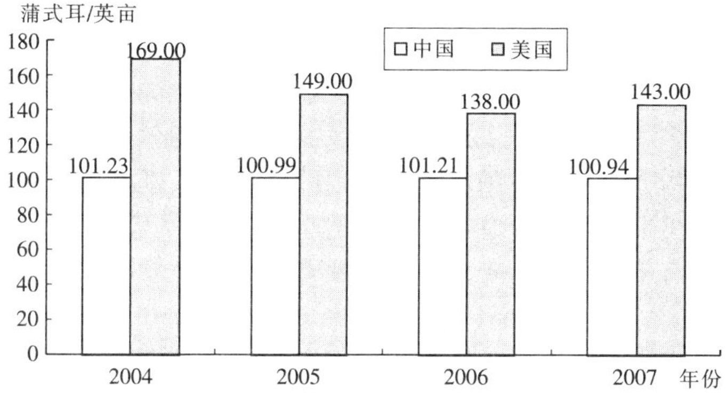

数据来源：中国数据系作者经单位换算和相关计算得到，其中1蒲式耳玉米＝25.401千克，原始数据来自全国农产品成本收益资料汇编，美国数据来自美国农业部ERS。

图5-18 中美玉米单位产量比较

同样可从效率指标参照反映两国玉米生产的赢利性，结果如图5-18所示。2004—2007年，中国玉米单位产量非常稳定，每年均在每英亩101蒲式耳上下，而美国玉米的单位产量则呈下降趋势，但每年仍比中国高约40蒲式耳。这一结果表明，中国玉米的生产效率低于美国，但是由于美国单位成本较高，因此中国玉米生产的赢利水平和赢利率显著高于美国。

5.5 小结

本章实证评估比较了中美两国农产品的国际竞争力绩效。分别评估比较了近几年中美两国所有农产品、HS分类农产品和稻谷、棉花、玉米、生猪和小麦等20多种有代表性的农产品，在世界市场、中美两国各自国内市场和日本市场的市场份额，同时也考察了2004—2007年中美两国农产品的整体赢利性和稻谷、棉花、玉米、生猪和小麦等有代表性农产品的各项赢利性指标，揭示了中美两国的农产品国际竞争力绩效及其动态变化。实证评估比较的主要结论如下：

（1）从基于市场份额指标的评估上看，其一，在世界市场上：①从总体上看美国的农产品市场份额是中国农产品市场份额的2倍多，中国农产品的国际竞争力绩效远逊于美国，但市场份额获取指数表明，中国历年所获取的市场份额基本保持增长态势，而美国则呈减少趋势，中美两国农产品国际竞争力绩效差距在未来有望缩小；②从分类农产品看，占据农产品主体的01～24章农产品中，中国只有不到30%（24类中的7类）的农产品类别的世界市场份额高于美国的相应产品，而大部分类别的农产品市场份额远远落后于美国的相应产品，且差距明显；③对25种农产品世界市场份额的比较分析则表明，中国只有25%强的农产品的国际竞争力绩效大大优于美国，而大部分农产品的国际竞争力绩效则逊于美国，特别是少部分农产品的国际竞争力绩效与美国差距非常大。其二，在中美两国市场上：①从总体来看，美国农产品占中国进口农产品的份额远远大于中国农产品占美国进口农产品的市场份额；②从分类农产品数据上看，中国只在少数类别的农产品相对美国农产品具有较强的国际竞争力，但美国的农产品却相对中国具有非常强的国际竞争力；③进一步从产品层面分析的23种农产品中，绝大部分中国农产品占美国进口农产品的市场份额大大低于美国占中国进口农产品的相应份额，反映出美国农产品在中国农产品市场的竞争力很强，中国农产品的国际竞争力绩效远低于美国的绩效表现。其三，以日本作为第三地市场的代表，评估和比较中美两国农产品在第三地市场的国际竞争力绩效：①从总体上看，美国农产品在日本农产品进口中的市场份额比中国农产品的市场份额高约8%～9%，表明中国农产品的国际竞争力绩效仍以较大差距逊于美国；②从分类农产品层面进行评估比较结果表明，中美两国各类农产品在日本进口农产品市场的份额差距不是太大，中国约有8类农产品的市场份额大幅（最高40%）领先美国的相应产品，而美国有12类农产品的市场份额大幅（最高70%）领先中国的相应产品；③对中美两国26种有代表性的农产品的评估比较则表明，中国只有少部分农产品（新鲜蔬菜、脱水蔬菜、冷冻蔬菜、茶叶、菠萝汁、梳棉和浓缩苹果汁等）相对美国具有领先的市场份额，但大多数农产品（如小麦、大豆、橙子和玉米等）的市场份额远远落后于美国。

（2）从基于赢利性指标的评估上看，首先选取单位农业增加值等指标进行评估中美两国农产品的总体赢利性。结果表明，2002—2006年，中国农业生产的赢利逐年增加，美国农业的整体赢利稳定，美国政府对农业的直接支付进一步提高了美国农业的赢利性；然后重点选取了稻谷、小麦、玉米、棉花和生猪等农产品进行比较分析，分别评估和比较了以下赢利性指标：绝对指标如每单位（英亩或亩）的增加值和净利润、相对指标如每单位成本的增加值和成本利润率。评估结果表明，近几年中国棉花、小麦的赢利水平和生产效率都高于美国；中国稻谷和玉米的赢利水平高于美国，但其生产效率低于美国；中国生猪的赢利水平低于美国，但赢利率水平总体上显著地高于美国。

（3）对中美两国农产品国际竞争力绩效的总体评估结果表明：一方面，从主导的市场份额指标来看，中国多数农产品（类别）的国际竞争力绩效远逊于美国，但与美国相比中国农产品的国际竞争力绩效呈改善趋势；另一方面，参照性的赢利性指标表明，中国一些重要农产品生产的赢利水平显著高于美国。因此，综合来看，中国农产品国际竞争力绩效与美国相比仍有较大差距，但差距在未来有望缩小。

6 中美主要农产品国际竞争力潜力比较

上一章对中美两国农产品国际竞争力绩效评估是一种事后评估，不能代表未来的竞争力，未来的国际竞争力绩效高低取决于中美两国农产品国际竞争力潜力以及将竞争力潜力转化为竞争力绩效的机制过程。可见，从发展的角度看，探讨中美两国农产品的国际竞争力潜力及其实现机制相对竞争力绩效更加重要。基于此，本章和下两章将重点实证分析中美农产品的国际竞争力潜力、影响因素及其转化为竞争力绩效的机制。本章将依据第 3 章提供的指标框架同时评估和比较中美两国若干农产品的组合成本以及质量差异，以此评估中美两国农产品的国际竞争力潜力。与上一章的实证评估过程类似，本章同样将区分不同市场分别进行评估比较，同时，为保证前后章节之间的连续可比性，本章考察的具体农产品与上一章的产品基本一致。

6.1 中美主要农产品国际竞争力潜力比较：成本指标

先评估和比较中美两国主要农产品的组合成本指标。根据第 3 章构建的成本指标体系，组合成本构成项目通常包括：农户（农场）层面的生产成本、国内营销和运输等成本、运往出口目的地的国际运输与保险等成本。由于需要区分中美两国农产品在日本市场和中美两国国内市场的竞争力，因此本书分别考察中美两国农产品出口日本市场的组合成本、中国农产品出口美国市场的组合成本和美国农产品出口中国市场的组合成本。在分析日本市场时，评估和比较中美两国农产品相应的组合成本；而在分析美国国内市场时，评估中国农产品出口美国的组合成本，并与美国农产品国内组合成本（组合成本扣除国际运输和保险费用）进行比较；在分析中国国内市场时，则评估美国农产品出口中国的组合成本，并与中国农产品国内组合成本进行比较。

与 Randall D. Schnepf，Erik Dohlman，& Christine Bolling（2001）的方法[13]类似，本书所评估的国内营销和运输成本以农户（场）出售价格和出口 FOB 价格之间的差价来估计。这一差价应该能够反映交通、存储、装卸、税收以及其他伴随农产品从农户到港口仓库的成本的不同。从启动地至出口目的地的国际运输和保险成本则以出口目的地的进口 CIF 价格和启动地的出口 FOB 价格之间的差价表示。其中，农户（场）出售价格分别来自中美两国相应的官方调查数据，而出口 FOB 价格则采用出口国出口总额除以出口总数量计算得到，对应的进口 CIF 价格采用进口国的进口总额除以进口总数量计算得到，原始数据来自于 UN 的 COMTRADE 数据库。

6.1.1　中美农产品出口日本市场的组合成本比较

在第 5 章曾经指出日本市场对于中美两国农产品出口的重要性，美国和中国农产品一直占据日本农产品进口额的前两位，因此仍然以日本市场作为第三地市场的代表来评估和比较中美两国农产品出口共同的第三地市场的组合成本。另外，由于中美两国农产品在日本市场面临相同的市场和制度环境，对其的分析相对于对中美两国国内市场的分析更加可信和重要，因此，首先重点考察中美两国农产品出口日本市场的组合成本。具体考察的产品包括大米、小麦、大豆、花生、棉花和玉米 6 种产品。

（1）大米的组合成本的比较。表 6－1 给出了根据 2006—2007

年数据计算的中美两国大米（稻谷）出口日本的组合成本。从中可以看出，从2006—2007年，中美两国大米（稻谷）的国内生产成本均略有增加，但是中国大米（稻谷）的生产成本均以较大幅度低于美国大米（稻谷）。2007年，中国大米（稻谷）的生产成本为0.159美元/千克，远低于美国大米（稻谷）0.215美元/千克的生产成本；从国内加工、营销和运输费用等国内成本看，中国大米的相应成本远高于美国大米，如2007年中国大米的国内成本达到了0.505美元/千克，几乎是美国大米0.326美元/千克的国内成本的2倍；而从中国和美国口岸运往日本口岸的国际运费、保险费等费用上，由于中国邻近日本，到日本的距离远远近于美国，因此导致中国大米运往日本的国际运费、保险费等费用几近为美国相应费用的50%，2007年，中国大米的国际运费、保险费为每千克0.058美元，而美国大米的相应费用达到了每千克0.100美元。

表6-1　中美大米出口日本的组合成本比较（2006—2007年）

单位：美元/千克

项　目	2006		2007	
	中国	美国	中国	美国
进口CIF价格	0.737	0.589	0.787	0.653
出口FOB价格	0.705	0.510	0.729	0.552
农户出售价格	0.202	0.190	0.224	0.226
国际运费、保险费等成本	0.032	0.079	0.058	0.100
国内运输和营销费用等成本	0.503	0.320	0.505	0.326
国内生产成本	0.145	0.208	0.159	0.215
组合成本	0.680	0.606	0.722	0.641

数据来源：除指明外，数据均由作者计算所得，出口FOB价格采用出口国出口总额除以出口总数量计算得到，对应的进口CIF价格采用进口国的进口总额除以进口总数量计算得到，原始数据来自于UN的COMTRADE数据库；中美农户出售价格和国内生产成本分别来自于中国国家发改委价格司《全国农产品成本收益资料汇编2008》和美国农业部ERS。所有国内数据均根据当年年均人民币兑美元汇率（数据来源于《中国统计年鉴2008》）转换为美元单位。

虽然中国大米的生产成本和国际运费、保险费等成本均大幅度低于美国大米，但由于中国大米的国内加工、营销和运输费用等国内成本远超过美国大米，因而导致2006年和2007年中国大米的组合成本均超过了美国大米的组合成本。2007年，中国大米每千克的组合成本超出美国大米0.081美元，这意味着每吨中国大米的组合成本超过美国大米81美元。因此，中美两国大米出口日本市场的组合成本差距比较大，这一组合成本差距表明，中国大米出口日本市场的竞争潜力小于美国大米，在中美两国大米质量近似和出口利润相似的条件下，未来中国大米在日本市场的竞争力绩效将继续逊于美国大米。

（2）小麦组合成本的比较。再来评估和比较中美两国小麦出口日本的组合成本。从表6-2可以看出，从2006—2007年，虽然中国小麦的国内生产成本略有增加而美国小麦的生产成本略有下降，但中国小麦的生产成本仍然低于美国小麦，2007年，每千克中国小麦的生产成本0.155美元，比美国小麦的0.231美元低0.076美元；国内加工、营销和运输费用等国内成本项目上，中国小麦的相应成本远低于美国小麦，如2007年中国小麦的国内运销成本为0.024美元/千克，仅为美国小麦0.050美元/千克的国内运销成本的50%；而从中国和美国口岸运往日本口岸的国际运费、保险费等成本来看，与中国大米的情形类似，由于中国邻近日本，因而导致中国小麦运往日本的国际运费、保险费等费用远低于美国小麦的相应费用成本，如2007年中国小麦的国际运费、保险费成本为每千克0.030美元，而美国小麦相应费用达到了每千克0.057美元。

由于中国小麦的生产成本、国内加工、营销和运输费用和国际运费、保险费等成本均大幅低于美国小麦，因此导致2006年和2007年中国小麦的组合成本均低于美国小麦的组合成本。2007年，中国小麦每千克的组合成本比美国小麦低0.130美元，这意味着每吨中国小麦的组合成本低于美国小麦130美元。因此，中美两国小麦出口日本市场的组合成本差距比较大，这一组合成本差距表明，从成本视角看，中国小麦出口日本市场的竞争力潜力大于美国小麦，在中美两国小麦质量近似和出口利润相似的条件下，未来中国小麦在日本市场的竞争力绩效有望得到提升，缩小与美国小麦的差距。

表 6-2　中美小麦出口日本的组合成本比较（2006—2007 年）

单位：美元/千克

项　　目	2006		2007	
	中国	美国	中国	美国
进口 CIF 价格	0.203	0.229	0.252	0.300
出口 FOB 价格	0.181	0.191	0.223	0.243
农户出售价格	0.180	0.151	0.199	0.193
国际运费、保险费等成本	0.022	0.038	0.030	0.057
国内运输和营销费用等成本	0.001	0.040	0.024	0.050
国内生产成本	0.139	0.240	0.155	0.231
组合成本	0.163	0.318	0.208	0.338

数据来源：同表 6-1。

(3) 大豆组合成本的比较。表 6-3 结果表明，从 2006—2007 年，中美两国大豆的国内生产成本均有所增加，但是中国大豆的生产成本均高于美国大豆的生产成本，而且差距有扩大趋势。2007 年，中国大豆的生产成本为 0.340 美元/千克，高于美国大豆 0.246 美元/千克的生产成本。

从国内加工、营销和运输费用等国内成本看，2006 年中国大豆的相应成本远高于美国大豆，而 2007 年中国大豆该项成本下降为 0.091 美元/千克，但仍然高于美国大豆的相应成本。

表 6-3　中美大豆出口日本的组合成本比较（2006—2007 年）

单位：美元/千克

项　　目	2006		2007	
	中国	美国	中国	美国
进口 CIF 价格	0.507	0.304	0.535	0.390
出口 FOB 价格	0.469	0.261	0.495	0.333
农户出售价格	0.316	0.204	0.404	0.292
国际运费、保险费等成本	0.038	0.043	0.040	0.057
国内运输和营销费用等成本	0.153	0.057	0.091	0.041
国内生产成本	0.252	0.222	0.340	0.246
组合成本	0.443	0.323	0.471	0.344

数据来源：同表 6-1。

从国际运费、保险费等费用来看，由于中国距离日本远近于美国，因此中国大豆运往日本的国际运费、保险费等费用低于美国相应费用，2007 年，中国大豆的国际运费、保险费为每千克 0.040 美元，而美国大豆的相应费用达到了每千克 0.057 美元。

虽然中国大豆的国际运费、保险费等成本低于美国大豆，但由于中国大豆的生产成本和国内加工、营销与运输费用等国内成本大幅超过美国大豆，因而中国大豆的组合成本超过了美国大豆的组合成本。2007 年，即便不考虑国内运输和营销费用成本，每千克中国大豆的生产成本加上国际运输保险成本就达到 0.380 美元，已高于美国大豆 0.344 美元/千克的组合成本，因此，每吨中国大豆的组合成本至少高于美国大豆 36 美元。显然，中美两国大豆出口日本市场的组合成本差距比较大，这表明，从成本视角来衡量，中国大豆出口日本市场的竞争潜力小于美国大豆，在中美两国大豆质量近似和出口利润相似的条件下，未来中国大豆在日本市场的竞争力绩效将继续远逊于美国大豆。

（4）花生组合成本的比较。再来评估和比较中美两国花生出口日本的组合成本。从表 6-4 可以看出，从 2006—2007 年，虽然中国花生的国内生产成本略有增加而美国花生的生产成本略有下降，但中国花生的生产成本仍然大幅低于美国花生，2007 年，每千克中国花生的生产成本 0.365 美元比美国花生的 0.507 美元低 0.142 美元。国内营销和运输费用等国内成本项目上，中国花生的相应成本下降而美国花生的相应成本上升，因此双方差距在 2007 年进一步扩大，2007 年，中国花生的国内运销成本为 0.307 美元/千克，约为美国花生 0.547 美元/千克的国内成本的 60%左右。而从中国和美国口岸运往日本口岸的国际运费、保险费等成本来看，与中国小麦的情形类似，由于中国邻近日本，因而中国花生的国际运费、保险费等费用远低于美国花生的相应费用成本，如 2007 年中国花生的国际运费、保险费成本为每千克 0.085 美元，而美国花生相应费用达到了每千克 0.232 美元。

表 6-4 中美花生出口日本的组合成本比较（2006—2007 年）

单位：美元/千克

项　目	2006		2007	
	中国	美国	中国	美国
进口 CIF 价格	1.003	0.979	1.149	1.219
出口 FOB 价格	0.946	0.876	1.064	0.987
农户出售价格	0.496	0.378	0.757	0.440
国际运费、保险费等成本	0.057	0.103	0.085	0.232
国内运输和营销费用等成本	0.450	0.498	0.307	0.547
国内生产成本	0.285	0.511	0.365	0.507
组合成本	0.792	1.112	0.757	1.286

数据来源：同前表 6-1。

由于中国花生的生产成本、国内营销与运输费用和国际运费、保险费等成本均大幅低于美国花生，因此导致 2006 年和 2007 年中国花生的组合成本均大幅低于美国花生的组合成本。

2007年，中国花生每千克的组合成本比美国花生低0.529美元，这意味着每吨中国花生的组合成本低于美国花生529美元。因此，中美两国花生出口日本市场的组合成本差距很大，这表明，从成本视角看，中国花生出口日本市场的竞争力潜力大于美国花生，在中美两国花生质量近似和出口利润相似的条件下，未来中国花生在日本市场的竞争力绩效有望提升。

（5）玉米组合成本的比较。表6-5结果表明，从2006—2007年，中美两国玉米的国内生产成本均有所增加，但是中国玉米的生产成本均高于美国玉米，而且差距有扩大趋势。2007年，中国玉米的生产成本为0.136美元/千克，高于美国玉米0.122美元/千克的生产成本。

从国内加工、营销和运输费用等国内成本看，2006年中国玉米该项成本数据为负值，由于该项成本数据不可能为负，因此可能是生产成本的抽样调查统计与根据贸易数据推断的FOB价格之间存在的误差导致的。2007年，中国玉米的国内运输等费用成本为0.015美元/千克，低于美国玉米的相应成本。

表6-5　中美玉米出口日本的组合成本比较（2006—2007年）

单位：美元/千克

项　目	2006		2007	
	中国	美国	中国	美国
进口CIF价格	0.163	0.152	0.220	0.231
出口FOB价格	0.142	0.122	0.192	0.175
农户出售价格	0.159	0.100	0.177	0.129
国际运费、保险费等成本	0.021	0.030	0.028	0.056
国内运输和营销费用等成本	−0.017	0.022	0.015	0.046
国内生产成本	0.118	0.117	0.136	0.122
组合成本	0.122	0.169	0.179	0.224

数据来源：同前表6-1。

从国际运费、保险费等费用来看，中国玉米运往日本的国际运费、保险费等费用低于美国相应费用，2007年，中国玉米的国际运费、保险费为每千克0.028美元，而美国玉米的相应费用是中国玉米的2倍，达到了每千克0.056美元。

虽然中国玉米的生产成本高于美国玉米，但由于中国玉米的国际运费、保险费等成本和国内加工、营销与运输费用等国内成本大幅低于美国玉米，因而中国玉米的组合成本仍低于美国玉米的组合成本。2007年，每千克中国玉米的组合成本达到0.179美元，低于美国玉米0.224美元/千克的组合成本，因此，每吨中国玉米的组合成本比美国玉米低45美元。显然，中美两国玉米出口日本市场的组合成本差距比较大，这表明，从成本视角来衡量，中国玉米出口日本市场的竞争潜力大于美国玉米，在中美两国玉米质量近似和出口利润相似的条件下，未来中国玉米在日本市场的竞争力绩效将可能得到提升，缩小与美国玉米的差距。

(6) 棉花组合成本的比较。最后评估和比较中美两国棉花(未梳理)出口日本的组合成本。从表6-6可以看出，从2006—2007年，虽然中国棉花的国内生产成本略有增加而美国棉花的国内生产成本略有下降，但中国棉花的国内生产成本仍然大幅低于美国棉花，2007年，每千克中国棉花的生产成本1.229美元比美国棉花的1.595美元低0.366美元；在国内营销和运输费用等国内成本项目上，虽然中美两国棉花的相应成本均有所下降，但美国棉花的相应成本一直低于中国棉花，2007年，中国棉花的国内成本为0.392美元/千克，而美国棉花为0.283美元/千克；从中国和美国口岸运往日本口岸的国际运费、保险费等成本来看，中国棉花运往日本的国际运费、保险费等费用低于美国棉花的相应费用成本，如2007年中国棉花的国际运费、保险费成本为每千克0.054美元，而美国棉花相应费用达到了每千克0.070美元。

从表6-6也可看出，由于中国棉花的国内营销与运输费用高于美国棉花相应成本，但生产成本和国际运费、保险费等成本大幅低于美国棉花，因此导致2006年和2007年中国棉花的组合成本大幅低于美国棉花的组合成本。2007年，中国棉花每千克的组合成本比美国棉花低0.274美元，这意味着每吨中国棉花的组合成本低于美国棉花274美元。因此，从成本视角看，中国棉花出口日本市场的竞争力潜力大于美国棉花，在中美两国棉花质量近似和出口利润相似的条件下，未来中国棉花在日本市场的竞争力绩效有望改善，缩小与美国棉花的差距。

表6-6 中美棉花（未梳理）出口日本的组合成本比较（2006—2007年）

单位：美元/千克

项　目	2006		2007	
	中国	美国	中国	美国
进口CIF价格	2.305	1.540	2.179	1.566
出口FOB价格	2.255	1.464	2.125	1.496
农户出售价格	1.522	1.036	1.723	1.213
国际运费、保险费等成本	0.050	0.076	0.054	0.070
国内运输和营销费用等成本	0.733	0.428	0.392	0.283
国内生产成本	1.098	1.784	1.229	1.595
组合成本	1.881	2.288	1.675	1.948

数据来源：同前表6-1。

6.1.2 中国农产品出口美国市场的组合成本

在以上对中美两国农产品出口日本农产品市场的组合成本评估比较中，由于两国均出口第三地日本，因而评估和比较的是两国农产品的组合成本。而在评估中美两国农产品各自出口对方国内市场的组合成本时，由于双方在一方的国内市场竞争，因而进行成本比较时，采用一方的出口组合成本与另一方的国内总成本（包括生产成本与国内运输营销等成本在内）进行比较，以此比较结果来评估双方在某方国内市场的成本竞争力潜力。

先分析中国农产品出口美国市场的组合成本及其与美国相应农产品国内总成本的比较。由于受数据可得性和可比性限制，在去除缺失和明显错误数据后，选用中国大米、大豆和玉米与美国相应产品进行比较分析，相应的数据如表 6-7 所示。

表 6-7　中国大米、大豆和玉米出口美国的组合成本（2006—2007 年）

单位：美元/千克

项　　目	大米		大豆		玉米
	2006	2007	2006	2007	2007
进口 CIF 价格	0.362	0.395	0.537	0.608	0.381
出口 FOB 价格	0.335	0.370	0.383	0.466	0.222
农户出售价格	0.202	0.224	0.316	0.404	0.177
国际运费、保险费等成本	0.027	0.025	0.154	0.142	0.159
国内运输和营销费用等成本	0.132	0.146	0.067	0.062	0.045
国内生产成本	0.145	0.159	0.252	0.340	0.136
中国产品出口美国组合成本	0.305	0.330	0.473	0.544	0.340
美国产品农户（场）生产成本	0.208	0.215	0.222	0.246	0.122
美国产品国内运输等成本	0.320	0.326	0.057	0.041	0.046
美国产品国内总成本	0.528	0.541	0.280	0.287	0.169

数据来源：除指明外，数据均由作者计算所得，出口 FOB 价格采用出口国出口总额除以出口总数量计算得到，对应的进口 CIF 价格采用进口国的进口总额除以进口总数量计算得到，原始数据来自于 UN 的 COMTRADE 数据库；中国农户出售价格和国内生产总成本来自于《全国农产品成本收益资料汇编 2008》；美国产品农户（场）生产成本来自于美国农业部 ERS，美国产品国内运输等成本由作者计算，原始数据分别来自美国农业部 ERS 和 UN 的 COMTRADE 数据库。所有国内数据均根据当年年均人民币兑美元汇率（来源于《中国统计年鉴 2008》）转换为美元单位。

(1) 大米组合成本的比较。表 6－7 表明，从 2006—2007 年，中美两国大米（稻谷）的国内生产成本均略有增加，但是中国大米（稻谷）的生产成本大幅低于美国大米（稻谷），2007 年，中国大米（稻谷）的生产成本为 0.159 美元/千克，远低于美国大米（稻谷）0.215 美元/千克的生产成本；从国内加工、营销和运输费用成本看，中国大米的相应成本远低于美国大米，如 2007 年中国大米的相应成本达到了 0.146 美元/千克，不到美国大米 0.326 美元/千克的相应成本的 50%。由于分析的市场为美国市场，中国农产品面临着国际运费、保险费等成本，而美国农产品则不存在这一成本。在从中国口岸运往美国口岸的国际运费、保险费等费用上，2006 年中国大米的这一成本为每千克 0.027 美元，2007 年为每千克 0.025 美元。

总体而言，中国大米的生产成本和国内加工、营销、运输成本低于美国大米，加上国际运费、保险费等成本亦较低，导致 2006—2007 年中国大米的组合成本均低于美国大米的国内总成本。因此，从成本指标的评估结果来看，中国大米出口美国市场的组合成本低于美国大米的国内总成本，这表明中国大米出口美国市场的竞争潜力大于美国大米，在中美两国大米质量近似和利润相似的条件下，未来中国大米在美国市场的竞争力绩效将有望提升。

(2) 大豆组合成本的比较。表 6－7 表明，从 2006—2007 年，中美两国大豆的国内生产成本均有所增加，但是中国大豆的生产成本高于美国大豆，而且差距有扩大趋势。2007 年，中国大豆的生产成本为 0.340 美元/千克，高于美国大豆 0.246 美元/千克的生产成本；从国内加工、营销和运输费用等国内成本看，2006—2007 年中国大豆的相应成本均高于美国大豆。从国际运费、保险费等成本来看，2007 年，中国大豆运往美国的国际运费、保险费等成本比 2006 年略有下降，为每千克 0.142 美元。

由于中国大豆的生产成本和国内营销、运输费用等国内成本大幅超过美国大豆，再加上国际运费、保险费成本，因此中国大豆的组合成本远超过了美国大豆的国内总成本。2007 年，每千克中国大豆的组合成本达到 0.544 美元，远高于美国大豆 0.287 美元/千克的国内总成本，因此，每吨中国大豆的组合成本高于美国大豆 257 美元。显然，中国大豆出口美国市场的组合成本大大高于美国大豆的国内总成本，这表明，从成本视角来衡量，中国大豆出口美国市场的竞争潜力小于美国大豆，在中美两国大豆质量近似和利润相似的条件下，未来中国大豆在美国市场的竞争力绩效将很难提升。

（3）玉米组合成本的比较。表 6－7 结果表明，在 2007 年，中国玉米的生产成本为 0.136 美元/千克，美国玉米为 0.122 美元/千克，中国玉米的生产成本高于美国玉米约 0.014 美元/千克；从国内营销、运输费用等成本看，2007 年，中美两国该项成本均很低，且几乎相等；从国际运费、保险费等成本来看，中国玉米运往美国的国际运费、保险费等费用相当高，2007 年，中国玉米的国际运费、保险费为每千克 0.159 美元，由此导致中国玉米出口美国的组合成本约为美国玉米的国内总成本的 2 倍。以上成本指标的评估结果表明，中国玉米出口美国市场的竞争潜力远小于美国玉米，在中美两国玉米质量近似和利润相似的条件下，未来中国玉米在美国市场的竞争力绩效可能将下降。

6.1.3 美国农产品出口中国市场的组合成本

再来分析美国农产品出口中国市场的组合成本及其与中国相应农产品国内总成本的比较。由于受数据可得性和可比性的限制，在去除缺失和明显错误数据后，选用美国大米、大豆、玉米、小麦、花生和棉花与中国相应产品进行比较分析，相应的数据如表 6－8 和表 6－9 所示。

（1）大米组合成本的比较。从表 6－8 中可以看出，从 2006—2007 年，中美两国大米（稻谷）的国内生产成本均略有增加，但是美国大米（稻谷）的生产成本均较大幅度高于中国大米（稻谷），2007 年，美国大米（稻谷）的生产成本为 0.215 美元/千克，大幅高于中国大米（稻谷）0.159 美元/千克的生产成本；从国内加工、营销和运输费用等国内成本看，由于美国大米的该项成本变动较大而中国大米该项成本基本稳定，中国大米的相应成本在 2006 年低于美国大米，在 2007 年却高于美国大米；从美国口岸运往中国口岸的国际运费、保险费等费用来看，2006 年美国大米的这一成本为每千克 0.468 美元，2007 年则降为每千克 0.348 美元。

总体而言，美国大米的生产成本和国内加工、营销、运输成本高于中国大米，加上国际运费、保险费等成本较高，因而 2006 年美国大米的组合成本是中国大米的国内总成本的 2 倍。2007 年，美国大米每千克的组合成本仍然高于中国大米的国内总成本。因此，从成本指标的评估结果来看，美国大米出口中国市场的组合成本高于中国大米的国内总成本，表明美国大米出口中国市场的竞争潜力小于中国大米，在中美两国大米质量近似和利润相似的条件下，未来美国大米在中国市场的竞争力绩效将很难提升。

（2）大豆组合成本的比较。再来分析评估大豆的情形。表 6－8表明，从 2006—2007 年，中美两国大豆的国内生产成本均有所增加，但是中国大豆的生产成本均高于美国大豆，而且差距有扩大趋势。2007 年，中国大豆的生产成本为 0.340 美元/千克，高于美国大豆 0.246 美元/千克的生产成本；从国内加工、营销和运输费用等国内成本看，2006—2007 年中国大豆的相应成本均高于美国大豆；从国际运费、保险费等成本来看，2007 年，美国大豆运往中国的国际运费、保险费等成本比 2006 年略有下降，为每千克 0.016 美元。

表 6-8 美国大米、大豆和玉米出口中国的组合成本（2006—2007 年）

单位：美元/千克

项目	大米		大豆		玉米	
	2006	2007	2006	2007	2006	2007
进口 CIF 价格	1.469	0.933	0.275	0.366	0.162	0.395
出口 FOB 价格	1.000	0.585	0.245	0.350	0.187	0.197
农户出售价格	0.190	0.226	0.204	0.292	0.100	0.129
国际运费、保险费等成本	0.468	0.348	0.030	0.016	—0.024	0.199
国内运输和营销费用等成本	0.810	0.359	0.041	0.057	0.087	0.068
国内生产成本	0.208	0.215	0.222	0.246	0.117	0.122
美国产品出口中国组合成本	1.486	0.922	0.294	0.320	0.179	0.389
中国产品农户（场）生产成本	0.145	0.159	0.252	0.340	0.118	0.136
中国产品国内运输等成本	0.503	0.505	0.153	0.091	0.017	0.015
中国产品国内总成本	0.649	0.664	0.405	0.431	0.134	0.151

数据来源：同表 6-7。

由于中国大豆的生产成本和国内营销、运输费用等国内成本大幅超过美国大豆的相应成本，因此，即便加上国际运费、保险费成本，美国大豆出口中国的组合成本仍然低于中国大豆的国内总成本。2007 年，每千克中国大豆的国内总成本达到 0.431 美元，高于美国大豆 0.320 美元/千克的组合成本。显然，美国大豆出口中国市场的组合成本大幅低于中国大豆的国内总成本，这表明，从成本视角来衡量，美国大豆出口中国市场的竞争力潜力大于中国大豆，在中美两国大豆质量近似和利润相似的条件下，未来美国大豆在中国市场的竞争力绩效将继续提升。

(3) 玉米组合成本的比较。表 6-8 结果表明，从 2006—

2007 年，中美两国玉米的国内生产成本均有所增加，但是中国玉米的生产成本均高于美国玉米，而且差距有扩大的趋势。2007 年，中国玉米的生产成本为 0.136 美元/千克，高于美国玉米 0.122 美元/千克的生产成本；从国内加工、营销和运输费用等国内成本看，2007 年，中国玉米该项成本为 0.015 美元，低于美国玉米的相应成本。从国际运费、保险费等费用来看，2007 年，美国玉米运往中国的该项成本为每千克 0.199 美元。

总体而言，尽管中国玉米的生产成本高于美国，但是由于美国玉米的国内营销运输成本高于中国，再加上较高的国际运费、保险费成本，导致 2007 年美国玉米出口中国的组合成本是中国玉米的国内总成本的 2 倍。以上成本指标的评估结果表明，美国玉米在中国市场的竞争力潜力小于中国玉米，在中美两国玉米质量近似和利润相似的条件下，未来美国玉米在中国市场的竞争力绩效可能将下降。

（4）小麦组合成本的比较。再来评估美国小麦出口中国市场的组合成本。从表 6－9 可以看出，从 2006—2007 年，虽然中国小麦的国内生产成本略有增加而美国小麦的生产成本略有下降，但中国小麦的生产成本仍然低于美国小麦，2007 年，每千克中国小麦的生产成本 0.155 美元比美国小麦的 0.231 美元低 0.076 美元；国内加工营销和运输费用等国内成本项目上，中国小麦的相应成本远低于美国小麦，如 2007 年中国小麦的国内成本为 0.024 美元/千克，仅为美国小麦 0.109 美元/千克的国内成本的 25％；而从美国口岸运往中国口岸的国际运费、保险费等成本来看，美国小麦的相应成本 2006 年为 0.021 美元/千克，2007 年，美国小麦该项成本数据存在错误，但可以判断其成本应该不会低于 2006 年的水平。

由于中国小麦的生产成本、国内加工、营销及运输费用等成本均低于美国小麦相应成本，再加上美国小麦运到中国需要另外支付国际运费、保险费等成本，因此导致 2006—2007 年美国小麦的组合成本均大幅高于中国小麦的国内总成本。2007 年，即便不考虑国际运输保险成本，美国小麦的生产成本和国内营销、运输成本之和也已经近 2 倍于中国小麦的国内成本。因此，从成本视角看，美国小麦在中国市场的竞争力潜力小于中国小麦，在中美两国小麦质量近似和利润相似的条件下，未来美国小麦在中国国内市场的竞争力绩效很难改善，难以对中国小麦形成较大威胁。

（5）花生组合成本的比较。从表 6 - 9 可以看出，从 2006—2007 年，虽然中国花生的国内生产成本略有增加而美国花生的生产成本略有下降，但中国花生的生产成本仍然大幅低于美国花生，2007 年，每千克中国花生的生产成本 0.365 美元比美国花生的 0.507 美元低 0.142 美元；国内营销和运输费用等国内成本项目上，中国花生的相应成本下降而美国花生的相应成本上升，因此双方差距在 2007 年进一步扩大，中国花生的国内营销、运输等成本为 0.307 美元/千克，约为美国花生 0.442 美元/千克的国内成本的 70%左右；而从美国口岸运到中国口岸的国际运费、保险费等成本来看，美国花生该项成本 2007 年比 2006 年有所下降，为每千克 0.309 美元。

由于中国花生的生产成本、国内营销和运输费用均大幅低于美国花生，即便不考虑国际运费、保险费等成本，2006—2007 年中国花生的国内总成本均大幅低于美国花生出口中国的组合成本。2007 年，中国花生每千克的国内总成本比美国花生组合成本低 0.587 美元，这意味着每吨中国花生的国内总成本低于美国花生组合成本 587 美元。因此，从成本视角看，美国花生在中国市场的成本竞争力潜力大大低于中国花生，在中美两国花生质量近似和利润相似的条件下，未来美国花生在中国市场的竞争力绩效将难以有效改善。

（6）棉花组合成本的比较。最后来评估美国棉花出口中国的组合成本。表 6－9 表明，从 2006—2007 年，虽然中国棉花的国内生产成本略有增加而美国棉花的生产成本略有下降，但中国棉花的生产成本仍然大幅低于美国棉花，2007 年，每千克中国棉花的生产成本 1.229 美元比美国棉花的 1.595 美元低 0.366 美元；国内营销和运输费用等国内成本项目上，中美两国棉花的相应成本均出现下降，2007 年中国棉花的国内营销、运输成本为 0.392 美元/千克，大幅高于美国棉花 0.177 美元/千克的国内成本；而 2007 年美国棉花从美国口岸运到中国口岸的国际运费、保险费等成本下降为每千克 0.036 美元。

表 6－9 美国小麦、花生和棉花出口中国的组合成本（2006—2007 年）

单位：美元/千克

项　目	小麦		花生		棉花	
	2006	2007	2006	2007	2006	2007
进口 CIF 价格	0.178	0.289	1.207	1.191	1.339	1.426
出口 FOB 价格	0.157	0.302	0.811	0.882	1.262	1.390
农户出售价格	0.151	0.193	0.378	0.440	1.036	1.213
国际运费、保险费等成本	0.021	−0.013	0.396	0.309	0.077	0.036
国内运输和营销费用等成本	0.006	0.109	0.433	0.442	0.226	0.177
国内生产成本	0.240	0.231	0.511	0.507	1.784	1.595
美国产品出口中国组合成本	0.266	0.326	1.340	1.259	2.087	1.808
中国产品农户（场）生产成本	0.139	0.155	0.285	0.365	1.098	1.229
中国产品国内运输等成本	0.001	0.024	0.450	0.307	0.733	0.392
中国产品国内总成本	0.140	0.179	0.735	0.672	1.831	1.621

数据来源：同表 6－7。

虽然中美两国棉花在生产成本和国内营销、运输成本上各有优势，但综合起来，美国棉花出口中国的组合成本在2006—2007年均高于中国棉花的国内总成本。2007年，美国棉花每千克的组合成本比中国棉花国内总成本高0.187美元。显然，从成本指标的结果看，美国棉花在中国市场的竞争力潜力小于中国本国棉花，在中美双方成本保持稳定以及棉花质量近似和利润相似的条件下，未来美国棉花在中国市场的竞争力绩效难以有效改善，难以对中国棉花构成进一步威胁。

6.2 中美主要农产品国际竞争力潜力比较：质量指标

本书第3章也曾指出，在评估竞争力潜力时，仅仅关注于成本的比较是不够的，否则那样可能会带来误判的情形。因此，在进行成本比较的同时，进行质量指标的评估和比较，以作为成本比较结果的参照，具有重要的意义。

然而，由于农产品质量的可比较的量化衡量本身存在一定的困难，加之各种农产品的特性和用途的区别，各种农产品的具体质量衡量指标间显然存在很大差异，难以给出一个统一的、简便的、可比较的质量衡量指标，而且，相应数据的获得也存在相当大的困难。基于这些考虑，同时结合资料的可得性和可比性，从间接的角度来评估比较中美两国农产品的质量。

本书重点以中美两国的共同出口目的地日本对中美食品因检验、检疫不合格而扣留的情况进行分析，这一间接的质量评估方法虽然不能准确地说明中美两国各个农产品的具体质量指标差异，但是却能从总体上反映中美两国农产品的质量差异。因此，在无法获取更有效的、可比的质量指标评估数据情况下，这一间接评估方法是可行和有效的。同时，也尝试分析美国对中国农产品和中国对美国农产品的检验、检疫和市场准入等质量监督情况，以进一步间接评估和比较中美两国农产品的质量。但是，由于无法获取相关数据，这里只分析了美国对中国农产品的检验、检疫和市场准入情况。

6.2.1 日本市场

由于日本2/3的农产品需要进口，因此对农产品质量安全性要求非常严格，由日本厚生劳动省等部门对进口农产品进行检验、检疫、检查，对于检查不合格的产品先扣留再进行下一步处理，确保符合日本食品质量安全要求的产品才能进入日本市场。在2005年日本实行新的肯定列表制度后，日本进一步提高了对进口农产品的检验要求，并进一步扩大了强制检查的范围，因而对进口农产品的质量要求也更高。美国和中国农产品近几年一直占日本农产品进口的前两位，这表明中美两国农产品的质量总体上达到了日本的质量安全要求，质量是有保证的，但是这并不意味着两国出口的所有农产品均达到了要求，两国每年均有农产品因为质量不合格而被扣留。因此，通过分析中美两国被扣留的次数，便可从一个侧面反映出两国出口日本农产品的质量水平差异。

为了从总体上反映中美两国出口农产品的质量差异，先来比较2006—2008年日本扣留中美两国食品的总次数。从图6-1可以看出，2006—2008年三年，虽然美国出口至日本的农产品总数超过中国出口至日本的农产品总数，但美国农产品每年被日本扣留的次数却远远少于中国农产品，这意味着中国农产品被扣留的比例远远高于美国农产品被扣留的比例。由于2008年数据统计还不完整①，因此以2007年为例对比。2007年，美国农产品被日本扣留的次数比2006年大幅增加，达到了124次，而中国农产品被扣留的次数虽然比2006年有所减少，但仍然远远超过

① 特别说明的是，由于统计的滞后性及其数据更新的滞后性，2008年的数据并非全年的统计结果，下文表6-10中2008年的统计结果亦同。

了美国的次数，达到了 491 次。从 2006—2008 年三年加总来看，美国农产品被扣留的总次数为 302 次，中国农产品被扣留的总次数达到了 1 264 次，是美国的 4 倍多。这些统计数据表明，从农产品质量的最低要求——质量安全的角度来看，总体而言，中国出口日本的农产品质量远逊于美国出口日本的农产品质量。从这一质量评估比较的结果出发，可以推断，总体上，中国农产品在日本市场的质量竞争力潜力或许会弱于美国，这可能影响到中国农产品在日本市场竞争力绩效的提升。

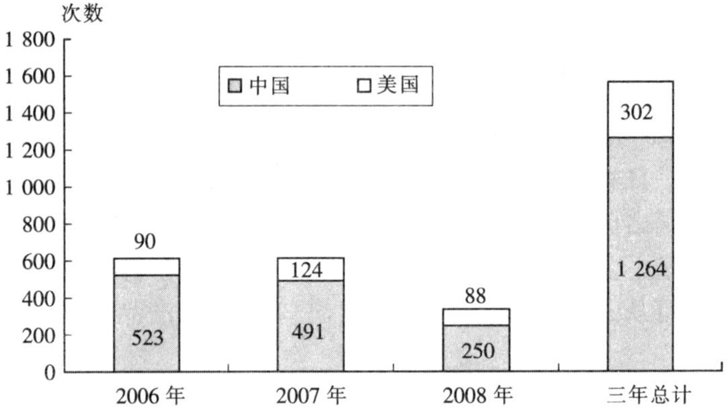

数据来源：作者根据中国 WTO TBT-SPS 国家通报咨询中心网站查询数据编制，查询日期：2009 年 1 月 3 日。

图 6－1　日本扣留中美食品总次数比较（2006—2008 年）

再进一步比较中美两国 6 种重要农产品小麦、玉米、大豆、棉花、花生和大米被日本扣留的次数，结果如表 6－10 所示。

（1）小麦被扣情况。表 6－10 表明，中国出口日本的小麦在 2006—2008 年均没有一例被扣留，而美国出口小麦则总计有 3 次被日本扣留，包括 2006 年 2 次，2008 年 1 次。从这一结果看，虽然中美两国出口日本的小麦质量均基本符合日本的检验检疫要求，但中国小麦的质量比美国小麦的质量更加稳定。

（2）玉米被扣情况。中国玉米在 2006—2007 年各有 1 次被日本扣留的记录，2006—2008 年总计有 2 次。而美国玉米在 2006—2008 年分别被扣留 55 次、59 次、40 次，三年总计超过了 154 次，远远超过了中国玉米被扣留的次数。这表明，中国出口玉米的质量安全性远超过美国玉米。同时，注意到，2006—2008 年美国玉米被扣留的次数每年均占美国食品被扣留总次数的 10%以上，显然，玉米在美国出口农产品中属于质量不稳定的产品。

（3）大豆被扣情况。表 6-10 表明，中美两国出口日本的大豆质量均基本符合日本对进口食品的要求，近三年中，中国仅在 2008 年有 1 次被扣留，而美国在 2007—2008 年各有 1 次被扣留。因此，从这一结果来看，中美两国大豆的质量安全性不相上下，均达到日本对进口食品的检验检疫要求。

（4）棉花被扣情况。表 6-10 表明，近三年中，中美两国棉花均没有 1 次被扣留，表明两国棉花的质量均达到日本的检验检疫要求。

（5）花生被扣情况。从表 6-10 可以看出，中国花生产品在 2006—2008 年分别有 37 次、37 次、19 次被扣留，三年总次数达到了 93 次，而美国花生在近三年则分别有 4 次、4 次、7 次被扣留。这一次数统计结果的比较表明，中国出口日本的花生质量部分不符合日本的进口质量要求，而美国出口的花生则基本符合日本的进口质量要求。相对美国花生，中国花生在质量安全性上有差距。中国花生质量的不稳定性显然可能影响到中国花生在日本市场的竞争力潜力，进而可能影响到未来竞争力绩效的提升。

（6）大米被扣情况。表 6-10 表明，美国出口日本大米在 2006—2008 年均没有一例被扣留，而中国出口的大米仅在 2008 年有 4 次被日本扣留。从这一结果看，虽然中美两国出口日本大米的质量均基本符合日本的检验检疫要求，但美国大米的质量比中国大米的质量更加稳定。

表 6-10 日本扣留中美重要农产品次数比较（2006—2008 年）

单位：次

农产品	国家	2006	2007	2008	总计
小麦	中国	0	0	0	0
	美国	2	0	1	3
玉米	中国	1	1	0	2
	美国	55	59	40	154
大豆	中国	0	0	1	1
	美国	1	1	0	2
棉花	中国	0	0	0	0
	美国	0	0	0	0
花生	中国	37	37	19	93
	美国	4	4	7	15
大米	中国	0	0	4	4
	美国	0	0	0	0

数据来源：作者根据中国 WTO TBT-SPS 国家通报咨询中心网站查询数据编制。查询日期：2009 年 1 月 3 日。

6.2.2 美国市场

为进一步评估和比较中美两国农产品的质量，本书也尝试分析美国对中国农产品和中国对美国农产品的检验检疫和市场准入等质量监督情况。但是，由于受限于数据的可得性，本书只分析了美国对中国农产品的检验检疫和市场准入情况。这里从两个方面来揭示中国出口美国农产品的质量。一是与前文分析类似，以美国 FDA 扣留中国重要农产品情况来间接揭示中国农产品的质量安全性；二是根据美国农业部动植物健康检验检疫服务（A-PHIS）规章，分析中国有哪些新鲜农产品有资格出口至美国，从而从另一个侧面来揭示中国新鲜农产品的质量。

先以美国 FDA 扣留中国重要农产品情况来间接揭示中国农产品的质量安全性。受制于数据来源，这里没能获得美国 FDA 扣留中国所有农产品的统计数据，因而无法像对日本市场的分析那样进行总体分析。基于数据可得性以及前后章节之间分析的连续性，归纳了 2006—2008 年美国 FDA 扣留中国小麦、玉米、大豆、棉花、花生和大米 6 种农产品的次数，结果如表 6-11 所示。

表 6-11 美国 FDA 扣留中国重要农产品情况（2006—2008 年）

单位：次

	2006	2007	2008	总计
小麦	0	14	1	15
玉米	0	0	0	0
大豆	6	22	5	33
棉花	1	0	0	1
花生	2	1	0	3
大米	0	4	0	4

数据来源：作者根据中国 WTO TBT-SPS 国家通报咨询中心网站查询数据编制。查询日期：2009 年 1 月 3 日。

表 6-11 表明，从 2006—2008 年，6 种重要农产品中只有玉米从来没有被美国 FDA 因质量问题扣留过，其他产品均曾被扣留，这表明，与日本市场的情形一致，中国出口美国玉米的质量安全性是非常稳定和有保障的。质量的稳定性表明未来中国玉米在美国市场的竞争力潜力较强，从而有可能提升中国玉米在美国市场的竞争力绩效。

其他 5 种产品中，中国棉花仅在 2006 年被扣留 1 次，在 2007 年和 2008 年均未被再扣留，这表明近两年中国棉花的质量安全性达到美国 FDA 对进口棉花的要求。花生和大米近三年的被扣留次数也很少，分别为 3 次和 4 次，并且在 2008 年均还未出现被扣留的情形，这表明中国花生和大米的质量安全性基本达到美国的进口质量要求，并且进一步得到提升。但是，2006—2008年中国小麦和大豆被美国FDA扣留的次数均较多，特别是近三年大豆被扣留的总次数达到了33次，这一结果表明，中国部分小麦和大豆的质量安全性仍未达到美国FDA对进口小麦和大豆的质量安全性要求，相对玉米等其他农产品而言，这2种农产品的质量安全性有待提高，否则可能会降低其在美国市场的竞争力潜力，进而影响到未来的竞争力绩效。

以上分析表明，仅从间接的质量衡量结果来看，在考察的6种农产品中，未来中国玉米、棉花、花生和大米在美国市场具有较强的竞争力潜力，但是中国小麦和大豆的竞争力潜力较弱。

再从农产品市场准入的角度来间接评估中国农产品的质量。为保证美国进口的新鲜农产品（新鲜蔬菜和水果）质量安全性，美国农业部动植物健康检验检疫服务（APHIS）根据其进口农产品质量要求，特别制定了各种具体农产品有资格出口至美国的国家名单。根据APHIS规章，只有那些达到其质量安全性要求的新鲜蔬菜和水果才被允许进口。因此，如果某国在某种产品上被列入有资格出口至美国的名单，则表明该国该产品的质量稳定，符合美国的进口要求。由此，便可以从APHIS的名单来间接评估某国某产品的质量。

表6-12和表6-13分别列出了根据美国APHIS规章有资格出口新鲜蔬菜和新鲜水果至美国的国家数目统计以及中国是否有资格的统计结果。从表6-12中可以发现，在所列出的31种新鲜蔬菜中，中国仅有8种有资格出口至美国，这8种新鲜蔬菜包括大蒜、蘑菇、洋葱、竹笋、莲藕、凉薯、芋头和木薯。除以上8种产品外，许多常见的新鲜蔬菜包括卷心菜、胡萝卜、芹菜、黄瓜、茄子、菠菜和西红柿等，中国均无资格出口至美国。另外，特别值得注意的是，表6-12显示，许多蔬菜产品中国无资格出口至美国，却有相当多的中低收入国家有资格出口这相应的产品，如洋姜产品，一共有30个国家有资格，其中中低收入国

家达到了26个，接近90%，但中国却无资格。这表明，在新鲜蔬菜的质量安全上，中国甚至不如许多其他发展中国家。这也说明，总体上，以美国对进口新鲜蔬菜的质量要求来评估，相对许多国家包括美国，中国新鲜蔬菜的质量安全性较弱，未来有待提高。

再来看美国进口新鲜水果的市场准入情况。表6-13表明，在所列出的29种新鲜水果中，中国仅有4种有资格出口至美国，所占比例略高于10%。除鸭梨、香梨、荔枝和龙眼这4种水果外，其他新鲜水果包括苹果、香蕉、枣、葡萄、芒果、橙、桃、菠萝、橘子和西瓜等在内的许多常见的水果，中国均无资格出口至美国。与新鲜蔬菜的情形相似，应该特别注意的是，表中许多水果产品中国无资格出口至美国，却有相当多的中低收入国家有资格出口相应的产品，如最常见的水果——苹果，共有19个国家有资格，其中中低收入国家有11个，但中国却无资格。这表明，与新鲜蔬菜的情形一致，在新鲜水果的质量安全上，中国甚至不如许多其他发展中国家。这也说明，总体上，以美国对进口新鲜水果的质量要求来评估，相对许多其他国家，中国新鲜水果的质量安全性较弱，未来有待提高。

表6-12　根据美国APHIS规章有资格出口新鲜蔬菜至美国的国家数目统计

商品	国家总数目	中低收入国家数目	中国
洋蓟（洋姜）	30	26	×
芦笋	54	35	×
胡椒	36	23	×
花椰菜	47	26	×
抱子甘蓝	47	29	×
卷心菜	50	27	×
胡萝卜	37	24	×
芹菜	14	10	×
黄瓜	46	22	×

（续）

商品	国家总数目	中低收入国家数目	中国
茄子	37	23	×
苣	20	8	×
大蒜	96	67	√
绿豆	42	28	×
莴苣	36	23	×
蘑菇	All	—	√
芥菜	23	14	×
秋葵	34	28	×
洋葱	80	55	√
马铃薯	2	0	×
南瓜西葫芦	36	22	×
萝卜	28	17	×
菠菜	34	22	×
甜玉米	42	33	×
甘薯	1	0	×
西红柿	44	22	×
芜菁（大头菜）	18	13	×
竹笋	—	—	√
莲藕	—	—	√
凉薯	—	—	√
芋头	—	—	√
木薯	—	—	√
商品数目总计	31	中国有资格出口的商品数目	8

注：表中“All”表示所有国家，“—”表示数据不可得，“×”表示中国该项商品无资格出口至美国，“√”表示中国该项商品有资格出口至美国。

数据来源：作者编制，原始数据来源于美国农业部 ERS 和动植物健康检验检疫服务（APHIS），Q56 新鲜水果和蔬菜数据库，https：//manuals. cphst. org/q56/Q56Main. cfm，截至 2008 年 6 月。其中中国有资格出口至美国的新鲜蔬菜包括竹笋等数据来自于美国农业部动植物健康检验检疫服务（APHIS）发布的新鲜水果和蔬菜进口手册，p3～67 页。

表 6－13　根据美国 APHIS 规章有资格出口新鲜水果至美国的国家数目统计

商品	国家总数目	中低收入国家数目	中国
苹果	19	11	×
杏	10	6	×
油梨	22	13	×
香蕉	71	58	×
蜜瓜	43	25	×
樱桃	6	3	×
酸果蔓和南方越橘	37	25	×
枣	2	1	×
无花果	4	1	×
葡萄柚	39	24	×
葡萄	53	33	×
猕猴桃	12	3	×
柠檬和酸橙	46	29	×
芒果	17	15	×
橄榄	2	1	×
橙	42	27	×
木瓜	29	22	×
桃	15	7	×
梨	14	8	×
菠萝	70	59	×
李子	15	10	×
悬钩子和黑莓	20	11	×
草莓	89	57	×
橘子	40	25	×
西瓜	39	24	×

（续）

商品	国家总数目	中低收入国家数目	中国
鸭梨	—	—	√ （仅限河北和山东产）
香梨	—	—	√ （仅限新疆 Korla 地区产）
荔枝	—	—	√
龙眼	—	—	√
商品数目总计	29	中国有资格出口的商品数目	4

注：表中“—”表示数据不可得，“×”表示中国该项商品无资格出口至美国，“√”表示中国该项商品有资格出口至美国。

数据来源：作者编制，原始数据来源于美国农业部 ERS 和动植物健康检验检疫服务（APHIS），Q56 新鲜水果和蔬菜数据库，https：//manuals. cphst. org/q56/Q56Main. cfm，截至 2008 年 6 月；其中中国有资格出口至美国的新鲜水果包括鸭梨等数据来自于美国农业部动植物健康检验检疫服务（APHIS）发布的新鲜水果和蔬菜进口手册，p3～67 页。

另外，中国新鲜水果中有资格的水果品种所占比重略高于 10%，中国新鲜蔬菜中有资格的蔬菜品种所占的比重近 40%，显然，总体而言，中国新鲜水果的质量安全性相对更弱一些。这意味着，从质量上看，中国新鲜水果在美国市场的竞争力潜力相对更加有限，未来提升中国新鲜水果在美国市场的竞争力绩效相当困难。

综合以上分析，可以发现，中国新鲜蔬菜和新鲜水果的质量安全性总体上不佳，仅有 12 种产品包括大蒜、蘑菇、洋葱、竹笋、莲藕、凉薯、芋头、木薯、鸭梨、香梨、荔枝和龙眼满足美国 APHIS 的质量安全性要求。因此，从质量上看，中国新鲜蔬菜和水果在美国市场的竞争力潜力很有限，未来提升中国新鲜蔬菜和水果在美国市场的竞争力绩效将比较困难。

6.3 进一步的综合评估

以上分别从成本和质量两个视角单独评估和比较了中美两国农产品在日本、美国和中国三大市场的竞争力潜力。正如前文指出的，只有在能控制产品质量的情况下，成本才是一个有用的竞争力潜力的指标。同样，也只有在能控制成本的情况下，质量也才是一个有用的竞争力潜力指标。因此，在评估竞争力潜力时，只关注成本和质量中的一个，均容易得出片面的结论，只有同时结合成本和质量指标的结果进行综合评估，才可能得出较准确和全面的结论。基于此，有必要再进一步对中美两国农产品的竞争力潜力进行综合评估。

表 6-14　中美重要农产品出口日本市场的竞争力潜力

产品	国家	成本	质量	综合潜力
大米	中国	高	优$^{-}$	弱
	美国	低	优	强
小麦	中国	低	优	强
	美国	高	优$^{-}$	弱
大豆	中国	高	优$^{-}$	弱
	美国	低	优$^{-}$	强
花生	中国	低	良$^{-}$	强
	美国	高	优$^{-}$	弱
玉米	中国	低	优$^{-}$	强
	美国	高	良$^{-}$	弱
棉花	中国	低	优	强
	美国	高	优	弱
总体	中国	—	良$^{-}$	—
	美国	—	优$^{-}$	—

注：作者根据前文表 6-1 至表 6-6、表 6-9 和表 6-10 结果总结，表中的评估结果均为相对结果。

表 6－14 至表 6－16 分别归纳了中美两国农产品在日本、美国和中国市场的竞争力潜力综合评估结果。从表 6－14 可以看出，在日本市场，中美两国重要农产品的竞争力潜力各有强弱。就中国而言，中国小麦、花生、玉米和棉花的综合潜力相对强于美国相应产品的综合潜力，但中国大米和大豆的综合潜力相对弱于美国大米和大豆。值得说明的是，由于对于质量的评估是以最低要求的质量安全性来进行间接评估的，由此得出的结论并未能精确反映出中美两国农产品在质量上的差异性，反映在表 6－14 中便是中美两国农产品质量评估结论上差距很小。因此，最终对于中美两国农产品竞争力潜力的综合评估结论更多依赖成本指标的结果得出。

表 6－15　中国重要农产品出口美国市场的竞争力潜力

产品	国家	成本	质量	综合潜力
大米	中国	低	优$^{-}$	强
	美国	高	优	弱
大豆	中国	高	良	弱
	美国	低	优$^{-}$	强
玉米	中国	高	优	中
	美国	低	良$^{-}$	中

注：作者根据前文表 6－7、表 6－8 和表 6－11 的结果总结，表中的评估结果均为相对结果。其中质量指标的评估结果中，中国农产品的结果系根据表 6－11 给出，而美国农产品的结果系根据表 6－14 给出。

表 6－15 则表明，在美国国内市场，中美两国重要农产品的竞争力潜力各有强弱。由于受数据可得性和可比性的限制，这里仅选择了大米、大豆和玉米 3 种产品进行综合评估。评估结果表明，在这 3 种产品中，中国大米的综合竞争力潜力相对强于美国大米，中国大豆的综合竞争力潜力则相对弱于美国大豆，而中美两国玉米的综合竞争力潜力则基本相当。

表 6-16 美国重要农产品出口中国市场的竞争力潜力

产品	国家	成本	质量	综合
大米	中国	低	优$^-$	强
	美国	高	优	弱
小麦	中国	低	优	强
	美国	高	优$^-$	弱
大豆	中国	高	优$^-$	弱
	美国	低	优$^-$	强
花生	中国	低	良$^-$	中
	美国	高	优$^-$	中
玉米	中国	低	优$^-$	强
	美国	高	良$^-$	弱
棉花	中国	低	优	强
	美国	高	优	弱

注：作者根据前文表 6-1 至表 6-6 和表 6-9、表 6-10 结果总结，表中的评估结果均为相对结果。其中质量指标的评估结果系根据表 6-14 给出。

从表 6-16 中可以发现，在中国国内市场，中美两国重要农产品的综合竞争力潜力同样各有强弱。在数据可得的 6 种产品中，中国在其中的 3 种产品上相对美国产品具有更大的竞争力潜力，2 种产品与美国相当，1 种产品弱于美国。具体而言，中国大米、小麦和玉米的综合竞争力潜力相对强于美国相应产品，花生和棉花的综合竞争力潜力则分别与美国花生和棉花的潜力基本相当，而中国大豆的综合竞争力潜力则相对弱于美国大豆。

6.4 小结

本章首先采用成本指标和质量指标对于不同市场条件下中美两国农产品的国际竞争力潜力进行了评估和比较，而后再同时结合成本和质量指标的结果进行综合评估和比较，最后考察了 6 种农产品包括大米、小麦、大豆、花生、玉米和棉花的国际竞争力潜力。

采用组合成本指标的评估结果表明，就出口日本市场而言，中国小麦、花生、玉米和棉花的组合成本低于美国相应产品，而大米和大豆的组合成本高于美国相应产品；就美国市场而言，中国大米的组合成本低于美国大米的国内总成本，而大豆和玉米的组合成本则分别高于美国大豆和玉米的国内总成本；就中国市场而言，美国大豆运来中国的组合成本低于中国大豆的国内总成本，而美国大米、小麦、花生、玉米和棉花的组合成本均高于中国相应产品的国内总成本。在质量相似的情况下，更低的成本显然意味着更大的竞争力潜力，总体而言，中美两国各有农产品在成本上有相对更大的竞争力潜力。

间接的质量评估结果则表明，就出口日本市场而言，总体上中国农产品的质量安全性远逊于美国农产品，具体而言，在大米、大豆、小麦、花生、玉米和棉花 6 种重要农产品中，中国小麦和玉米的质量安全性强于美国的小麦和玉米，大米和花生的质量安全性弱于美国的相应产品，而大豆和棉花的质量安全性与美国基本相当；就美国市场而言，中国玉米的质量安全性相对强于美国，但中国大米和大豆的质量安全性相对均弱于美国，而且新鲜蔬菜和水果中，中国仅有 12 种产品包括大蒜、蘑菇、洋葱、竹笋、莲藕、凉薯、芋头、木薯、鸭梨、香梨、荔枝和龙眼满足美国 APHIS 的质量安全性要求，有资格出口至美国。因此，总体而言，从质量视角来评估，中国农产品的竞争力潜力小于美国农产品。

进一步的综合评估则揭示出，在日本市场，中国小麦、花生、玉米和棉花的综合竞争力潜力相对强于美国相应产品的综合潜力，但中国大米和大豆的综合潜力相对弱于美国大米和大豆；在美国市场，中国大米的综合竞争力潜力相对强于美国大米，中国大豆的综合潜力则相对弱于美国大豆，而中美两国玉米的综合竞争力潜力则基本相当；在中国市场，中国大米、小麦和玉米的综合竞争力潜力相对强于美国相应产品，花生和棉花的综合竞争力潜力则分别与美国花生和棉花的潜力基本相当，而中国大豆的综合竞争力潜力则相对弱于美国大豆。

最后需指出的是，虽然在本章首次从成本和质量两个方面全面的评估和比较了中美两国主要农产品的竞争力潜力，在实证评估中也尽力确保数据来源的可比性和准确性，但是仍然存在一些不尽如人意之处。首先，受数据限制，选择进行评估比较的农产品较少，同时由于数据统计来源于多渠道，某些产品统计误差较大，准确性可能会受一定限制；其次，对于质量的评估是以最低要求的质量安全性来进行间接评估的，由此得出的结论并未能精确反映出中美两国农产品在质量上的差异性，但为简单明了的反映综合竞争力潜力，对成本和质量进行了“高”与“低”和“优”与“良”等相对简单的归类，这样在综合评估时可能带有一定的主观性。

7 中美农产品国际竞争力影响因素比较

如前所述，研究中国农产品的国际竞争力问题，需要从竞争力绩效、竞争力潜力和竞争力过程（实现机制）三个层次展开，其中竞争力实现机制是这三个层次中最为重要的一环。竞争力实现机制与影响竞争力的因素相关联，即如果能针对性的识别那些影响竞争力实现的因素，便能发现竞争力的实现机制。因此，在探讨竞争力实现机制前，需要首先识别农产品国际竞争力的可能的影响因素。基于此，本章将从中美比较的视角探讨这些影响因素。

本章分为两个环节进行考察：一是在生产环节的影响因素，这些因素将影响产品的成本和质量两个方面；二是在流通环节的影响因素，这些因素将影响产品的成本、质量以及消费者对产品的认知接受程度。

7.1 识别生产环节的影响因素

理论上，农产品生产中涉及的任何关联因素都会影响农产品的成本和质量，最终影响竞争力绩效的实现。其中，主要的影响因素包括生产投入、生产工艺和技术水平、人力资源和生产管理等。由于不同农产品的生产环节可能会受到不同因素的影响，因此为了使分析更具有针对性，继续以上一章的 6 种农产品为例来识别生产环节的这些影响因素。由于这些因素的影响最终均体现在农产品的成本和质量中，因此，这里以生产环节的成本以及质量的相关数据来识别隐藏其背后的因素。值得说明的是，这些因素的影响既可能是正面的，也可能是负面的。另外，受数据的可得性和可比性限制，文章中分析的6种农产品均为种植农产品。生产环节影响因素包括5类共11个因素。

7.1.1 物质性资源投入因素

（1）种子因素。对于种植业来说，种子是生产投入的一个关键因素。种子的选择既关系到农产品的质量和单位产量，亦关系到投入的费用支出，最终影响到单位成本。从2007年中美两国稻谷、小麦、大豆、花生、玉米和棉花6种农产品生产环节的详细的成本构成（如表7-1至表7-6所示）来看，以单位面积衡量的每英亩费用支出上，中国稻谷、大豆、玉米和棉花的种子费用支出均大幅低于美国相应产品，中国小麦的种子费用则大幅高于美国小麦，而中国花生的种子费用则小幅高于美国花生。但是，单位面积种子费用支出的高低比较并不能准确反映出每单位产品所分摊的种子费用支出。因为一方面，由于生产技术的创新，单位面积内播种种子数量的多少会不同，从而影响最终的单位产量；另一方面，由于种子品种的不同，可能也会带来产品单位产量的不同；另外，生产管理的不同也会带来单位产量的不同。因此，有必要考虑单位面积的产量，计算和比较中美两国间以单位产量（每吨）分摊的费用支出，以期从中发现上述因素的影响。

虽然以每吨衡量的种子费用支出结果与以每英亩衡量的在相对高低方向上一致，即2007年中国稻谷、大豆、玉米和棉花的种子费用支出均大幅低于美国相应产品，但中国小麦的种子费用则大幅高于美国小麦，而中国花生的种子费用则小幅高于美国花生。但是，分析发现，不同的衡量方法所得到的中美两国之间的差距不同，如以每吨衡量的中美两国稻谷、大豆、玉米和小麦在种子费用上的差距小于以每英亩衡量的种子费用的差距，而花生和棉花的差距则扩大了。这表明，美国的稻谷、大豆、玉米、小麦、花生和棉花的单位产量均高于中国（参见第5章相应图示）。

以上分析表明，一方面，在这6种种植类产品中，种子因素总体对中国农产品的成本带来了正面影响，使中国这些农产品的生产在一开始就处于成本领先的地位，低成本的优势可能使中国种子市场相对健全，保证了价格的稳定。但另一方面，中国以上这些农产品的单位产量大幅低于美国相应产品，可能是生产技术和管理因素带来的影响，也可能是中国的种子品种在单产上劣于美国的影响，因此，揭示出未来中国仍然需要进一步开发农产品的优势品种。

（2）农资因素。农业生产资料如化肥、农药和农膜对现代农业生产而言，是必不可少的。化肥的施用，可以提高产量，而农药则可以防治虫害，亦保证产量和产品质量，但是也要认识到，这些农资的使用，亦会提高生产成本，同时农药的大量使用可能会使得农产品的农药残留超标，影响农产品的质量安全，这些最终都会影响到产品的竞争力。因此，在评估影响农产品国际竞争力的因素时，同样不能忽略农资因素。

从包括化肥、农药和农膜在内的加总的农资成本支出角度看，2007年美国小麦的单位农资费用（以每吨衡量，下同）略高于中国小麦，而花生的单位农资费用支出则大幅高于中国花生的；中国则在大豆（大幅高）、玉米（略高）和棉花（大幅高）3种产品的单位农资费用上高于美国相应产品；而在稻谷的单位农资费用上，中美两国基本不相上下。

从化肥费用来看，2007年中国6种农产品的每吨产品分摊的单位化肥费用均高于美国相应农产品，其中大豆和棉花的化肥费用是美国大豆和棉花的2～3倍，而稻谷、小麦、花生和玉米的化肥费用均略高于美国相应产品。中国相对更高的单位化肥费用支出，一方面反映了由于中国缺少类似美国的土地轮作计划，中国土壤的自身肥力下降，因此依赖于增加化肥量来提高肥力；另一方面也反映了中国近几年的化肥价格上涨可能对化肥费用支出产生了影响。

再从农药费用来看，与化肥费用的情况相反，2007 年中国 6 种农产品的每吨产品分摊的单位农药费用均大幅低于美国相应农产品，其中稻谷、玉米、棉花、小麦和大豆的单位农药费用大幅低于美国相应产品，特别是花生的单位农药费用仅为美国花生该项费用的 1/7。中国相对更低的单位农药费用支出一方面源于中国农药的价格可能低于美国，另一方面则可能是由于施用量较少，但从中国农产品因农药残留超标被日本扣留的次数远多于美国产品可以判断，中国农产品的单位农药施用量并不会比美国少，因此，中国的低单位农药费用是源于中国的农药价格相对较低。

以上对中美两国农资费用的比较表明，化肥的大量使用使得中国农产品的单位化肥费用高于美国，由于中国农产品的单位产出仍低于美国，由此可见，化肥的使用因成本增加而总体上可能负面影响了中国农产品的竞争力。而中国农产品的单位农药费用虽然低于美国，对竞争力有正面影响，但是因可能存在过度使用或生产工艺的问题，导致农药残留超标，影响农产品的质量安全，负面影响中国农产品的国际竞争力。

(3) 机械与能源动力因素。从表 7－1 至表 7－6 所示的成本构成中，可以发现，这一详细的成本构成准确地反映了中美两国农业生产的特色：依赖于机械化的农场规模生产和依赖于人力的小农户生产。由于中国小农户自身缺少大型机械设备，在需要机械作业的生产中，通过租赁机械进行作业生产。因此，单位生产成本中，在反映机械化生产的燃料动力费、固定资产折旧和修理费等费用上，中国稻谷、小麦、大豆、花生、玉米和棉花的费用均大幅低于美国相应费用，而反映租赁机械的作业费用则大幅高于美国相应作业费用。

美国的农场由于土地规模大，依赖于机械化生产，因此对能源的依赖非常强，能源价格的波动对于农产品生产成本的影响很大。而中国的农户由于缺少资金投入，无法购买大型机械设备，更多依赖于租赁机械或廉价的劳动力进行农业生产，因此，较少受到世界能源市场价格波动的影响，近几年能源价格暴涨对中国小农户的农业生产成本影响较小。但是，这也从另一方面反映出，中国土地制度带来的土地细碎化可能在一定程度上影响了中国农业生产，难以较好地采用机械化生产，从而影响农业生产效率的提高。另外，小农户因缺少资金而无法购买大型机械，也反映出中国农村农户可能缺少有效的融资渠道。这表明，采取措施拓展农户的融资渠道，将可能有效提升中国农业机械化水平，从而提高农业生产效率。

（4）水资源因素。水资源的稀缺与富有对一国农业生产至关重要。中美两国的水资源总量均居世界前列，但是对于水资源的利用上仍存在差异，这一方面体现在水资源的定价制度上，另一方面也体现在水资源的灌溉效率上。这两个方面最终都会影响到农业生产中的农产品产量和成本支出。

2007 年的数据表明，在所分析的 6 种农产品中，中国只有稻谷的每吨水费支出略低于美国稻谷，其余的 5 种农产品的单位水费支出均远远超过美国相应产品的单位水费支出，特别是中国大豆的单位水费支出 10 倍于美国大豆，而中国玉米单位水费支出更是几十倍于美国玉米。

以上中国农产品的单位水费支出大幅超过美国农产品，表明水资源因素对于中国农产品的成本竞争力构成了负面影响，反映出中国农业生产对水资源的利用效率可能较低。一方面，由于水资源的地区分布差异较大，导致在一些水资源丰裕的地区，由于对于农业灌溉用水的定价过低，造成水资源的浪费，同时在另一些水资源相对稀缺的地区，农业用水的价格相对较高，造成农业用水成本较高。另一方面，虽然一直以来，中国重视对大江大河的治理和大型水利设施的建设，但对农田的微观的基本水利建设的重视较过去明显下降，导致农田的基础水利设施老化，农田的灌溉效率低，水的浪费较多。另外，中国在节水灌溉技术上虽然有所进步，但仍然推广不够，这也导致了水资源的利用效率较低。中国农产品生产中单位水费支出高于美国，表明水资源的利用效率因素在负面影响中国农产品的竞争力。这意味着，要降低中国农产品的单位水费支出，进行水资源的合理调配，加强建设农田基础水利设施和推广节水灌溉均可能是重要的应对措施。

（5）土地因素。与工业产品的生产对土地的要求相对较弱不同，农业生产对于土地的要求相当高。由于对一个国家而言，土地的供给曲线是一条垂线，即土地的供给总量不会随着土地价格的上涨而增加。因此，总体而言，土地是稀缺的。土地的稀缺性意味着土地因素对于农业生产的影响非常大，这反映在表 7－1 至表 7－6 中便是土地机会成本占总成本的比重高于其他成本项目。

对于土地的使用成本，通常以其机会成本来衡量，如表 7－1 至表 7－6 所示。通过对中美两国 6 种农产品生产的土地机会成本的比较发现，每单位产品分摊的土地成本中，中国棉花生产中的土地机会成本 2 倍于美国棉花生产的土地机会成本，花生、玉米、大豆和小麦生产中的土地机会成本则略高于美国相应成本，而中国稻谷生产中的土地机会成本低于美国稻谷的相应成本。因此，总体上，美国单位农产品分摊的土地机会成本低于中国农产品。

导致以上结果的原因，一方面在于中国的土地承包经营制度使得土地细碎化，从而使得农户经营的土地规模过小，从而无法享受到规模效应所带来的单位成本下降的好处。另一方面，在于中国近年的经济发展对工业和城市用地等非农用地的需求大幅膨胀，使得农业用土地——耕地的面积大幅下降。虽然近年国家实行了最严格的基本农田保护制度，但农田面积下降已成为不争的事实，这样显然加剧了中国农业土地的稀缺性，其机会成本必然增加。因此，要降低土地成本，降低其对农业生产的负面影响，必然要确保农业土地的面积不减少，同时通过土地制度安排的调整，提高单个农户的土地经营规模。

表 7-1　2007 年中美稻谷生产环节成本结构比较

项目	美国		中国	
	美元/吨	美元/英亩	美元/吨	美元/英亩
总成本	214.73	737.61	162.10	443.00
运营成本	117.29	402.91	78.11	213.46
种子费	11.86	40.75	6.77	18.49
化肥费	22.09	75.89	28.04	76.62
农药费	19.26	66.15	10.90	29.79
作业费	13.15	45.18	25.99	71.03
燃料动力费	30.74	105.60	0.13	0.34
修理费	7.93	27.25	1.74	4.76
排灌水费	3.42	11.75	3.21	8.79
商业烘干	6.40	21.99	0.00	0.00
农膜费	0.00	0.00	1.13	3.08
利息	2.43	8.35	0.07	0.18
其他直接费用	0.00	0.00	0.14	0.38
间接费用	97.44	334.70	84.00	229.55
雇工费用	5.59	19.21	7.61	20.79
家庭劳动机会成本	12.62	43.34	49.14	134.30
固定资产折旧	29.55	101.52	1.72	4.70
土地机会成本	37.47	128.70	24.78	67.73
税金与保险费	4.97	17.08	0.17	0.45
管理费	7.23	24.84	0.58	1.57
净利润	11.46	39.38	66.90	182.84

数据来源：作者归纳和计算。美国有关的原始数据来源于美国农业部经济研究中心（ERS），中国有关数据由作者根据当年年均人民币兑美元汇率（数据来源于《中国统计年鉴 2008》）转换为美元单位，并依据美国的成本构成项目略作了调整，其中表中中国的化肥费由农家肥费和化肥费合并计算，作业费由机械作业费扣除水费再加上技术服务费计算得到，修理费由工具材料费和修理维护费合并计算，税金与保险费由税金与保险费合并计算，利息用财务费替代，管理费由管理费和销售费合并，土地机会成本用土地成本替代，原始数据来自于中国国家发改委价格司《全国农产品成本收益资料汇编 2008》。关于中美农产品成本核算指标的比较，请参见本书附录表格：中美农产品成本核算指标对照表。

表 7-2 2007 年中美小麦生产环节成本结构比较

项目	美国		中国	
	美元/吨	美元/英亩	美元/吨	美元/英亩
总成本	230.61	234.73	160.21	350.00
运营成本	94.09	95.77	88.02	192.29
种子费	9.60	9.77	11.91	26.03
化肥费	34.71	35.33	37.34	81.57
农药费	8.67	8.82	3.37	7.36
作业费	6.67	6.79	32.37	70.71
燃料动力费	19.42	19.77	0.01	0.02
修理费	12.63	12.86	1.15	2.51
排灌水费	0.32	0.33	1.76	3.84
农膜费	0.00	—	0.01	0.02
利息	2.06	2.10	0.06	0.14
其他直接费用	0.00	—	0.05	0.10
间接费用	136.52	138.96	72.19	157.71
雇工费用	2.52	2.57	1.36	2.98
家庭劳动机会成本	22.12	22.52	44.19	96.55
固定资产折旧	52.77	53.71	0.99	2.17
土地机会成本	42.78	43.54	25.16	54.96
税金与保险费	7.74	7.88	0.04	0.08
管理费	8.59	8.74	0.45	0.97
净利润	−30.08	−30.62	45.77	99.99

数据来源：同表 7-1。

表 7-3　2007 年中美大豆生产环节成本结构比较

项　　目	美　国		中　国	
	美元/吨	美元/英亩	美元/吨	美元/英亩
总成本	245.94	301.21	348.34	232.81
运营成本	85.92	105.23	135.36	90.47
种子费	31.78	38.92	28.13	18.80
化肥费	13.12	16.06	46.74	31.24
农膜费	0.00	0.00	0.00	0.00
农药费	11.89	14.56	9.83	6.57
作业费	5.21	6.38	46.00	30.75
燃料动力费	12.05	14.76	0.04	0.02
修理费	9.90	12.13	3.46	2.31
排灌水费	0.09	0.11	0.94	0.63
其他直接费用	0.00	0.00	0.01	0.01
利息	1.88	2.31	0.20	0.14
间接费用	160.02	195.98	212.98	142.34
雇工费用	1.47	1.80	8.26	5.52
家庭劳动机会成本	12.82	15.70	96.45	64.46
固定资产折旧	51.62	63.22	2.38	1.59
土地机会成本	75.87	92.92	104.25	69.67
税金与保险费	6.98	8.55	0.00	0.00
管理费	11.26	13.79	1.65	1.10
净利润	46.36	56.78	209.20	139.81

数据来源：同表 7-1。

表 7-4 2007 年中美花生生产环节成本结构比较

项目	美国		中国	
	美元/吨	美元/英亩	美元/吨	美元/英亩
总成本	507.30	757.87	370.74	461.57
运营成本	278.00	415.31	175.76	218.83
种子费	48.17	71.96	68.27	84.99
化肥费	46.91	70.07	60.02	74.72
农药费	69.75	104.20	10.54	13.13
作业费	9.33	13.93	26.97	33.58
燃料动力费	45.31	67.69	0.12	0.15
修理费	25.34	37.86	2.38	2.96
排灌水费	0.40	0.60	1.36	1.69
商业烘干	27.31	40.80	0.00	0.00
农膜费	0.00	0.00	6.08	7.57
利息	5.49	8.21	0.03	0.03
其他直接费用	0.00	0.00	0.00	0.00
间接费用	229.31	342.57	194.97	242.74
雇工费用	11.02	16.47	3.93	4.89
家庭劳动机会成本	45.02	67.26	129.68	161.45
固定资产折旧	94.28	140.85	1.85	2.31
土地机会成本	42.97	64.19	58.76	73.16
税金与保险费	16.65	24.87	0.00	0.00
管理费	19.36	28.93	0.75	0.93
净利润	−56.92	−85.04	397.39	494.75

数据来源：同表 7-1。

表 7-5　2007 年中美玉米生产环节成本结构比较

项　　目	美　国		中　国	
	美元/吨	美元/英亩	美元/吨	美元/英亩
总成本	122.23	443.97	139.95	358.85
运营成本	63.04	228.99	60.37	154.80
种子费	13.50	49.04	8.38	21.48
化肥费	25.64	93.13	30.22	77.48
农药费	6.71	24.38	2.48	6.35
作业费	3.01	10.93	15.68	40.20
燃料动力费	8.69	31.58	0.01	0.02
修理费	4.09	14.86	1.05	2.69
排灌水费	0.04	0.13	1.65	4.22
农膜费	0.00		0.82	2.09
利息	1.36	4.94	0.07	0.17
其他直接费用	0.00		0.04	0.10
间接费用	59.18	214.98	79.58	204.05
雇工费用	0.62	2.26	3.69	9.46
家庭劳动机会成本	6.70	24.34	46.03	118.04
固定资产折旧	19.21	69.77	0.86	2.20
土地机会成本	26.76	97.21	28.38	72.76
税金与保险费	2.07	7.52	0.05	0.13
管理费	3.82	13.88	0.57	1.46
净利润	6.87	24.97	62.50	160.25

数据来源：同表 7-1。

表7-6　2007年中美棉花生产环节成本结构比较

项　　目	美　国		中　国	
	美元/吨	美元/英亩	美元/吨	美元/英亩
总成本	1 595.26	618.69	1 544.15	770.49
运营成本	1 059.85	411.04	541.75	270.32
种子费	178.53	69.24	60.29	30.08
化肥费	128.38	49.79	237.45	118.48
农药费	161.82	62.76	76.30	38.07
作业费	69.23	26.85	100.10	49.95
燃料动力费	122.84	47.64	0.99	0.49
修理费	59.85	23.21	7.98	3.98
排灌水费	4.05	1.57	14.42	7.20
轧棉费	319.16	123.78	0.00	0.00
农膜费	0.00	0.00	42.24	21.07
利息	15.99	6.20	1.28	0.64
其他直接费用	0.00	0.00	0.70	0.35
间接费用	535.41	207.65	1 002.39	500.17
雇工费用	42.35	16.42	89.73	44.77
家庭劳动机会成本	95.67	37.10	695.01	346.79
固定资产折旧	195.80	75.94	5.74	2.86
土地机会成本	131.77	51.10	205.77	102.68
税金与保险费	23.22	9.00	0.86	0.43
管理费	46.61	18.08	5.28	2.63
净利润	-104.99	-40.72	620.37	309.55

数据来源：同表7-1。

7.1.2 资金因素

在现代经济学的生产函数里，资本是不可或缺的变量，这真实地反映了资本或曰资金在现代生产中的地位。农业生产亦不例外。虽然，不同国家的农业生产对于资金的依赖程度不同，但是均不同程度地受到其影响。例如，若能获得强大的资金支持，可以购买大型机械设备，提高生产效率，或者扩大生产规模等，同时这也意味着资金成本——利息等财务成本的增加。

对于中美两国农业生产而言，由于前文提到的两国农业生产的特点，美国农业对于资金的依赖显著强于中国。这也导致了在分析的 6 种农产品中，美国产品的单位产品的资金成本——利息支出远远超过中国相应的产品，特别是花生的利息支出 100 多倍于中国花生的财务费用。这表明，与美国的规模经营相适应，其资金成本也相应高于中国的小农户生产。但是，中国小农户极其微小的利息费用支出，也从另一个侧面反映出，由于中国农村的土地制度及其相应安排的缺失，中国农村的小农户即使有扩大生产规模和提高生产效率的愿望，也可能因缺少有效的融资渠道而无法获得相应的资金支持。

7.1.3 劳动力资源因素

与资本要素一样，劳动力在现代经济学的生产函数里亦是不可或缺的变量。虽然，美国等西方发达国家的农业生产更多的依赖于机械设备，而较少依赖于人力，但对于中国这样的发展中国家，农业现代化的程度仍然较低，因而农业生产对于劳动力的依赖程度仍相当高。

以上文分析的 6 种农产品为例，中国稻谷、玉米、棉花、花生、小麦和大豆生产中的单位产品的人工成本均远远高于美国，特别是大豆生产中的人工成本 5 倍于美国大豆的人工成本。中国农业生产中的单位人工成本高于美国，显然不是因为劳动力的单位报酬高于美国，而是因为农业生产中的劳动投入大大高于美国。由于机械和劳动力之间存在相互替代的关系，因而人工费用较多则机械费用较少，因此从成本来看，人工费用和机械费用支出的多少可能不会对总成本造成太大的影响。但是，更多依靠落后的人工生产，落后的生产技术和流程可能带来农产品的标准化和质量控制问题，从而无法达到和大规模机械化生产的产品同样的质量特性，最终影响农产品的质量竞争力。

此外，经营管理水平也是一个重要因素。对于美国大规模的农场生产而言，经营管理是农产品生产销售的一个重要方面，管理得当将会带来生产效率的提高和单位生产成本的降低，虽然同时也会带来相应的管理费用成本，但是相对低于其带来的成本节约。对于中国而言，由于农业生产的主要方式是小农户的小规模生产，并且主要依赖于家庭的劳动力，因而生产过程中无所谓有效的管理，相应的费用支出也很少。从表 7－1 至表 7－6 中也可以看到这一点，美国稻谷、小麦、大豆等 6 种农产品的管理费用均高于中国相应农产品。

7.1.4 科技因素

在新经济增长函数中，技术作为一个重要的变量被纳入其中。科学技术对于经济增长的贡献在理论上得到了经济学界的认同，在现实中也得以验证。农业科技和方法的革新也为世界农业的发展提供了新的动力。新的农业技术和方法的采用对农业生产带来的影响包括：一是农产品品质和质量安全性的提高，二是单位面积的农产品产出的增加。显然，在分析农产品国际竞争力时，生产技术和方法的影响不可忽视。

就中美两国农业生产中科技的影响而言，可从表 7－1 至表 7－6 中对 6 种农产品各项成本分别以单位面积衡量的每英亩费用支出和以单位产品衡量的每吨费用支出的比较中得以发现。显然，更先进的生产技术和方法会带来生产效率的提高，从而带来单位产品分摊成本的下降。因此，反映在表 7-1 至表 7-6 中便是各项成本中，中美两国间以每吨衡量的费用差距大部分均小于以每英亩衡量的费用差距。如在种子费用上，中美两国以每吨衡量的种子费用支出结果与以每英亩衡量的在相对高低的方向上一致，即 2007 年中国稻谷、大豆、玉米和棉花的种子费用支出均大幅低于美国相应产品，但小麦的种子费用则大幅高于美国小麦，而花生的种子费用则小幅高于美国花生。但也发现不同的衡量方法所得到的中美两国之间的差距大小不同，如以每吨衡量的中美两国稻谷、大豆、玉米和小麦在种子费用上的差距小于以每英亩衡量的种子费用的差距，而花生和棉花的差距则扩大了。这从一个侧面说明，美国科技如相对中国更好的种子品种、更先进的生产技术等使得美国农产品的单位产量高于中国（参见第 5 章相应图示），从而降低了分摊的生产成本，为农产品的竞争力提供了有利条件。

同时，由于美国农业生产中相对更高的科技含量，因此使得产品的品质得到保证，相对中国农产品而言，总体上具有更高的质量。这一点，可以从第 6 章对农产品质量的评估结果中得到佐证。

以上这些分析表明，科技因素对美国农产品的国际竞争力存在着积极影响，因而，对于农业科技相对落后的中国而言，如何提高农业科技，对于提高中国农产品的国际竞争力具有长远的意义。

7.1.5 政策性因素

（1）税收与保险因素。税收和保险也是影响农产品竞争力的重要因素，因为二者均会影响到农产品的成本。对于中美两国而言，农业税收存在很大差异。中国政府在 2006 年全面取消了农业税费，农户生产农产品不再需要缴纳任何税费，而美国农场主仍然需要缴纳相应的税费，使得中国农产品的单位成本得以降低。而从保险费来看，美国由于规模化经营，同时农业保险较为发达，农场为防范风险降低损失而购买农业保险，因而农业保险费支出较高，而中国的农业保险几乎处于被忽略的边缘，绝对大部分的普通小农户没有购买农业保险，因此，在农业保险费上的支出非常之少。

中美两国在税收与保险上的差异，可从表 7－1 至表 7－6 中的“税收与保险费”项目的结果对比中得到印证。结果表明，由于以上差异，美国稻谷、大豆、玉米和小麦等 6 种农产品生产中的该项费用成本均显著高于中国相应产品。显然，中国取消农业税收降低了中国农产品的成本，对中国农产品的国际竞争力具有正面影响，而农业保险的缺位亦从某种程度上降低了单位产品分摊的成本，然而从长远来看，虽然购买农业保险会增加成本，但作为防范风险的有效手段，农业保险对于难以承受较大风险的农户而言，仍然是非常重要的。

（2）农业补贴政策因素。以上分析的因素均可以轻易地从生产成本构成中发现其踪影，也就是说，这些因素均会对生产环节的成本和产品质量产生非常明显的影响，最终影响农产品的国际竞争力。除了这些显而易见的因素外，还有一些隐藏的因素也会通过成本等渠道影响到农产品的国际竞争力。对农产品而言，其中非常重要的因素便是各国的农业补贴政策。

众所周知，在 WTO 的制度安排下，“黄箱”和“绿箱”制度允许各国实施不超过其规定的农业补贴政策，因此，各国尤其是发达国家为保护本国农业，增加本国农业的竞争力，纷纷采取对农业的补贴政策。相对其他国家而言，美国农业补贴的范围和力度最强，农场每年均可从政府获取不菲的农业补贴。从图7－1可以看到，2004—2007 年美国政府对农业的直接补贴每年均在 110 亿美元以上，2007 年虽然是近几年的最低点，但直接补贴额也达到了 119 亿美元。美国对农业高额直接补贴显然增加了农场主的额外收入，或者说，降低了其成本，从而使得美国农产品在

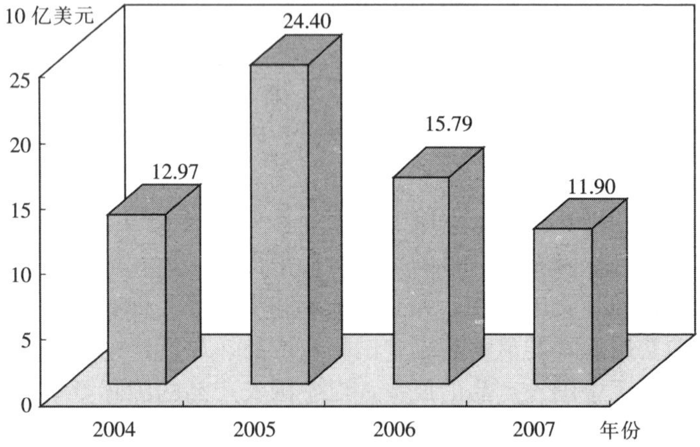

数据来源：美国农业部 ERS。

图 7-1　美国农业直接补贴（2004—2007 年）

成本上具有一定优势地位，确保了美国农产品的国际竞争力。正是因为美国高额的农业直接补贴，才可以理解表 7-1 至表 7-6 中美国小麦、花生和棉花等农产品在净利润为负的情况下，仍能持续生产和供给。由此可见，美国的农业补贴政策对于增强美国农产品国际竞争力的影响。

与美国长期以来对农业的高额补贴相比，中国对于农业的补贴在加入 WTO 后的近几年才真正开始起步，补贴金额在逐年提高。表 7-7 列出了 2006—2007 年对大豆和花生等 7 种农产品的直接补贴数据。从中可以看到，虽然 2007 年的补贴金额比 2006 年确实提高较多，但是每亩的补贴金额显然仍然偏低，而且从中也可以发现，补贴重点在于粮食作物。与美国的农业补贴政策相比，中国的农业补贴政策还不够系统和完善，农业补贴的力度也弱于美国，这显然不利于中国农产品的国际竞争力的增强。因此，未来完善农业补贴政策，进一步提升补贴力度，将有助于提升中国农产品国际竞争力。

表 7-7 中国农产品每亩补贴收入（2006—2007 年）

单位：元

	大豆	花生	玉米	小麦	蔬菜	棉花	稻谷
2006	15.68	6.36	13.78	15.64	1.11	4.01	20.31
2007	23.11	9.9	21.6	24.77	6.85	11.51	28.42

数据来源：中国国家发改委价格司．全国农产品成本收益资料汇编（2008）。

7.2 识别流通环节的影响因素

与生产环节受到众多因素的影响不同，流通环节相对受到较少因素的影响。在这里，以出口第三国为例，流通环节始于农户（场），终于第三国进口商。在此环节过程中可能影响农产品的成本和质量的因素均会影响到农产品最终的国际竞争力。为了更好地识别流通环节可能的影响因素，根据成本数据的可得性，将流通环节划分为与成本数据相对应的国内流通和国际流通两个环节。这样，与之相对应的成本便为本书第 6 章曾提到的国内营销运输等成本与国际运输保险费等成本。

为了使分析更具代表性，这里以中美两国农产品出口第三国——日本为例来识别流通环节的影响因素。上一章曾计算和比较了中美两国小麦、大豆等 6 种农产品出口日本的组合成本，为便于阅读分析，再次将主要计算结果简要列出，如表 7-8 至表 7-13 所示。

7.2.1 国际运输和保险因素

对于国际贸易而言，由于进出口国距离相对遥远，在国际运输过程中的风险相对较大，为了防范风险，贸易者对货物进行投保乃是必然的选择，但这样必然要支付一定的保险费用。另外，农产品长途运输对于运输中的承载物要求较高，因而运输成本相对一般货物更高。这样，对于本身价值较低的农产品而言，国际运输和保险费用对于农产品出口的组合成本影响很大，在某些情况下，甚至可能出现国际运输和保险费用超过货物本身价值的情形。

以表 7-8 至表 7-13 的数据来作具体分析，从中可以看出，中国小麦、大豆、花生、玉米、棉花和大米（稻谷）出口日本的国际运输和保险费用均低于美国相应产品出口日本的相应费用。这其中的原因主要在于中国与日本的距离要远近于美国与日本的距离。这表明，国际运输和保险背后隐藏的距离因素显然对于农产品出口的成本具有较大影响。中国与日本的近距离使得中国农产品出口日本的国际运输和保险费用低于美国农产品相应的费用，对中国农产品出口日本市场的国际竞争力具有正面影响。

7.2.2 国内运输和营销等因素

显然，从生产地到出口起运地的国内运输和营销等因素也会影响到农产品出口的出口组合成本。从表 7-8 至表 7-13 中，可以看到，在国内运输和营销费用上，中国小麦、玉米和花生的该项成本相对大幅低于美国相应产品的成本，而中国大豆、大米和棉花的该项成本则大幅高于美国大豆、大米和棉花成本。中美两国以上成本的差距源于双方国内流通体系的效率差异。

显然，这些数据表明，国内流通体系因素带来的相对低或高的成本将增强或削弱中美两国农产品的成本竞争力。特别是对于大米而言，这一因素的影响更显重要。在上一章已经指出，尽管中国大米在国内生产成本和国际运费、保险费等方面大大低于美国大米的相应成本、费用，但中国大米出口日本的组合成本高于美国大米的组合成本，原因在于中国大米的国内运输和营销费用等成本大大高于美国大米相应的成本。这一成本结构数据表明，国内流通体系的低效率高成本是负面影响中国大米国际竞争力的主要因素，并且从根本上导致了中国大米的出口组合成本超过美国大米的出口组合成本。由此可见，国内流通体系因素对于中国农产品国际竞争力影响重大。

表 7-8　中美小麦出口日本的组合成本比较（2006—2007 年）

单位：美元/千克

项　　目	2006		2007	
	中国	美国	中国	美国
国际运费保险费等成本	0.022	0.038	0.030	0.057
国内运输和营销费用等成本	0.001	0.040	0.024	0.050
国内生产成本	0.139	0.240	0.155	0.231
组合成本	0.163	0.318	0.208	0.338

数据来源：除指明外，数据均由作者计算所得，出口 FOB 价格采用出口国出口总额除以出口总数量计算得到，对应的进口 CIF 价格采用进口国的进口总额除以进口总数量计算得到，原始数据来自于 UN 的 COMTRADE 数据库；中美农户出售价格和国内生产成本分别来自于中国国家发改委价格司《全国农产品成本收益资料汇编 2008》和美国农业部 ERS。所有国内数据均根据当年年均人民币兑美元汇率（数据来源于《中国统计年鉴 2008》）转换为美元单位取得。

表 7-9　中美大豆出口日本的组合成本比较（2006—2007 年）

单位：美元/千克

项　　目	2006		2007	
	中国	美国	中国	美国
国际运费保险费等成本	0.038	0.043	0.040	0.057
国内运输和营销费用等成本	0.153	0.057	0.091	0.041
国内生产成本	0.252	0.222	0.340	0.246
组合成本	0.443	0.323	0.471	0.344

数据来源：同表 7-8。

表 7-10　中美花生出口日本的组合成本比较（2006—2007 年）

单位：美元/千克

项　　目	2006		2007	
	中国	美国	中国	美国
国际运费保险费等成本	0.057	0.103	0.085	0.232
国内运输和营销费用等成本	0.450	0.498	0.307	0.547

（续）

项　　目	2006		2007	
	中国	美国	中国	美国
国内生产成本	0.285	0.511	0.365	0.507
组合成本	0.792	1.112	0.757	1.286

数据来源：同表 7－8。

表 7－11　中美玉米出口日本的组合成本比较（2006—2007 年）

单位：美元/千克

项　　目	2006		2007	
	中国	美国	中国	美国
国际运费保险费等成本	0.021	0.030	0.028	0.056
国内运输和营销费用等成本	－0.017	0.022	0.015	0.046
国内生产成本	0.118	0.117	0.136	0.122
组合成本	0.122	0.169	0.179	0.224

数据来源：同表 7－8。

表 7－12　中美棉花（未梳理）出口日本的组合成本比较（2006—2007 年）

单位：美元/千克

项　　目	2006		2007	
	中国	美国	中国	美国
国际运费保险费等成本	0.050	0.076	0.054	0.070
国内运输和营销费用等成本	0.733	0.428	0.392	0.283
国内生产成本	1.098	1.784	1.229	1.595
组合成本	1.881	2.288	1.675	1.949

数据来源：同表 7－8。

表 7-13 中美大米出口日本的组合成本比较（2006—2007 年）

单位：美元/千克

项目	2006		2007	
	中国	美国	中国	美国
国际运费保险费等成本	0.032	0.079	0.058	0.100
国内运输和营销费用等成本	0.503	0.320	0.505	0.326
国内生产成本	0.145	0.208	0.159	0.215
组合成本	0.680	0.606	0.722	0.641

数据来源：同表 7-8。

7.3 各因素对 6 种农产品的具体影响

以上分析了影响中美两国农产品竞争力的 13 个因素，对具体的某个农产品而言，这些因素的影响可能是正面的，亦可能是负面的。为使分析更加具有针对性，再从另一个视角来归纳以上 13 种因素对中美两国 6 种农产品的正负影响，结果如表 7-14 所示。值得强调说明的是，表中这些正面或负面影响均是在中美两国之间进行比较得出的相对结论，另外，基于可行性考虑，这些结果均由前文相应的成本数据归纳得出。

表 7-14 中美 6 种农产品竞争力影响因素的归纳比较

项目	稻谷		小麦		大豆		花生		玉米		棉花	
	中国	美国	中国	美国	中国	美国	中国	美国	中国	美国	中国	美国
(1) 种子因素	+	−	−	+	+	−	−	+	+	−	+	−
(2) 农资因素	−	+	−	+	−	+	+	−	+	−	−	+
(3) 机械与能源动力因素	+	−	+	−	+	−	+	−	+	−	+	−
(4) 水资源因素	+	−	−	+	−	+	−	+	−	+	−	+
(5) 资金因素	+	−	+	−	+	−	+	−	+	−	+	−

（续）

项　目	稻谷		小麦		大豆		花生		玉米		棉花	
	中国	美国	中国	美国	中国	美国	中国	美国	中国	美国	中国	美国
(6) 劳动力因素	−	+	−	+	−	+	−	+	−	+	−	+
(7) 土地因素	−	+	−	+	+	−	−	+	+	−	−	+
(8) 税收与保险因素	+	−	+	−	+	−	+	−	+	−	+	−
(9) 经营管理因素	+	−	+	−	+	−	+	−	+	−	+	−
(10) 科技因素	−	+	+	−	−	+	−	+	−	+	+	−
(11) 农业补贴政策因素	−	+	−	+	−	+	−	+	−	+	−	+
(12) 国际运输和保险因素	+	−	+	−	+	−	+	−	+	−	+	−
(13) 国内运输和营销等因素	−	+	+	−	−	+	+	−	+	−	−	+

注：“+”表示其影响相对正面，“−”表示其影响相对负面。

7.4　小结

竞争力实现机制与影响竞争力的因素相关联，因此，在探讨竞争力实现机制之前，本章从中美比较的视角来识别农产品生产和流通环节的影响因素，这些因素通过影响农产品的成本、质量和消费者对产品的认知接受程度等最终影响农产品的国际竞争力。本章分析识别了影响竞争力的 13 种因素，其中生产环节的影响因素包括：种子、农资、机械与能源、水资源、资金、劳动力、土地、税收与保险、经营管理、科技和农业补贴政策 11 种因素。流通环节的影响因素则包括：国际运输和保险、国内运输和营销 2 种因素。中美两国之间的比较表明，总体上，在 13 种影响因素中，机械与能源因素、资金因素、土地因素和税收保险等因素对中国 6 种农产品的影响相对均为正面影响，而劳动力和农业补贴政策因素对中国 6 种农产品的影响相对均为负面影响，国内运输和营销等其他因素对中国 6 种农产品的影响则正负面影响兼而有之。

然而，值得特别说明的，虽然本章以 6 种农产品的数据识别了 13 种影响因素，但受制于数据的可得性和可比性，使分析仍存在如下缺陷：一是本章分析的产品均为种植类产品，因而得出的影响因素部分不能适应于养殖类产品的分析；二是本章由于无法获得更详尽的农产品国内运输、加工和营销等流通环节的数据，因而对于流通环节影响因素的分析比较笼统。由于这些缺陷均源于数据问题，因此，未来的研究需要在获取可比数据上更进一步。

8 中国农产品国际竞争力实现机制

在上一章分析的基础上，本章将尝试探讨中国农产品国际竞争力的实现机制。与已有理论对于竞争力实现机制仅着眼于如何将竞争力潜力转化为竞争力绩效所不同的是，本章将竞争力实现机制拓展为如何提升具有竞争力潜力和不具有竞争力潜力的产品的竞争力绩效，针对具有和不具有竞争力潜力的农产品，分别探讨其中的竞争力绩效实现机制。因为从动态的角度看，竞争力潜力也是随着时间而变动的，通过采取一些相应的机制和措施，一些产品可能可以从无竞争力潜力转化为有竞争力潜力，进而可以转化为竞争力绩效。

如图 8－1 所示，对于具有国际竞争力潜力的农产品而言，其竞争力实现机制主要依赖于流通环节的国际市场推广与营销，因而图中虚线椭圆表示了其竞争力实现的过程。而对于不具有竞争力潜力的农产品而言，其竞争力实现机制则首先依赖于生产环节的成本和质量控制，而后同时也依赖于流通环节的成本控制与国际营销，因此图中由虚线矩形构成的部分反映了其竞争力实现的过程。当然，对于没有竞争力潜力的农产品竞争力的实现过程，也可以理解为通过生产环节的成本和质量控制转化为具有竞争力潜力的农产品，再循后者的竞争力实现机制将竞争力潜力转化为竞争力绩效。

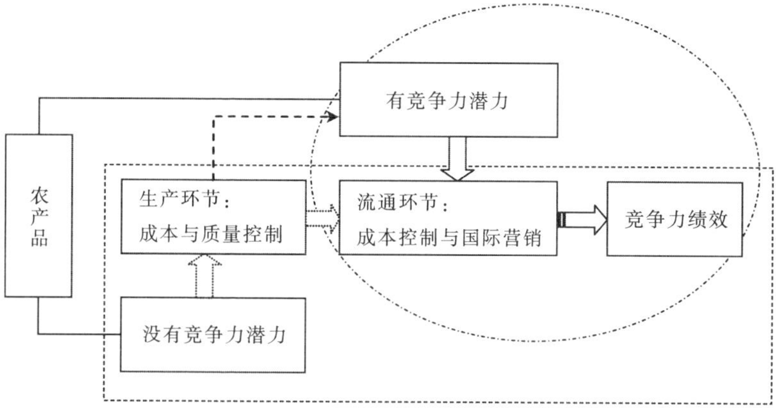

图 8-1 国际竞争力的实现机制

8.1 生产环节：成本与质量控制机制

对于不具有竞争力潜力的农产品而言，其竞争力实现机制首先在于生产环节的成本和质量控制，即降低农产品生产中各环节的成本，同时确保农产品的质量安全乃至高品质。前文对影响因素的分析已经表明，农产品生产环节涉及多种因素，这些因素均可能影响农产品生产的成本与质量。基于此，从这些因素着手，来探讨农产品生产环节成本与质量控制的具体机制。

8.1.1 强化良种开发和管理，确保质高价平

高品质的种子对于提高农产品单位产量和产品质量都有着至关重要的作用，并显然关乎农产品的生产成本。因此，确保农户以公平的价格获得高品质的种子，同时加强种子企业的后续生产指导服务，是中国农产品竞争力实现机制的重要保证。

品质优良的种子是将现代科技成果与传统农业生产相结合最为关键的枢纽。有关研究表明，在科技对农业发展的贡献中，以

良种作为物化形式所占的份额高达30%左右。现代生物工程技术的发展预示，21世纪世界农业乃至经济竞争的焦点之一是育种技术领域，谁掌握了良种谁就掌握了未来[63]。著名的美国孟山都公司，从1996年起先后投入数亿美元进行转基因作物种子的开发，先后推出了抗虫玉米、抗虫棉花等优良作物品种，从而确立了在世界转基因种子科研与生产领域的领先地位。也正是由于美国等国家在育种技术上的领先优势，其农产品在国际市场上的竞争力也大为提高。加拿大由于育成了低芥酸和无芥酸油菜品种，由一个从来不种油菜的国家变成了当今世界上油菜籽主产国及其加工品出口国。

因此，通过资金支持等各种手段促进科研院所和种业公司开发高新优良品种，对于中国农产品的国际竞争力实现具有非常重要的意义。另外，对已有品种种子的产、销过程进行标准化管理对提高种子质量也至关重要，通过种子标准化，指导和规范种子生产的产前、产中和产后全过程以及种子的加工、经营和销售等活动，从而取得经济、社会和生态的最佳效益[64]。目前中国的种子原有标准落后，而新标准制定又滞后。因此，必须加大相关投入，进一步完善种子管理机构，培养人才，加快修订和制定各级标准，并通过推广标准化来确保种子品质。

加强种子市场监管也是确保农民以合理价格获得高品质种子的一个手段。自2000年12月1日《种子法》实施以来，种子市场得到了较健康发展，从无序竞争到相对公平竞争，各类种子企业建立了新的营销体系，经营行为日趋规范，种子质量也有了较大幅度提高[65]。但存在的问题也比较突出：一方面，假冒伪劣种子在市场上还大量存在，直接导致农产品的产量下降、单位成本增高、质量低劣；另一方面，种子市场价格仍比较混乱，价格虚高提高了种子成本，部分种子经营企业借自身垄断优势高位定价、以老顶新、高价销售，个别经销商故意炒作，虚假宣传，哄抬价格，比如，一个未经试验示范的新品种，价格往往高出常规种子的1～2倍[66]。因此，进一步加强种子市场监管至关重要。

在种子市场监管方面，首先要把好种子的繁育关，提高相关管理部门对种子的检验手段，加大资金投入、装备检测设备、加强人员培训，搞好种子田间和室内检验。其次是把好市场准入关，关键在于严格种子生产许可证和种子经营许可证的管理。再次是加大市场监管力度，对重点季节采取拉网式和突击式检查相结合的方法，按照属地管理原则，以县为单位加大对制售假冒伪劣种子不法分子的打击力度。最后要加强宣传，提高广大农民的法律意识，增强自我保护能力，引导他们到正规的种子经营门市购买种子并索要发票，发现假冒伪劣种子和没有审定的品种种子立即举报[65]。

8.1.2 确保农资供应和价格稳定，引导农户科学施肥用药

化肥作为粮食的"粮食"，是农业生产中的重要战略资源。化肥对中国粮食单产增长的贡献率高达40%～50%，对提高总产的贡献率约30%～31%，与农电、农机、水利等技术进步因素相比，化肥在其中贡献率高达52%[67]，农药的贡献也是举足轻重。因此，确保农资供应和价格稳定，引导农户科学施肥用药，对于中国农产品的生产成本的降低和产品质量的提高，增强农产品国际竞争力极其重要。

确保农资价格的稳定，是降低农产品生产中的农资成本的根本保证。自2007年下半年开始，石油价格上涨致使农资价格也随之上涨，涨势之快令人震惊。农药和化肥的平均涨幅超过10%，尿素价格从1 700多元/吨增长到2 300多元/吨，增幅达到了35%；二铵价格则从2 500多元/吨增长到4 400多元/吨，增幅达到了76%[68]。化肥价格的快速攀升导致了农业生产成本的快速增长，也严重影响了农民的用肥积极性，各地的化肥用量在2008年降低了至少1/3，给农业生产带来严重的负面影响，

影响了农业发展和农民增收，中国粮食安全问题受到威胁。如此高的涨幅超出了农民的承受能力，一些黑心经营者为了追求其中的高额利润，不惜损害农民利益，往往以劣质的农资产品或虚假的价格坑农、害农，农民利益受到侵害[69]。

为保证国内供应和价格稳定，国家一方面采取化肥出厂最高限价措施，另一方面于 2008 年 4 月 20 日推出特别出口关税政策，对化肥出口加征 100%的特别关税。但是这些措施没有引起中国化肥销售价格的下降。对此，中国政府从 2008 年 9 月 1 日起将氮肥及合成氨的特别出口关税上调至 150%，其他化肥则维持 100%的特别出口关税，中国化肥出口大门被堵死，国内化肥过剩现象日趋严重。同时，国际肥料价格也出现了快速下降，在国内国际市场的双重压力下，中国化肥价格从 2008 年 10 月份以后开始出现了大幅下跌。虽然价格有所下跌，但总体相对以前仍有较大涨幅[136]。

为应对国内化肥、农药等农资价格的普遍上涨，中央对种粮农民发放农资综合直补。2008 年农资综合补贴资金达到 638 亿元，比上年增加 362 亿元，增长 131%，平均每亩农资综合补贴达到 41 元[138]。但是，农资综合直补仍然远不能抵消农资上涨带来的成本上升，因此，国家必须要进一步采取措施。目前应该认真落实 2008 年 10 月底国家发改委在公布继续加大强农惠农政策力度时提出的对策："适当扩大化肥淡季商业储备规模，保证化肥供应和市场价格基本稳定。建立化肥等农资价格上涨与提高农资综合直补联动机制等"[137]。具体措施包括：定时测算市场化肥价格上涨幅度，及时按相应的幅度给予农户农资综合直补，同时扩大补贴范围，涵盖小麦、水稻、玉米和东北大豆，提高良种补贴标准；扩大农机具补贴范围和种类，提高补贴标准[138]。

除确保农资价格稳定，防止农产品成本大幅上升外，还需要加大市场监管力度，保障农资质量。具体的措施如加强生产和经营的全程监管，农药和化肥应凭厂家和质监部门对每批次的检验合格证才可进入销售渠道，每批次农资产品要凭逐批到农资监管和执法部门上报备案才能上架经营；进一步提高农药化肥的质量检测能力，增加必要的仪器和设备投入，以适应农资即时检验和全程监管的需要；宣传常用的化肥和农药等农资简易鉴别方法，增加农民的识假防假能力[69]；落实实施农业部出台的《农业部定点农资市场管理办法（试行）》，创建定点农资市场，引导农资市场走向规范化管理；以工商局和农业主管部门为主建立集监管服务于一体、电子备案与智能巡查相结合的智能化动态监管系统和农业服务平台，将农资经营各个环节全部纳入电子监管范畴，建立健全从农资市场主体准入网络监管体系到退出、从农资商品进货到销售、从经营者自我规范到工商巡查管理、从消费者申诉举报到处理反馈等全过程的保障机制，并与电信合作搭建电话服务系统，由农业技术人员负责解答农民农资使用的技术问题等[164]。

另外，为了保障农产品的单位产量和产品质量，应引导农民科学合理使用化肥和农药，特别是避免过量使用农药造成农药残留过高而影响质量安全性。政府应该通过定期举办农业技术培训班等形式，加强对农资经营者和农民的教育培训力度，提高经营者的综合素质和售后服务意识，提高农民科学使用化肥和农药的意识和知识；加大对农资市场的调控力度，提高农药登记门槛，强化安全管理，有效对农药产品进行全面评价，合理控制农药使用可能带来的危害，取消商品名称，一律使用通用名或简化通用名，使农民更容易了解产品的真实特性，从而避免重复用药、盲目用药[69]；继续加大科学施肥推广，出台增施有机肥料的鼓励政策，减轻化肥尤其是钾肥供应压力，以增加钾肥和有机肥用量，避免施肥结构不合理；推广测土配方施肥技术有效减少肥料的不合理投入，要提高测土配方施肥技术在现有项目县的覆盖率和测土配方施肥技术的到位率，同时争取测土配方施肥项目县进一步增加[70]。

8.1.3 加快推进农业机械化，促进节本增效

加快推进农业机械化，是建设现代农业的迫切需要，也是提高农产品国际竞争力的需要。首先，农业机械化是实现现代农业技术的物质载体，如农业生产中的深耕深松、化肥深施、节水灌溉、精量播种、设施农业、高效收获技术等新技术的推广应用，只有以农业机械为载体，通过机械的动力、精确度和速度才能达到。其次，农业机械化是增强农业生产能力的根本保证，如农业生产中的抢收抢种、抗旱排涝、大规模的病虫害防治等，更是需要依靠机械化作业。另外，农业机械化可以大幅度提高农业生产效率和质量，节约生产要素消耗，降低生产成本，减少环境污染。如：水稻机插秧效率是人工插秧的 20 倍，亩均降低成本 30 元、增产 25 千克以上，且抗病虫害、抗倒伏性好；机械施肥、高性能植保机械喷药分别可节省 40%的化肥、35%的农药；干旱地区使用机械进行保护性耕作，平均增加土壤蓄水量 17%，提高粮食产量 14%。再如武汉如意集团使用高效鲜豆类收获机收获毛豆，效率为每小时 10 亩，相当于 40 个劳动力一天 12 小时工作的采摘量，每亩采摘成本 15 元，相当于人工成本的 1/10，解决了出口新鲜毛豆采摘时间紧迫（必须在上午 9 点前采摘完毕、2 小时内入库加工）、用工荒问题[71]。发展经验表明，农业现代化的实现以农业机械化为前提，没有农业的机械化就没有农业的现代化，也就无法在激烈的国际竞争中胜出。

推进农业机械化是转变农业生产方式的迫切需要。要充分认识发展农业机械化的重要性，采取切实有效的措施，扎实推进农业机械化。从 1996 年起，农业部等有关部委开始推进农机跨区作业，走出一条中国特色的农业机械化道路。经过多年的发展，中国基本实现了小麦生产的全程机械化以及超过发达国家的机具

利用率。多年来，各级政府部门坚持因势利导，不断加大政策扶持力度，推动跨区作业等农机社会化服务从小麦机收扩展到水稻机收、水稻机插、玉米机收、马铃薯机收、秸秆还田和植保等环节，农业机械化水平显著提高，到2007年底，中国耕种收综合机械化水平已达到41%[71]。未来中国农业机械化工作的重心应该是深入推进以跨区作业为代表的农机服务的市场化、社会化和产业化，扶持发展壮大各类农机服务组织，把分散的农业机械与分散的农户联系起来，提高农业机械利用率和效益，走“政府扶持、市场引导、社会化服务、共同利用、提高效益”为主要特征的中国特色农业机械化发展道路[71]。

走中国特色农业机械化发展道路，构建中国农业机械化发展的长效机制，必须把农民作为发展主体，同时也必须发挥好政府的扶持引导作用，想方设法解决农民“买得起、用得好、有效益”的问题。“买得起”就是要针对农民收入还处于较低水平的实际，一方面国家要加大财政补贴、信贷等政策扶持的力度，解决农民购买力不足和资金筹措困难等问题；另一方面要积极引导农机制造企业，重点研制生产适合当前农民购买力的先进适用农业机械。“用得好”是要解决好农业机械使用的可靠性、适应性和安全性问题，要加强农业机械产品的研究开发和质量监督工作，做好农业机械的试验选型、安全检验和技术推广工作，让农民安全放心地使用农机。“有效益”就是要积极培育农机作业市场，发展壮大市场主体，加强组织协调和引导服务，提高机具利用率和使用者的经济效益，让雇佣农机作业的农户能节本增效，让农机经营者有钱可赚[71]。

同时要坚持科学发展观，在能源日益紧缺的背景下，要按照节能减排的要求，逐步淘汰和更新高能耗、高排放的老旧机具，鼓励发展节油、节水、节肥、节种、节药的节约型农业机械，大力推广机械化综合利用、高效植保、保护性耕作等环保型机械化技术，促进农业可持续发展[71]。

8.1.4 继续改革灌溉管理体制，提高水资源利用率

水资源对于中国农产品国际竞争力的重要性不言而喻。其一，丰富的水资源是确保农产品产量至关重要的因素，而产量的高低显然最终影响到单位成本；其二，充足的水资源同时亦是农产品质量的保证，缺水往往导致农产品品质下降；其三，水价的高低影响农产品的生产成本；最后，水资源利用效率的高低也会影响农产品生产中的成本支出，水资源利用率低，意味着大量水资源的浪费，从而增加了生产中的水费成本。因此，要实现中国农产品的国际竞争力，无论从降低成本还是确保产品质量角度，都必须要保障农业水资源供给，形成合理水价，推行节水灌溉，提高水资源利用率。

首先，要继续改革灌溉管理体制。为了减轻政府既要修建又要维护灌溉工程设施的负担，达到合理高效利用水资源，保障农民灌溉用水的目的。中国自 20 世纪 80 年代开始实施灌区管理体制和运行机制改革，常见的做法是通过建立经济自立灌排区（Self-financing Irrigation and Drainage District，简称 SIDD）实现大中型灌区灌溉设施的管理权移交，内容包括：组建供水公司，并将支渠以上灌溉工程的管理权交给供水公司；成立农民用水者协会，负责支渠及以下灌溉工程的维护，并向供水公司缴纳水费[72]。

SIDD 在山东省的试点实践证明，SIDD 推动了试点地区农业灌溉管理制度的变革和创新，提高了试点地区的灌溉效率，有利于灌溉水资源的统一管理和有效利用，促进建立合理的水价形成机制，提高农户用水的组织化程度，增强其民主参与意识等[73]。虽然 SIDD 在一些试点地方取得了成功，但在现实中仍然存在一些问题：灌溉水费偏低导致供水公司灌溉业务利润偏低甚至亏损；由于灌溉收入低于灌溉成本，灌区基础设施缺乏必要的资金投入；用水者协会管理层素质普遍不高；农户缺乏节水灌

溉和科学种植技术；受经济条件的限制，部分农户交不起水费，用水权利得不到保障等[72]。而且，在这一改革中，灌区供水组织转变成为既面向农业又面向非农行业的多目标供水企业，在水资源供需矛盾日益激烈的情况下，经济利益诱致下的灌区供水组织的多目标供水行为将会致使农业在水资源产业间配置中处于劣势地位，尤其是在农业水价改革的推动下，农业可获得的水资源将会大量减少[74]。因此，必须在继续推进 SIDD 试点基础上，进一步推进灌溉管理制度改革，完善以 SIDD 为基础的灌溉管理体制。

其次，要推进形成合理水价。长期以来，中国的灌溉水价并不是市场中买卖双方博弈的产物，而带有比较浓厚的行政色彩。农业灌溉用水价格往往低于供水成本，成本回收比较困难，甚至出现供得越多就赔得越多的现象，供水单位为农业提供灌溉用水的积极性不高。同时，水费收取制度不合理，不少地区灌区水费收取率低，拖欠、截留、挪用现象严重，增加了将水费作为新增投资用于新建和维护灌溉设施的难度[72]。

水价政策是灌区管理制度的重要内容，合理的水价形成机制、水价水平、水费计量方式、水费收缴方式是激励农户进行节水的重要手段，同时也是保证灌区可持续发展的重要因素。显然，水价太低，可能导致供水单位减少对农业的供水，而水价太高，又增加农业灌溉成本，提高了农产品成本，进而影响农产品竞争力。因此，如何建立促进合理水价的形成机制非常重要。通过组建农民用水者协会、建立自主管理灌排区可以有效地解决这一问题。农民用水者协会通过民主协商进行水价核算，这种定价机制充分体现尊重农户意见、维护农户权益的原则，使水价的确定逐步走上政府宏观调控、涉水各方民主协商的路子。公开透明的水费使用管理制度使农户可以知晓水费的用途，监督并约束不合理的水费支出。逐步调整的实收水价政策也减轻了农户的负担。而水费终端收缴则避免了收费环节的克扣与搭便车收费现象。所以，SIDD管理模式的应用，可以为革新旧的水价制度带来契机，从而形成让农户满意的新的科学合理的水价机制[73]。这也表明，水价改革的核心在于形成科学的水价形成机制，灌区经营体制改革要先于灌区水价政策改革，这是灌区水价改革的前提。现实中水价改革作为推进灌区管理改革的措施，是难以取得良好效果的[74]。

最后，要推广节水灌溉，提高水资源利用效率。中国是一个水资源短缺的国家，农业用水占用水总量的75%左右，因此如何有效配置有限的农业水资源是中国农业实现现代化的关键问题。但是中国目前用水浪费现象普遍存在，灌溉水的利用率不到50%，节水灌溉面积只占总灌溉面积的2%[75]。在这一背景下，推广节水灌溉，提高水资源利用效率显然对于提高产量、降低成本、增收节支意义重大[76]。根据国家节水灌溉和旱作农业分区发展规划预测，“十一五”期间全国计划投入1 000亿元用于发展1 000万公顷农田节水灌溉耕地。

但是，除了建设节水灌溉耕地外，提高灌溉用水利用率应当从田间、灌区和流域三个层次开展[77]。在这三个层次上节水的动力和目标不同，因而采取的节水技术和措施也不同。对于农户面对的田间层次，可采取畦田灌溉、沟灌、喷灌和滴灌等节水灌溉技术和措施；在灌区层次，可通过对输水渠道进行衬砌或应用管道输水，完善控制建筑物和量水设施，应用现代技术对灌溉系统进行调度等技术和措施可以实现节水；依赖于前两个层次的节水，便可实现流域的高效用水。

8.1.5 继续加大对农业的财政和金融支持

随着农业生产现代化的发展，农业生产投入的大幅增加，农民越来越不可能完全依靠自身的资本来发展生产，而因农业生产风险大、利润低，民间金融机构一般又不愿意向农民提供贷款[78]。为此，各国政府通常都对农业提供财政和金融支持，中国也不例外。但是，中国对于农业的财政支持总量不够，结构不合理，而金融支持则表现为支持力度小，农户难以以优惠的利率获得贷款支持。如对山东德州市的调查表明，农村信用社贷款均上浮至基准利率的1.5倍以上，其中上浮到基准利率2倍以上的占70.6%，个别农信社甚至一浮到顶[79]。在这一背景下，农户一方面难以获得足够的资金支持购买大型农业机械和扩大生产规模，同时也支付了较高的资金成本，这对增强中国农产品国际竞争力显然是不利的。因此，未来需要继续加大对农业的财政和金融支持。

宏观层面上，未来要加快建立健全农村金融组织体系。坚持以城带乡、城乡统筹发展模式，鼓励各类资本到农村地区设立经营机构、开办相关业务，加快构建分工科学化、投资多元化、功能完善化、服务高效化的农村金融组织体系，实现政策性金融、商业性金融、合作性金融的协调发展。在政策性金融方面，农业发展银行要按照专业化农业政策银行方向加快推进改革，全面承担起农业开发和农村基础设施建设等长期、微利甚至无收益“三农”项目的政策性信贷支持，显著扩大政策性信贷投放规模。在商业性金融方面，重点是推进农村信用社、农业银行和邮政储蓄银行改革，完善法人治理和运行机制，抓紧建立现代金融企业制度；规范发展村镇银行等新型农村金融机构和以服务农村为主的地区性中小银行，积极引导其他商业性金融机构到农村开展业务。在合作金融方面，鼓励在农民专业合作社基础上发展真正意义上的农村合作金融组织，允许从金融机构融入资金，面向社员提供金融服务[80]。

微观操作层面上，首先要大力推进担保、征信、支付清算、教育培训等农村金融基础服务体系建设，切实改善农村金融运行的基础环境。在信用体系建设方面，大力推广信用户、信用村、信用乡（镇）评价制度，将农村信贷纳入全国信贷登记系统，加大司法与执法力度，共同打造农村信用环境。在农村担保体系建设方面，重点是在坚持农村土地集体所有制度不变的原则下，按照所有权和经营权适当分离的原则，有条件地允许农民以土地使用权设置抵押；鼓励支持政府和各类资本共同参与设立农村担保机构，大力培育各类具有担保功能的农民专业合作组织，支持多品种、多方式的抵押担保业务创新；加快建立农村不动产抵押登记、交易制度。在农村金融基础设施建设方面，继续健全农村金融支付清算系统，开发适合农村实际的支付结算服务品种，拓宽支付服务渠道，拓宽和延伸支付清算网络在农村的辐射范围[80]。

其次，建立健全农村金融政策扶持体系。抓紧建立以财政和税收为主要内容的农村金融政策扶持体系，引导更多信贷资金和社会资金投入农村。在财政政策上，核心是“多予”，重点是建立农业贷款贴息政策。在税收政策上，核心是“少取”，重点是加大税收减免优惠。在货币政策上，核心是“放宽”，重点是完善差别准备金制度。按照“统一标准、投向挂钩、差别执行”的原则，根据银行业金融机构涉农贷款占全部贷款的比重，按年度设定并动态执行相应的准备金率，以体现政策的公平性和普适性[80]。

最后，要改进信贷服务方式[79]。农村金融机构应积极走访农业生产指导部门及其他涉农部门，了解当地农业产业发展政策及农业发展其他涉农部门规划，结合实际做好支农资金投放规划，合理简化贷款手续，降低贷款条件，减少审批环节，主动提供金融服务。要逐步建立符合农村贷款业务特点的风险定价机制，根据借款主体的信用程度和负担能力及贷款项目的风险情况，合理确定利率浮动幅度，切实防止“一浮到顶”的做法。逐步建立差别贷款利率，认真落实社员和信用户利率优惠政策，切实减轻农户贷款利率负担。

8.1.6 逐步建立农民培训证书制度，全面提高农民素质

农民是农业生产的主力军，农民素质的高低决定着农民是否

能够利用农业机械、能否科学施肥和使用农药、能否掌握新品种的栽培技术等等，而这些都将影响到农产品的最终产量和质量。总之，农民素质的高低决定了农产品生产效率和农产品质量，最终影响农产品的国际竞争力。因此，从长远来看，培养“有文化、懂技术、会经营”的新型农民，全面提高农民素质，同样是实现中国农产品国际竞争力的重要一环。

针对农民农业生产培训，中国政府于2006年启动了新型农民科技培训工程，由农业部和财政部共同实施，按照“围绕主导产业、培训专业农民、进村办班指导、打造村品”的原则，主要通过进村办班、现场指导和技术服务，针对务农农民开展产前、产中、产后关键技术、经营管理知识等技能培训，以促进农业生产发展，增加农民收入。

有关数据表明，2006—2007年，中央财政共安排新型农民科技培训工程资金3亿元，在全国600个县、20 000个村开展培训工作，各地累计进村办班33.7万次、现场指导604.5万次，培训专业农民153万人[81]。2008年新型农民科技培训工程在全国670个县的33 000个村开展培训工作，每村补助1.5万元[82]。在中央财政带动下，各地积极加大了农民科技培训的投入力度，两年来仅省级财政投入资金就达1.5亿元，扩大项目实施县281个，扩大培训村15 294个，带动地方培训500万人。广大农民通过系统培训后，基本都掌握了从事主导产业的实用技术，增收致富能力明显增强，80%以上的学员成为当地种、养、加能手和营销大户。应当说，新型农民科技培训工程开局很好，有效地提高了农民素质，促进了农业产业化经营和产业结构调整[81]。

但同时，农民培训工作仍面临着资金投入、师资队伍、管理水平、体制环境等诸多羁绊，主要表现在两个方面。一是农民培训总体覆盖率较低。没有接受过技术培训的农村劳动力约占70%，其中20%接受的只是短期培训。这与农业产、加、销日益机械化、标准化、工业化、信息化的高要求不相适应。二是培训质量亟待提高。由于政府投入严重不足，2007 年新型农民科技培训工程只有 2 亿元，如果按照 2 亿农民需要培训，每人平均只有 1 元钱。由于普遍存在师资不足、设备陈旧、培训内容不符市场需求等问题，培训效果不佳，农民参培的积极性不高。三是缺乏针对农村妇女、老人的培训项目。当前，随着近 2 亿农民工脱离农业生产，农业建设的重担落在了留守农村的妇女、老人身上。他们更加需要培训以提高技能，但当前却缺少针对他们特点的专业培训[83]。

另外，目前中国的农民培训带有明显的短期性色彩，缺乏长远的系统性制度安排，而发达国家如美国、英国和法国等国家均已形成比较系统完整的农民教育培训制度。如目前英国已基本形成高、中、初三个教育层次相互衔接，学位证、毕业证、技术证等各种教育目标相互配合，正规教育与业余培训相互补充，分工明确、层次分明的农民教育培训体系。此外，英国政府在全国成立 16 个农业培训中心，基本上由国家设立，学员培训合格后，授予国家农业证书，毕业后在农业生产第一线工作[84]。

因此，目前在中国应当以完善新型农民科技培训为切入点，建立农民培训证书制度，全面提高农民素质。

首先，要大力实施和完善新型农民科技培训。着力扩大培训工程项目的覆盖面，不断增加项目县数、项目村数，提高每村补助标准。在总结各地经验的基础上，在提高培训针对性、落实有关制度、完善日常监管、开展师资培训和创业培训、加强宣传等方面加大工作力度。通过机制创新，逐步建立和完善多元参与的管理机制、多方分担的投入机制、适应市场的运行机制、公开透明的监管机制，形成政府扶助、面向市场、多元办学的农民培训工作机制，促进各地新型农民科技培训深入开展，不断完善[81]。

同时，应对不同层面的对象进行针对性的培训。对普通农民的培训，应侧重技能，兼顾经营。随着专合组织和龙头企业的不断发展壮大，更多农民生产纳入统一规范、统一标准的组织之中，为保证产品的形状和品质的一致性，对操作标准规程要求日益严格，加强这方面的培训，有助于这一目标的实现。对种养大户、专合组织骨干成员的培训，要技能和市场双管齐下。针对他们的培训，要注重技术引导，同时突出经营管理包括市场信息获取能力的训练。在培训中注重充分发挥行业协会、专合组织的培训作用和龙头企业的带动作用[83]。

其次，借鉴欧洲把农民培训与证书有机结合起来的农民培训证书制度的成功经验，以新型农民科技培训为切入点，加大对农民培训的投资力度，采取灵活多样的培训方式，有计划地逐步推进农民培训证书制度。通过在中国有计划地推进农民培训证书制度，为全面提高农民素质提供长远安排。同时，为取得各类证书的从业农民提供最大限度的生产条件，实现规模经营，特别是使土地等生产资料向持有专业证书和生产能力的农民手中集中，也是今后促进农业现代化，提高农产品国际竞争力的一个重要方面。

8.1.7　规范土地有序流转，提高土地利用效率

为了充分体现社区成员平等取得土地使用权的权利，中国农村采取按人口平均分配土地的办法。按人口均分土地的制度安排，由于中国人多地少的特殊国情，使得农地经营规模特别小，加之实行好坏搭配以及定期调整等，又造成了地块的数量增加和分布零散[85]。农地细碎化虽然有利于农户进行多元化种植，合理配置并充分利用农村劳动力，但是土地细碎化提高了使用机械的物质费用，降低了农业生产的劳动生产率、土地生产率和成本产值率[86]，导致农户复种指数的下降，并阻碍了平均土地综合产出率的提高[86]。总之，这种多地块、小面积、分散狭小的经营规模，不利于合理利用农业机械和水利设施，不利于实行合理耕作和采用先进技术，不利于调整作物结构和防止病虫害，不利于保持优良品种的纯度和品质，不利于增加农户对土地的投入，

必然造成农业的粗放经营和低效益，并且与现代市场经济的大规模、集约化经营相违背[85]。因此，农地细碎化显然对农产品的国际竞争力会造成负面影响。

已有研究表明，规范有序的土地流转，是减少土地细碎化，提高土地经营规模，提高土地利用效率，实现土地集约经营的有效途径[86]。要实现从传统农业向现代农业跨越，必须首先解决好土地规模集中经营，通过耕地的集约化促进产业的规模化，通过产业的规模化促进生产的标准化，通过生产的标准化促进产品的品牌化，从而实现传统农业向现代农业跨越[87]。

党的十七大报告指出，坚持农村基本经营制度，稳定和完善土地承包关系，按照依法自愿有偿原则，健全土地承包经营权流转市场，有条件的地方可以发展多种形式的适度规模经营。当前农村土地流转需求增强，一是农业产业化龙头企业、农业生产大户等，为提高规模效益，适当扩大土地经营规模，提高规模效益；二是随着农民外出务工就业环境的改善，农民希望通过代耕、向大户或企业出租和委托农村集体流转等多种方式流转承包地[88]。

但是，当前土地流转仍然存在一些问题。一是尽管当前的土地流转方式已经呈现出了多元化的特点，但调查显示80%以上的土地流转都发生在小规模分散经营的农户之间，以土地规模经营为目的的土地流入户只有6.3%。由此可见，目前流入土地户主要以散户为主。这种“散户—散户”的自发性土地流转速度慢、规模小，不同于以规模生产经营为主要目的、将大量分散的土地集中流转给大户的流转方式。很显然，散户间的自发性土地流转不适应农业规模化的要求。二是无序的土地流转中介组织无法形成“散户—大户”的土地流转路径。散户之间土地的自发性流转无法实现土地大规模、高效率地聚集，需要寻求“散户—大户”的土地流转路径。由于散户和大户之间在生产经营规模、效益和理念等方面存在很大差异，因此两者的土地需求与供给信息很容易出现不对称，由此会引发较高的土地流转交易成本，使得“散户—大户”的土地流转路径很难有效形成。目前大部分地区还缺乏有序的土地流转中介服务组织，土地流转主体之间的信息不对称，无序的土地流转中介服务组织使得“散户—大户”的土地流转路径无法形成[89]。

因此，未来必须建立健全规范有序的土地流转机制，加快土地流转，促进适度规模经营，提高土地利用效率。同时必须建立一个国家土地宏观调控与土地微观市场化运作相结合的土地流转机制：

一是始终坚持承包方的主体地位，严格按照自愿、有偿的原则，依法引导农民流转土地承包经营权。严禁行政推动，坚决纠正任何以土地流转为名收回、调整农户承包地的行为[88]。

二是完善土地流转中介组织，促进土地高效有序集中。要在现有的“三权分离”的现状和与此相适应的土地治权的结构下，充分发挥市场机制在土地流转中的作用。因此，需要进一步完善中介服务组织，形成“土地流出—有序中介服务组织—土地流入”的土地流转机制，建立一个组织健全、运作高效、服务周全的土地流转中介体系与服务网络，为土地流转的供求双方提供交易信息，实现土地流转从“散户—散户”的分散性自发流转向“散户—有序中介服务组织—大户”的有序化、市场化、组织化流转的转变，为土地的规模经营提供快速、高效的土地流转与聚集机制[89]。

三是弱化和消除土地社会保障功能，推进土地完全自由流转。要在全国范围内建立中央政府和地方政府相配合、覆盖全部农村地区的社会保障体制，由中央制定全国统一的、覆盖全体公民的、能满足公民最基本需要的最低生活保障、医疗保障和养老保障等制度，并为全体公民开设国内统一的、可以流动的个人账户，这部分资金全部由中央财政来承担。同时，地方政府应根据当地的实际情况，进一步建立和完善符合本区域经济与社会发展条件的社会保障制度。在一些已经基本解决农村居民基本社会保障的地区，要借助经济发展的优势，加快推进土地流转制度改革的步伐。对于那些还没有条件解决农村居民基本社会保障的地区，要进一步探索“土地换社保”的具体方法与政策，逐步消除土地的社会保障功能，从而彻底解除各参与主体对土地完全自由流转的思想顾虑[89]。

8.1.8 加大公共财政支持农业保险的力度

农业保险的缺位从某种程度上降低了单位农产品分摊的成本，然而从长远来看，虽然购买农业保险会增加成本，但作为防范风险的有效手段，农业保险对于难以承受较大风险的农户而言，仍然是非常重要的。而且，通过公共财政支持，农户只须支付较少的保险费，农产品成本不会因此增加很多，因而农户就可以以较小的成本获得风险保障。

中国自 1982 年恢复农业保险业务以来，农业保险已有 20 多年的发展历史。但由于农业保险的赔付率过高，从 1996 年起，农业保险规模逐年收缩。在保费收入大幅度下降的同时，农业保险的险种也不断减少，从最多的 60 个下降到目前的 30 个。2005 年中国农业险保费收入为 7.5 亿元，虽然比 2004 年有所增加，但只占整体保费收入（4 927 亿元）的 0.15%[90]。显而易见，中国农业保险处于发展缓慢，停滞不前的状态。

中国农业保险发展缓慢的最主要原因在于农业保险经营投入大、展业难度大，赔付率高，保险公司回报率非常低。因此，为探求提高保险公司和农户积极性、推动农业保险发展之道，2004 年开始试点农业保险改革，并形成了黑龙江阳光模式、吉林安华模式、上海安信模式以及浙江共保体模式。这些模式均在短期内取得了明显的成效，但其成功原因不在于各模式本身的优越性，而是根本在于它们都有明确的财政补贴安排[91]。从发达国家经验看，美国作为世界上最大农产品出口国，在私营保险公司经营农作物保险失败和难以独立承担巨大风险的情况下，美国政府一直致力于农业保险的扶持政策[92]。

多年实践和国际经验反复证实，政府财政支持是农业保险发展的基本保障。通过对财政支持农业保险原则和四个重要途径的分析测算表明，当前中国落实公共财政支持农业保险政策的条件已经成熟，能力基本具备[91]。

2007 年，中央财政首次列支 21.5 亿元的预算额度开展保费补贴试点。其中，对吉林等六省（自治区）的五种主要粮食作物保险给予 10 亿元的预算额度，对全国的能繁母猪保险给予 11.5 亿元的预算额度（吉林畜牧兽医，2008）。正是在中央政府对农险的政策扶持和财政补贴下，农业保险的业务规模不断壮大，覆盖领域逐步拓宽，2007 年农险覆盖的农户数达 2.7 亿人次。各地也根据自身实际情况对农业保险给予一定的保费补贴和经营管理费用补贴，种植业、养殖业保险 95%以上的业务得到了各级财政不同程度的支持。目前，全国已有 20 余个省（自治区、直辖市）以地方政府的名义推动农业保险工作（吉林畜牧兽医，2008）。

虽然当前农业保险发展取得了积极进展，但仍然存在一些制约因素。如：中央财政的补贴力度、品种选择以及补贴条件等需要进一步完善；中央财政支持下的风险分散机制尚未建立，巨灾风险分散转移机制不健全；目前除了保费补贴以解决农民支付能力不足的政策外，缺乏调动保险公司积极性、确保可持续经营的政策措施。

鉴于此，有必要借鉴国际上比较成功的农业保险经营模式如美国模式，加大公共财政对农业保险的支持。公共财政支持农业保险发展的首要着力点是提供保费补贴和经营管理费补贴。保费补贴属直接补贴，农民与保险公司签订保险单时，只交纳保险单上列明由农民自身承担的保费部分，财政补贴部分由国家财政替农民直接交纳。当前，中国保费补贴的优先顺序应遵循“先粮食作物、后经济作物，先种植业、后养殖业，先粮食主产区、后全国推广”的基本路径。对保险公司的经营管理费补贴上，考虑到财力状况和实践经验，既要调动保险公司的积极性，又要充分发挥其自身能动性，可考虑以农业保险保费规模的5%提供经营管理费补贴[91]。

在实施保费补贴的同时，对农业保险提供税收优惠也是国际通用的做法，而且许多国家对农业保险免征一切税收。参照国际经验和中国现行对涉农企业税收优惠政策，可以考虑在现行免征营业税和印花税优惠政策的基础上，免征种养两业的保险所得税[91]。

另外，发展农业保险还需要加强立法，切实研究出台政策性农业保险条例或法规完善农业保险法律制度。目前中国的《保险法》只适用于商业性保险，真正符合政策性农业保险的法律法规还是一片空白。对农业保险的发展来说，法律法规无疑是必不可少的前提和保障。借鉴美、日两国经验，中国可以采取循序渐进的方式进行立法，从而既可避免农业保险的随意性，又能体现政府对农业的支持，还可以提高农民的保险意识[92]。

8.1.9 规范农业补贴制度，积极进行反补贴谈判

虽然农业补贴违背了WTO的平等竞争原则，但在国际农产品市场上，农业补贴却始终存在，农产品出口国在权衡利弊后，发现对农产品提供出口补贴是有利的，就会对每单位出口的农产品提供补贴[93]。农产品出口补贴降低农产品出口价格，提高农产品国际竞争力，有助于出口增加，进而引起国外需求对国内闲置资源的推动，并通过农产品出口带动其他部门的发展，部分地解决失业问题。所以，无论是发达国家还是发展中国家均对农业提供补贴，但发达国家的农业补贴额远高于发展中国家。虽然近年发达国家在农业贸易补贴政策上均有所调整，《部长宣言》也认可到2013年底取消所有补贴，但农产品的完全自由贸易在最

近数年还不可能实现[93]。

发达国家对农业的补贴不仅技术娴熟、方式多样，且补贴计划周密、应变性强，对发展中国家的农业发展造成了巨大的影响。前文已经分析指出美国对农业的补贴之高，2008 年 5 月，美国国会两院通过的农业法案继续保持了其高额农业补贴体系。据估计，农业法案在 5 年的时间内将花费 2 890 亿美元，其中约 2 000 亿美元将用于国内粮食援助，用于大米、棉花、玉米、大豆、小麦及其他粮食的以商品为基础的补贴将占 430 亿美元，作物保险为 230 亿美元，储备计划为 270 亿美元。2008 年新的农业法维持了 2002 年农业法案对于如玉米、小麦、大麦、大豆等农作物的出口补贴，还将补贴范围扩大到了其他的专业农作物，如水果、蔬菜等。如此高的补贴给美国产业化农民多带来了 1/3 的收入，也使得美国大农场虽然不能以更低的成本生产，但可以以更低的价格销售。在 WTO 自由贸易体制下，世界其他国家的农民实际上是被迫在跟美国财政部竞争，而不是跟美国的农民竞争[94]。

美国对农产品的高额补贴对中国造成了不公平竞争，其新农业法增加了对农产品的补贴尤其是价格方面的补贴，对中国农产品国际竞争力有着直接的不利影响，大大降低了中国农产品的国际竞争力。为争取公平的国际农产品贸易竞争地位和环境，确保中国农产品的国际竞争力绩效，中国必须采取相应的应对措施。中国应转变补贴形式，变间接补贴为直接补贴，加大生态农业补贴、农业基础设施建设补贴和农产品市场建设补贴，并规范农业补贴制度，借鉴发达国家农业补贴政策的经验，完善相关配套措施，同时加强与发展中国家合作，积极进行反补贴谈判。

首先，在国内政策方面要充分利用世贸组织允许的补贴空间，加大对农业的支持力度，加快提高中国农产品的国际竞争力。中国加入 WTO 后，农业政策不断与国际接轨，过去那种简单和间接的补贴方式，正在被对农业技术推广和咨询服务、农业培训提供支持的“绿箱”政策和对粮食、棉花的政府定价收购、保护价收购、对农业生产资料价差补贴的“黄箱”政策所取代。但是，中国对这些政策的运用还远远不够。到目前为止，WTO规则所允许使用的12类“绿箱”措施中，中国只使用了6类，国内政府各部门对农业的投入总量不及美国联邦政府农业预算的1/5，国内支持总量（不含大江大河治理、生态环境等）仅占农业总产值的3.6%，远远低于WTO多数成员5%～20%的水平。在政府对农业的“黄箱”补贴方面，发达国家限于农业总产值的5%以内，发展中国家限于10%，中国谈判的结果是允许8.5%，但实际上中国“黄箱”补贴额只占总产值的3.3%，离8.5%的限度还有很大的支持空间[93]。

未来中国在国内农业补贴上应进行如下调整：其一，变间接补贴为直接补贴。财政对农业的补贴应由过去间接补贴和对中间环节补贴的形式，转向直接补贴与农产品生产相关联的仓储建设，扶持发展农业生产经营项目。其二，加大生态农业补贴。政府应在加强农业科研和科技推广、食品安全检验、病虫害防治、农村文化生活改善、生态环境保护以及贫困地区发展等支出上加大投入。其三，加大农业基础设施建设补贴。应通过增加对与农村居民生活和生产紧密联系的基础设施建设的补贴，加强对农村道路、桥梁、水利、电力、农田水土资源、山林河流保护等基础设施等支持。其四，加大农产品市场建设补贴。在农产品贸易全球化竞争的客观条件下，中国政府在推进农业流通市场体制上亟待加大投入，为全国规模的农业产品市场体系的形成创造条件。其五，规范农业补贴制度。在国际框架下，制定相应法律法规，不能随意更改；农业补贴措施的重点支持对象应是农业服务机构、农业项目建设单位以及农民；农业补贴资金的运用和监督制度应更加完善和规范，不能随意挪用。其六，借鉴发达国家农业补贴政策经验，完善相关配套措施，如大力培育有文化、懂技术、会经营的新型农民；加大农业科技培训、人才培训等领域的投入[93]。

其次，加强与发展中国家合作，积极进行反补贴谈判。中国政府在新一轮的多哈谈判中态度明朗，在解决国际市场应削减补贴、克服市场扭曲方面做了大量的工作。然而，要保护七亿多农民的利益，对发达国家的补贴政策进行抵制，仍需要中国政府加强与发展中国家的合作，在世贸组织新一轮谈判中主张继续大幅度削减国内支持[94]。在“黄箱”政策方面继续降低发达国家的微量允许幅度，继续大幅度削减超过微量允许的“黄箱”政策支出。在削减方式上要求从总量到产品品种都削减，支持继续保留“绿箱”政策，防止发达成员假借非贸易关注的名义规避国内补贴减让承诺义务。

8.2 流通环节：成本质量控制与国际营销机制

对于不具有竞争力潜力的农产品而言，流通环节的成本控制和国际营销也是实现其竞争力绩效的重要一环，而对于具有竞争力潜力的农产品而言，其竞争力实现机制首要在于流通环节的国际营销，通过有效的国际营销，将竞争力潜力转化为竞争力绩效，当然，其流通环节成本的降低也会进一步增强其竞争力潜力。基于此，这里主要从成本质量控制和国际营销两方面来探讨具体的机制。

8.2.1 创新农产品流通体系，降低农产品国内流通成本

流通环节的高成本是影响中国农产品市场竞争力的主要因素，已有研究表明：影响中国大豆市场竞争力的因素主要是流通问题，其中，运输费用是影响中国大豆流通成本的关键问题之一[95]；流通费用过高会降低生产成本的优势，在一定条件下流通费用优势可能具有决定性意义[96~97]；农产品流通成本居高不下的原因是绿色通道不畅通和市场管理混乱，农产品流通过程中

普遍存在随意收费、罚款的现象[210]。本书第 7 章的影响因素分析也表明，对于某些农产品而言，虽然中国的生产成本低于美国，但是因国内流通成本大幅高于美国，从而使得组合成本远超过美国，负面影响了中国农产品的国际竞争力。目前中国农产品的国内流通成本总体上明显要高于其他国家，未来中国农业产业与其他国家的竞争不仅停留在生产环节，更重要的是流通加工环节。

目前中国已初步形成了以集贸市场为基础，以批发市场为中心，期货市场为引导，以农民经纪人、运销商贩、中介组织、加工企业为主体的农产品流通格局[98]。截至 2005 年底，农产品批发市场数量大体稳定在 4 300 家左右，市场年成交额达到 3 600 亿元；期货市场稳步发展，国家 2006 年新批准棉花、食糖上市交易，使农产品期货交易品种达到九个，年成交额逾 6 万亿元；农产品经纪人已发展到 500 万左右，农民专业合作组织发展到 15 万个左右，农业产业化龙头企业已发展到 4 300 多家。

尽管中国农产品流通体系已初步建立，但总的来看，目前仍处于初级阶段，主要存在以下几个问题[98]：基础设施条件差，交易方式落后；市场主体经营规模小，组织化程度低；信息体系薄弱，市场引导力不强；政策法规不完善，管理体制较为混乱。这些问题阻碍了全国统一的农产品市场的形成，降低了农产品流通效率，导致农产品流通环节的高成本。

为提高农产品流通效率，降低农产品流通成本，实现中国农产品的国际竞争力绩效，未来需要创新农产品流通体系，加快农产品物流建设，缩短流通渠道，减少流通时间，同时对流通环节进行全程质量监控。

首先，着力培育农产品流通主体，使其走向组织化、规模化[99]。培育农产品流通主体的具体途径主要有：引导农户和经营户走向规模化和企业化经营，扩大营销规模；扶持发展多种类型的农民合作组织，增强农民组织起来进入市场、获取市场信息、参与市场谈判和市场竞争的能力[98]；发展商贸型农业龙头企业[100]；培育发展一批具有自主品牌和核心竞争力的大型农产品流通和出口企业，政府应给予财政贴息、税收减免扶持政策[101]；引导和鼓励农产品批发市场、大型农产品加工和营销企业、物流配送企业、农业产业化龙头企业等与生产基地建立比较稳定的产销关系，完善“订单农业”。

其次，加大农产品流通基础设施投入力度，降低市场管理费用和流通损耗成本。把市场基础建设作为公益性事业，着重扶持市场的供水、供电、场地硬化、交易和冷藏设施、通讯和信息系统、电子结算系统、质量检验检测系统等基础设施建设。对于重要商品储备设施、大型农产品流通设施、农村地区物流配送中心、市场信息网络和电子商务平台等流通基础设施建设，各级政府在资金、税收、信贷等方面应予以大力支持[98]。另外，由于在批发商和零售商的流通成本构成中，市场管理费、摊位费、损耗费在全部流通成本中占据了很大比重[97]，因此，在建设流通基础设施的同时，应通过长期扶持政策尽力降低市场的管理费用和摊位费。

再次，加快农产品物流配送系统建设，缩短农产品流通渠道，减少流通时间。建立低成本、高效率的农产品物流配送系统，对于具有易腐性、单位体积大、经济价值低等特点的农产品来说至关重要。发达国家便捷的交通网、完善的服务体系和配送系统、有效的保鲜设备、快速的信息处理网络，为农产品实现货畅其流创造了良好的条件。美国农产品78.5%从产地通过配送中心直接到零售商，农产品流通环节少、速度快、成本低、营销效率高[99]。因此，必须逐步建立和完善农产品物流配套系统，简化传统的多层次复杂物流途径，缩短农产品流通渠道和时间。

最后，加快完善农产品质量安全标准体系，加快推进农产品质量可追溯制度，对流通环节的农产品质量进行全程监控。农产品质量安全是由多个环节共同努力的结果，只要一个环节出现疏漏就可能造成不良后果。流通环节是农产品特别是食品进入消费领域的关键环节，因此，应加快推进农产品质量可追溯制度，对流通环节的农产品质量进行全程监控。要利用流通所处的特殊位置，对包括农产品生产、加工、包装、贮存、运输等环节在内的产销全过程都提出相应要求，增强农产品经营者、生产者和加工者的质量意识，促使这些环节建立健全完善的农产品质量保证制度[102]。

8.2.2 以税收优惠政策支持农产品加工业发展

虽然中国取消农业税收降低了中国农产品的生产成本，对中国农产品的国际竞争力具有正面影响。但是对于许多农产品而言，在进入终端市场之前，进一步的加工是必须的。因此，对农产品加工业的税收优惠，显然能降低农产品在流通环节的成本。为此，应该借鉴欧盟国家对农产品加工业的税收优惠支持，给予农产品加工业税收优惠。这些优惠措施包括：适当降低农产品加工业的增值税税率，加快对农产品加工业实行增值税“转型”试点；适当降低农业企业所得税税率，加大所得税税收优惠力度[103]。

其一，应适当降低农产品加工业的增值税税率，加快对农产品加工业实行增值税“转型”试点[103]。欧盟国家对农业产品普遍适用较低的增值税税率，这在一定程度上减轻了农业经营者的负担，保护经营者发展农产品加工业的积极性。中国尽管规定了一部分减免税政策，但享受优惠的范围还很狭窄，增值税税率相比较来说仍处于较高水平，是欧盟国家的近 2 倍。同时，农产品加工业存在的增值税“高征低扣”问题，在一定程度上增加了企业的税收负担，不利于农产品深加工企业的生存与发展。因此，政府应适当降低企业的增值税税负。建议对从事农产品加工的一般纳税人企业，不论所有制形式、规模大小、加工程度深浅，均适用较低的增值税税率。

同时，加快对农产品加工业实行增值税“转型”试点[103]。欧盟国家大部分适用消费型增值税，企业购进固定资产的所含税款允许全部抵扣，这有利于加快企业设备的更新和产品质量的提高。中国目前仍实行生产型增值税，农产品加工企业要承担较高的增值税税收负担率。因此，为鼓励农产品加工企业增加固定资产投资，提升农产品科技含量和产品品质，应借鉴欧盟国家的经验，试点在农产品加工行业实行增值税转型，将生产型增值税改为消费型增值税。

其二，适当降低企业所得税税率，加大所得税税收优惠力度[103]。欧盟对农产品加工企业适用较低的所得税税率，也采取亏损结转优惠政策，这些有效降低了企业所得税负担。尽管中国税收政策对一部分企业实行一定程度的税收减免优惠，但大部分农产品加工企业享受不到税收优惠。因此，为鼓励和支持农产品加工企业向规模化、产业化方向发展，推动农产品向深加工和高附加值方向延伸，国家应适度调减农产品加工企业所得税税率。可按照新企业所得税法中规定的中小型企业 20%的企业所得税税率征税。同时，为促进中小型农产品加工企业的发展，可给予一定期限的所得税减免。

8.2.3 实施差异化营销战略，强化国际营销

前文已经指出，对于那些有竞争力潜力的农产品，要实现提升国际竞争力绩效，国际营销的作用非常重要。当前，中国农产品的国际营销面临着许多挑战和考验，农产品出口公司应加强对国际营销战略的研究和运用。所谓营销战略是指对公司在未来较长时期内的国际营销发展方向、发展计划、发展重点、发展思路所做出的总体性的战略安排。营销战略的正确与否直接影响公司在国际市场上的营销竞争能力，如果营销战略出现失误和偏差，将会使公司的营销对策、营销渠道决策陷入被动，使出口公司蒙

受巨大的损失。农产品出口要从公司的全球化长远发展高度出发，重视智力投入和国际营销人才的培养，提高公司的国际营销水平和营销能力，选择正确的营销战略，逐步提高在国际市场上的营销竞争能力[104]。

在众多营销战略中，差异化战略是农产品国际营销应对挑战的必然选择。农产品国际营销差异化战略的实施途径包括：产品差异化、品牌个性化、价格差异化、渠道差异化和促销差异化等[105～106]。

其一，产品差异化。产品差异化是指向国际市场提供不同于其他国家和地区的差异产品，以适应不同国家或地区市场的特殊需求[106]。一开始不宜选择全覆盖的主流目标市场定位策略，而应该采用窄覆盖的、错位、补位目标市场定位策略，提供非主流的差异化产品，避免与当地农产品厂商一开始就形成正面竞争的态势，使整个农产品出口陷入被动局面。所谓错位目标市场定位就是与当地厂商有差异的市场定位方法，甚至可以采用补位目标市场定位策略，在国际市场上与东道国主要农产品形成互补关系，以差异化产品打入目标市场，并逐步提升市场份额。

其二，品牌个性化。品牌个性化就是农产品经营者在国际市场营销中建立具有较高知名度、具有个性特征的品牌[106]。农产品的品牌建设最重要的是取得原产地地理标志。发达国家如法国、美国农产品广泛运用地理标志策略，以增强其农产品的市场吸引力，将本地地理名称注册为集体商标和证明商标，或向国家主管机关申请原产地地域产品专用标志，创建区位农产品品牌，不仅能够使本地的特色农产品在国内国际市场上得到有效保护和推广，而且能够变被动推销为主动营销[101]。对于中国绿色食品而言，还要在各目标市场为中国绿色食品标志注册，以尽早使其成为国际知名并认可的质量证明标志，为中国绿色食品更大规模进入国际市场奠定基础，同时培育一批具有国际影响的中国绿色食品品牌[107]。

其三，价格差异化。产品价格直接关系着市场对产品的接受程度，影响着市场需求和产品利润的多少，涉及到生产者、经营者、消费者等各方面的利益。农产品国际营销中，应注意价格差异化策略的运用，形成自己的价格特色。首先对产品分级分等，实行产品差别定价，同时力求避免一开始就与东道国同类产品形成价格竞争局面；其次要坚决摈弃一味低定价策略，在国际市场上一味采用低定价策略有损公司形象，不利于品牌发育，还极容易招致东道国厂商的反倾销指控[105]；再次，要进行国际市场细分，根据不同国家和地区消费者的收入水平、消费习惯、消费心理等因素，实行区域差别定价，如销往西欧的农产品就应采用高品质配以高价格的策略，而对销往南亚、东欧等地的产品则只能采取适当的低价策略[106]；最后，差异化定价要充分考虑产品的非价格竞争因素，如产品品质、质量、种类、当地消费者的依赖程度等，利用产品特色，树立产品形象，重视产品的特色定价[105]。

其四，渠道差异化。渠道差异化是指选择与自身经营条件相适应的销售渠道。由于中国农产品进入国际市场的时间不长，经营者缺乏国际营销经验，因此选择有丰富国际营销经验的经销商与之联合经销，或委托国际中间商代理分销，可以弥补农产品经营者国际营销经验的不足，快速开拓国际市场[106]。例如可以与大型跨国公司如沃尔玛、家乐福等进行联合，利用其全球销售网络，把中国大批农产品推向国际市场。同时，在全球电子商务日益发达的今天，必须重视农产品的网络国际营销渠道。鉴于农产品的特殊性，农产品网络营销可以定位于宣传层面上，以实现品牌推广、发布和收集信息作为主要目的。

其五，促销差异化。促销是企业在买方市场条件下占领市场的“金钥匙”。农产品经营者在促销手段的运用上要避免雷同、缺乏特色，要采用灵活多样、针对性强的促销方式，使促销活动成为强有力的竞争武器。在中国农产品的国际营销中，促销策略的重点应放在国际公共关系和广告宣传上[106]。

在国际公共关系方面，要积极参与世界贸易组织新一轮谈判，推进农产品贸易自由化进程，以解决农产品贸易市场准入、国内支持和出口补贴，减少来自其他国家的不公平竞争，为中国农产品国际营销创造宽松、公平的竞争环境[108]。同时加快双边自由贸易协定谈判进程，推进双边自由贸易协定谈判和与周边国家和地区经贸一体化的进程，为农产品长期稳定地进入国际市场铺平道路。

在广告宣传上，要突出宣传中国产品的特点，同时可配合宣传中国的民族文化和风俗习惯，激发消费者的购买欲望[106]。政府应加大中国农产品的国际推广宣传，以官方或半官方的方式发起，由农产品经销商组团，向各国的政府官员、工商界和消费者宣传中国的产品及文化，扩大影响。在实施产品促销的同时，实施文化促销，增强消费者对产品文化背景的了解，增加消费者对外来产品的文化亲和度，以争取消费者对产品的信赖。出口企业要重视国际公关形象设计，加强与东道国传播媒介的联系，采取正确的国际营业推广策略如售点广告、售点展示、售点品尝、优惠券促销等来积极开拓和扩大市场。要善于利用国际促销资源和广告代理机构开展产品的国际促销工作，树立信得过的广告促销形象，提高广告促销的可信度和知名度[105]。

8.3 6种农产品的竞争力实现机制

以上基于第7章识别的影响因素揭示了中国农产品国际竞争力的具体实现机制，但是以上这些分析比较笼统，并没有对具体的农产品进行分析。为了提高针对性，继续对小麦等6种农产品的竞争力实现机制进行具体分析，结果如表8-1所示。

表 8-1　中国 6 种农产品的国际竞争力实现机制

竞争力潜力	侧重点	农产品	相对需要强化的机制
相对弱	成本质量控制与国际营销	大米	b、c、e、f、g、h、i、j、k、l
		大豆	b、c、d、e、f、h、i、j、k、l
相对强	国际营销	小麦	a、b、c、d、e、f、g、h、i、l
		花生	a、c、d、e、f、g、h、i、l
		玉米	c、d、e、f、h、i、l
		棉花	b、c、d、e、f、g、h、i、j、k、l

注：表中 a～l 字母所代表含义如下：

a. 支持优良品种开发，加强种子市场监管，确保农户以公平价格获得高品质种子。

b. 确保农资供应和价格稳定，引导农户科学施肥用药。

c. 加快推进农业机械化，促进节本增效。

d. 继续改革灌溉管理体制，推广节水灌溉，提高水资源利用率。

e. 继续加大对农业的财政和金融支持。

f. 以完善新型农民科技培训为切入点，逐步建立农民培训证书制度，全面提高农民素质。

g. 建立健全规范有序的土地流转机制，加快土地流转，促进适度规模经营，提高土地利用率。

h. 加大公共财政支持农业保险的力度。

i. 借鉴发达国家经验，规范农业补贴制度，加强与发展中国家合作，积极进行反补贴谈判。

j. 创新农产品流通体系，加快农产品物流建设，降低农产品国内流通成本，提升农产品质量。

k. 以税收优惠政策支持农产品加工业发展。

l. 实施农产品差异化营销战略，强化国际营销，促进中国农产品国际竞争力绩效的实现。

表 8-1 表明，对于竞争力潜力相对弱的大米和大豆等农产品，实现其竞争力的侧重点在于成本质量控制与国际营销并重，而对于竞争力潜力相对强的小麦、花生、玉米和棉花等农产品，

实现其竞争力的侧重点主要依赖于国际营销。这表明，竞争力潜力不同的农产品其竞争力实现机制侧重点不同。进一步来看，具体就大米、大豆而言，为提升两者的国际竞争力绩效而相对需要强化的机制并不完全相同；而小麦、花生、玉米和棉花四者需要相对强化的竞争力实现也差异较大。

8.4 小结

本章区分了生产和流通两个环节以及有竞争力潜力和不具有竞争力潜力两类农产品在竞争力实现机制上的不同。对于具有国际竞争力潜力的农产品而言，其竞争力实现机制主要依赖于流通环节的国际市场推广与营销，但生产和流通环节的成本和质量控制会进一步强化其竞争力潜力；对于不具有竞争力潜力的农产品而言，其竞争力实现机制则首先依赖于生产环节的成本和质量控制，而后同时也依赖于流通环节的成本质量控制与国际营销。对于农产品生产环节，本章提出了支持优良品种开发和市场监管，确保高品质种子价格合理等 9 个方面的机制，这些机制有助于降低中国农产品成本、提升产品质量，最终实现中国农产品国际竞争力。对于农产品流通环节，本章提出要创新农产品流通体系等机制，最终促进中国农产品国际竞争力绩效的提升。由于每种农产品之间存在较大差异，本章也针对大米、大豆、小麦、花生、玉米和棉花 6 种农产品，分别总结了其具体的需要相对强化的竞争力实现机制。

9 结　　论

本书利用所构建农产品国际竞争力概念框架的三个层次（竞争力绩效、竞争力潜力和竞争力实现），从农产品三个层次（整体、按照 HS 分类和具体代表性），分别从四个市场（世界、中美国内和日本），系统地比较评估了中美两国农产品竞争力三个时段（过去、现在和将来），从三个层面（宏观、中观和微观）认清了中国农产品国际竞争力现状和发展趋势，通过研究对中国农产品国际竞争力既有整体把握又有具体分析，初步回答了中国农产品国际竞争力对于农产品出口的贡献有多大，竞争力绩效表现到底如何，差距有多大，哪些农产品具有竞争力潜力，未来如何提高竞争力绩效等问题。为国家采取不同战略，去扩大不同的目标市场提供了重要的理论指导和现实依据。

研究的主要结论如下：

（1）到目前为止，国内外相关研究者没有能就竞争力定义达成一致，但有部分学者基于各自对竞争力理解构建了竞争力理论框架，为竞争力研究奠定了一定的理论基础；从竞争力的评估来看，现有成果普遍关注于事后的评估，而忽略了事前的评估。由于受制于多种因素，目前对于竞争力的跨国比较仍然存在很多困难。因此，在以往研究的基础上，对农产品竞争力进行重新界定，并构建针对农产品竞争力过去、现状和未来的分析框架，站在国际比较视角研究中国农产品国际竞争力问题具有十分的必要性和可行性。

（2）创新了农产品国际竞争力的概念框架和相应的实证评估

指标。首先将农产品国际竞争力界定为一国农产品在赢利状态下在国内外市场获取并保持市场份额的可持续的能力。同时，基于Buckley et al.（1988）的研究，将农产品国际竞争力区分为类似的农产品国际竞争力绩效、农产品国际竞争力潜力与农产品国际竞争力实现（实现机制）。其中，竞争力绩效和潜力的评估是定量评估，竞争力过程评估则是定性分析。竞争力绩效指向竞争力的过去和现状，而竞争力潜力和竞争力实现则指向未来。基于农产品国际竞争力的概念框架，构建了竞争力绩效和竞争力潜力两个层次的实证评估指标：市场份额和赢利性是竞争力绩效的主导评估指标，效率指标作为赢利性的参照；成本和质量是竞争力潜力的主导评估指标。

（3）采用恒定市场份额模型（CMS）评估中美两国农产品竞争力贡献的结论。2002—2007年中美两国农产品出口增长主要归因于世界农产品需求的大幅增长所带来的增长效应。竞争效应分析结果表明，中国农产品出口增长的竞争效应为正值，说明中国农产品国际竞争力的提升为农产品出口做出了积极贡献；而美国农产品出口增长的竞争效应为负值，表明美国农产品国际竞争力的下降给其农产品出口带来了负面影响。但是，这一结果只是反映了中美两国农产品国际竞争力相对变动的趋势，并不能从中得出近几年中国农产品国际竞争力已经超过美国的结论。

（4）基于市场份额和赢利性指标实证比较评估中美两国农产品的国际竞争力绩效的结论。

市场份额评估结果表明：

①在世界市场上，从农产品总体情况来看，美国的市场份额是中国的2倍多。市场份额获取指数表明，中国历年所获取的市场份额基本保持增长态势，而美国则呈减少趋势，中国农产品国际竞争力绩效相对呈改善趋势，中美两国差距在未来有望缩小。从HS（01～24）分类农产品来看，中国只有不到30%（24类中的7类）的农产品类别的世界市场份额高于美国，其他农产品

市场份额远远落后于美国。从所选择的25种代表性农产品来看，2006年，中国只有25%强的农产品的国际竞争力绩效大大优于美国，而大部分农产品的国际竞争力绩效则逊于美国，特别是少部分农产品的国际竞争力绩效与美国差距非常大。

②在中美两国市场上，从农产品总体情况来看，美国农产品占中国进口的市场份额远远大于中国农产品占美国进口的市场份额，说明中国农产品竞争力绩效远逊于美国。从分类农产品情况来看，2005年和2006年，中国只有25%（24类中的6类）农产品的份额高于美国的相应份额，但美国则在多数类别的农产品上的份额远高于中国，表明中国只在少量类别的农产品上相对美国具有较强的国际竞争力，但美国却相对中国具有非常强的国际竞争力。从所选择的23种代表性农产品情况来看，除少数产品如苹果汁、茶叶、冷冻蔬菜和脱水蔬菜外，中国农产品所占美国进口市场份额微小，反映出中国产品在美国市场的竞争力很弱。而美国的多数农产品则占有中国进口农产品市场的较高份额，反映出美国农产品在中国市场的竞争力很强。

③在日本市场上，从农产品总体情况来看，近年来美国农产品占日本农产品进口的份额呈下降趋势，但2007年有所回升。而同期中国农产品的份额则呈缓慢上升趋势，但2007年份额有所下降。平均来看，美国农产品在日本农产品进口中的市场份额比中国农产品的市场份额高约8%～9%。因此，就日本市场而言，虽然中国农产品的国际竞争力绩效呈改善趋势而美国农产品的国际竞争力绩效呈下降趋势，但中国农产品的国际竞争力绩效仍以较大差距逊于美国。从分类农产品情况来看，中美两国在日本进口市场的份额差距不是太大，中国市场份额大幅领先美国的农产品约30%，而美国约有46%的农产品市场份额大幅领先中国。从所选择的26种代表性农产品情况来看，中国出口的产品中只有少数产品占有日本进口的较大份额，特别是新鲜蔬菜、脱水蔬菜、冷冻蔬菜和浓缩苹果汁的份额超过或达到50%，远远

超过美国相应产品的市场份额，而大多数农产品如小麦、大豆、橙子和玉米等的市场份额远远落后于美国。

赢利性评估结果表明：

从农产品总体情况来看，中国农业生产的赢利逐年增加，美国农业的整体赢利稳定，保持了较高的赢利性，特别是美国政府对农业的直接支付进一步提高了美国农业的赢利性。对重要农产品如稻谷、生猪、玉米、棉花等赢利性评估结果表明，中国稻谷、生猪、棉花、小麦和玉米的赢利水平均显著高于美国相应产品，但中国稻谷和玉米的生产效率低于美国。

总之，对中美两国农产品市场份额和赢利性指标的评估比较结果表明：一方面，从主导的市场份额指标来看，无论在具体农产品层面上还是分类农产品或者加总农产品层面上，中国多数农产品（类别）的国际竞争力绩效远逊于美国，但中国的国际竞争力绩效呈改善趋势；另一方面，参照性的赢利性指标也表明，中国一些重要农产品生产的赢利水平显著高于美国。综合来看，中国农产品国际竞争力绩效与美国相比仍有较大差距，但差距在未来有望缩小。

（5）基于成本指标和质量指标评估及比较中美两国农产品的国际竞争力潜力的结论。

成本指标的评估结果表明：总体上中美两国各有农产品在成本上有相对大的竞争力潜力。就出口日本市场而言，中国小麦、花生、玉米和棉花的组合成本低于美国相应产品，而大米和大豆的组合成本高于美国相应产品；就美国市场而言，中国大米的组合成本低于美国大米的国内总成本，而大豆和玉米的组合成本则分别高于美国大豆和玉米的国内总成本；就中国市场而言，美国大豆运来中国的组合成本低于中国大豆的国内总成本，而美国大米、小麦、花生、玉米和棉花的组合成本均高于中国相应产品的国内总成本。

质量评估结果表明：就出口日本市场而言，中国农产品的竞争力潜力小于美国农产品。

综合评估结果：在日本市场，中国小麦、花生、玉米和棉花的综合竞争力潜力相对强于美国相应产品的综合潜力，但中国大米和大豆的综合潜力相对弱于美国大米和大豆；在美国市场，中国大米的综合竞争力潜力相对强于美国大米，中国大豆的综合潜力则相对弱于美国大豆，而中美两国玉米的综合竞争力潜力则基本相当；在中国市场，中国大米、小麦和玉米的综合竞争力潜力相对强于美国相应产品，花生和棉花的综合竞争力潜力则分别与美国花生和棉花的潜力基本相当，而中国大豆的综合竞争力潜力则相对弱于美国大豆。

（6）基于生产和流通环节对农产品竞争力潜力的影响因素的评估结果。分析结果表明，总体上，在 13 种影响因素中，机械与能源因素、资金因素、土地因素和税收保险等因素对中国 6 种农产品的影响相对均为正面影响，而劳动力和农业补贴政策因素对中国 6 种农产品的影响相对均为负面影响，国内运输和营销等其他因素对中国 6 种农产品的影响则正负面影响兼而有之。

（7）基于影响因素分析结果，提出实现中国农产品国际竞争力潜力的主要机制。

对于具有国际竞争力潜力的农产品，其竞争力实现机制主要依赖于流通环节的国际市场推广与营销；对于不具有竞争力潜力的农产品而言，其竞争力实现机制则首先依赖于生产环节的成本和质量控制。

生产环节成本控制重点强化以下 9 个方面的机制：支持优良品种开发和市场监管，确保高品质种子价格合理；确保农资供应和价格稳定，引导农户科学施肥用药；加快推进农业机械化，促进节本增效；推广节水灌溉，提高水资源利用率；继续加大对农业的财政和金融支持；以完善新型农民科技培训为切入点，逐步建立农民培训证书制度，全面提高农民素质；建立健全规范有序的土地流转机制，加快土地流转，促进适度规模经营；加大公共财政支持农业保险的力度；借鉴发达国家经验，规范农业补贴制度，加强与发展中国家合作，积极进行反补贴谈判。

针对农产品流通环节的成本和质量控制以及国际营销重点强化以下机制：创新农产品流通体系，加快农产品物流建设，降低农产品国内流通成本，提升农产品质量；以税收优惠政策支持农产品加工业发展；实施农产品差异化营销战略，强化国际营销。

（8）受制于多种因素，本研究仍然存在不足之处，在未来研究中需要加以改进。

首先，受限于数据的可得性和可比性，本书选择进行竞争力潜力评估和竞争力过程分析比较的农产品较少，仅限于种植类的6种农产品，忽略了养殖类农产品，因此，未来研究需要更大程度的拓展研究产品的范围，特别是针对养殖类农产品进行研究。

其次，本书对于质量的评估是以最低要求的质量安全性来进行间接评估的，由此得出的结论未能精确反映出中美两国农产品在质量上的差异性。对质量的评估比较仍然是一个难题，但未来的研究仍然需要努力开拓新的质量评估方法。

再次，由于无法获得更详尽的农产品国内运输、加工和营销等流通环节的数据，因而对于流通环节的分析比较笼统。由于这些缺陷均源于数据问题，因此，未来的研究需要在获取可比的数据上更进一步。

最后，本书的研究更多基于产品视角，而不是基于企业视角，但是，基于企业层面数据进行分析有助于从企业视角上来认识中国农产品国际竞争力，进而针对农产品生产加工企业提出针对性的对策建议。因此，未来研究除继续拓展产品视角的研究外，亦可循着这一路径进行研究。

附　　录

附录 a　HS 分类的 01～24 章农产品名称对照表

章	包括的农产品（英文）	包括的农产品（中文）
01	Live animals	活动物
02	Meat and edible meat offal	肉及杂碎
03	Fish，crustaceans，molluscs，aquatic invertebrates nes	水海产品
04	Dairy products，eggs，honey，edible animal product nes	乳品蛋品蜂蜜及其他食用动物产品
05	Products of animal origin，nes	其他动物产品
06	Live trees，plants，bulbs，roots，cut flowers etc	活植物及花卉
07	Edible vegetables and certain roots and tubers	食用蔬菜
08	Edible fruit，nuts，peel of citrus fruit，melons	食用水果及坚果
09	Coffee，tea，mate and spices	咖啡茶、马黛茶及调味香料
10	Cereals	谷物
11	Milling products，malt，starches，inulin，wheat gluten	制粉工业产品
12	Oil seed，oleagic fruits，grain，seed，fruit，etc，nes	油料工业用或药用植物稻草秸秆及饲料
13	Lac，gums，resins，vegetable saps and extracts nes	虫胶树胶树脂及其他植物液汁
14	Vegetable plaiting materials，vegetable products nes	编织用植物材料
15	Animal，vegetable fats and oils，cleavage products，etc	动植物油脂及其分解产品
16	Meat，fish and seafood food preparations nes	肉类制品
17	Sugars and sugar confectionery	糖及糖食
18	Cocoa and cocoa preparations	可可及其制品
19	Cereal，flour，starch，milk preparations and products	谷物粮食粉淀粉制品糕点
20	Vegetable，fruit，nut，etc food preparations	蔬菜水果坚果等制品
21	Miscellaneous edible preparations	杂项食品
22	Beverages，spirits and vinegar	饮料酒及醋
23	Residues，wastes of food industry，animal fodder	食品工业的残渣废料配制的动物饲料
24	Tobacco and manufactured tobacco substitutes	烟草及其制品

附录 b 中美农产品成本核算指标对照表

美国	中国
总成本	总成本
运营成本	
种子费	种子费
化肥费	化肥费＋农家肥费
农药费	农药费
作业费	机械作业费－水费＋技术服务费
燃料动力费	燃料动力费
修理费	工具材料费＋修理维护费
排灌水费	排灌水费
商业烘干	—
—	农膜费
利息	财务费
—	其他直接费用
间接费用	
雇工费用	雇工费用
家庭劳动机会成本	家庭用工折价
固定资产折旧	固定资产折旧
土地机会成本	土地成本
税金与保险费	税金＋保险费
管理费	管理费＋销售费
净利润	净利润

注：本表由作者依据美国农业部经济研究中心（ERS）和中国国家发改委价格司《全国农产品成本收益资料汇编 2008》的农产品成本统计表进行对照总结而得，表中“—”表明中国或美国无对应的该成本项目。

参 考 文 献

[1] 钟甫宁．进攻还是防御？略论农业支持政策重点的战略选择．农业经济问题．2003（1）：55～59

[2] 程国强．WTO 农业规则与中国农业发展．北京：中国经济出版社，2001．29～33

[3] 柯炳生．提高农产品竞争力：理论、现状与政策建议．农业经济问题．2003（2）：34～39

[4] 李春海．WTO 框架下中国农产品国际竞争力分析．西南财经大学博士学位论文．2004

[5] 庞守林．中国主要农产品国际竞争力研究．中国农业大学博士论文．2004

[6] 王兆洋．中国农产品国际竞争力研究．对外经济贸易大学硕士学位论文．2007

[7] Buckley，P. Pass，C. and Prescott，K. Measures of International Competitiveness：A Critical Survey，Journal of Marketing Management，1988，(4)：175～200

[8] Klaus Frohberg，Monika Hartmann. Comparing Measures of Competitiveness. Discussion Paper No. 2，1997，Institute of Agricultural Development in Central and Eastern Europe（IAMO），in Halle，Germany：6～9，11～12

[9] Boyle，G. E. The Competitiveness of Irish Agriculture，Report for the Department of Agriculture and Food，The Irish Farmers Journal，Dublin，2002：31

[10] Larry Martin，Randall Westgren，and Erna van Duren. Agribusiness Competitiveness across National Boundaries. American Journal of Agricultural Economics，Vol. 73，No. 5，Proceedings，Issue 1991：

1456～1464

[11] Joseph C. Salvacruz. Competitiveness of the United States and the ASEAN in the International Agricultural Market, Journal of Food Distribution Research. 1996, (2): 81～89, 832

[12] Marvin Hayenga, David Seim, Mary Jane. Novenario-Reese, Roxanne Clemens, Larry Martin. Global Competitiveness of the U. S. Pork Sector, Staff Paper #301, Department of Economics Iowa State University, 1998: 61～75

[13] Randall D. Schnepf, Erik Dohlman, Christine Bolling. Agriculture in Brazil and Argentina: Developments and Prospects for Major Field Crops. Market and Trade Economics Division, Economic Research Service, U. S. Department of Agriculture, Agriculture and Trade Report. 2001: 1～3, 53～55

[14] Jane L. Hsu & Joyce J. Wann. Competitiveness and Consumer Preferences of US Fruits in Taiwan, Selected paper, Annual Meetings of the American Agricultural Economics Association～Canadian Agricultural Economics Society, Chicago, USA, 2001, (8): 4～8

[15] F. S. Thorne. Analysis Of The Competitiveness Of Cereal Production in Selected Eu Countries. The Paper Prepared For Presentation, 2005, (8): 24～27

[16] Maria Sassi. Agricultural Convergence and Competitiveness in the EU～15 Regions. Contributed Paper Prepared for Presentation at the International Association of Agricultural Economists Conference, Gold Coast, Australia, 2006, (8): 12～18

[17] Christian Fischer and Sebastian Schornberg. Assessing the Competitiveness Situation of EU Food and Drink Manufacturing Industries: An Index-Based Approach, Agribusiness, 2007, (4): 473～495

[18] Krijn J. Poppe, Jo H. M. Wijnands, Bernd M. J. van der Meulen and Harry J. Bremmers Struggle for Leadership: The Competitiveness of the EU and US Food Industry. Paper Prepared for Poster Presentation at the American Agricultural Economics, Association Annual Meeting, Portland, OR, 2007, (9)

[19] Mark R. Metcalfe. Environmental Regulation and Implications for Competitiveness in International Pork Trade. Journal of Agricultural and Resource Economics，2002，27（1）：222～243

[20] Yuichiro Uchida，Paul Cook. The Effects of Competition on Technological and Trade Competitiveness A Preliminary Examination. Working Paper Series，Paper No. 72，Centre on Regulation and Competition，Institute for Development Policy and Management，University of Manchester，2004，（6）：1～34

[21] Abdulkudos Ahmed Almarwani. The Exchange Rate and the Competitiveness of Selected United States Agricultural Products. Ph. D Dissertation，Auburn University，2003：1～137

[22] 李双元，王征兵．我国农业国际竞争力研究观点综述．经济纵横．2005（12）：76～78，50

[23] 周孝味．农产品国际竞争力研究．浙江农业大学博士论文．1996

[24] 帅传敏，程国强，张金隆．中国农产品国际竞争力的估计．管理世界．2003（1）：97～10

[25] 侯杰．我国农产品国际竞争力研究．湖南大学硕士学位论文．2006

[26] 辛毅，李宁．加入 WTO 以来中国主要土地密集型农产品的国际竞争力分析．价格理论与实践．2007（2）

[27] 屈小博，霍学喜．我国农产品出口结构与竞争力的实证分析．国际贸易问题．2007（3）：9～15

[28] 乔娟．中国肉类产品国际竞争力研究．北京：中国农业出版社，2002

[29] 彭宇文，吴林海．论绿色消费理念下中国肉类国际竞争力的提升．消费经济．2007（8）：18～20，24

[30] 刘雪．中国蔬菜产业的国际竞争力研究．中国农业大学博士学位论文．2002

[31] 钟金传．中国大豆产业国际竞争力研究．中国农业大学博士论文．2005

[32] 胡小平，涂文涛．中美两国小麦市场竞争力比较分析．管理世界．2003（9）：89～94

[33] 潘伟光．中韩两国水果业生产成本及价格竞争力的比较——基于苹果、柑橘的分析．国际贸易问题．2005（10）：49～53

[34] 余子鹏．中美农产品国际竞争力比较．改革．2006（1）：66～70

[35] Miramon，Isabelle D. C. An Assessment of the Competitiveness of the Canadian Poultry Processing Industry. University of Guelph（Canada）. 1991：6～7，14～27，38～39，59～60，62～63，65

[36] 苏航．农产品竞争力与农业竞争力的内涵界定．经济论坛．2005（24）：125～127

[37] Changping Chen，Stanley M. Fletcher，Ping Zhang，Dale H. Carley. Competitiveness of Peanuts：United States versus China，Research Bulletin，1997，（7）：4～5，430

[38] F. S. Thorne. Measuring the Competitiveness of Irish Agriculture（1996—2000）. Research Report. Rural Economy Research Centre，Ireland，2004：13～17，19

[39] A. Lara，P. W. Kelly，B. Lynch. The International Cost Competitiveness of the Irish Pig Industry. Rural Economy Research Series No. 8，Teagasc，Rural Economy Research Centre，19 Sandymount Avenue，Dublin. 2001：1～2，62

[40] Hao Liu. The Competitiveness of Canada's Poultry Processing Industry. A Thesis for the Degree of Master of Science. McGill University，Canada，2004：9，11，22，42，65，68～72，74

[41] Harrison，R. W. and Kennedy，P. L. A Neoclassical Economic Strategic Management Approach to Evaluating Global Agribusiness Competitiveness. Competitiveness Review，1997：2～3，14～25

[42] Porter M. E. The Competitive Advantage of Nations. New York：Free press，1990

[43] Mc Calla，A. F. What did We Learn from this Conference，in Competitiveness in International Food Markets Edited by Bredahl，Abbott and Reed，Westview Press，Oxford，1994：320～322

[44] Kennedy，P. L.，Harrison，R. W.，Kalaitzandonakes，N. G，Peterson，H. C.，and Rindfuss，R. P. Perspectives on Evalutaing Competititveness in Agribusiness Industries"，Agribusiness，1997，（4）：385～392

[45] Hopkins S. & Lewis P. E. T. Competitiveness in Australian Agricul-

ture：A Review. Review of Marketing and Agricultural Economics，1996，(12)：3，309～310，312
[46] 王移山 . WTO 规则下中国农产品国际贸易竞争力研究 . 南京工业大学硕士学位论文 . 2003
[47] Donatella Depperu & Daniele Cerrato. Analyzing International Competitiveness at the Firm Level：Concepts and Measures. Working Paper. Universita Cattolica del Sacro Cuore，2006：1～27
[48] 程国强 . 中国农产品出口：增长、结构与贡献 . 管理世界 . 2004 (11)：85～96
[49] 陈龙江，黄祖辉，周文贵 . 中国农产品对外贸易对农业经济增长的贡献——基于 1981—2003 年数据的实证分析 . 经济理论与经济管理 . 2005 (10)：48～54
[50] Tyszynski H World Trade in Manufactured Commodities，1899—1950. The Manchester School of Economic and Social Studies，1951，(19)：272～304
[51] Fagerberg，J. and Sollie，G. The Method of Constant Market Shares Analysis. Reconsidered，Applied Economics，1987，(12)：1571～1584
[52] Leamer EE，Stern RM. Quantitative International Economics，Third Printing，1970. Aldine Publishing Company，Chicago
[53] Richardson J. D. Some Sensitivity Tests for a "Constant～Market～Shares" Analysis of Export Growth，The Review of Economics and Statistics，1971，(53)：300～304
[54] Jepma. C. J. Extensions and Application Possibilities of the Constant Market Shares Analysis. The Case of the Developing Countries Exports. University Press Groningen. The Netherlands，1986
[55] Milana C. Constant～market～shares Analysis and Index Number Theory，European Journal of Political Economy，1998，(4)：453～478
[56] Bowen，H. and J. Pelzman. US Export Competitiveness：1962～77. Applied Economics，1984，(16)：461～473
[57] 李岳云，吴滢滢，赵明 . 入世 5 周年对我国农产品贸易的回顾及国际竞争力变化的研究 . 国际贸易问题 . 2007 (8)：67～72
[58] 孙林 . 中国—东盟农产品贸易竞争与合作研究 . 南京农业大学博士学

位论文．2005

[59] 陈建军，肖晨明．中国与东盟主要国家贸易互补性比较研究．世界经济研究．2004（8）：22～28

[60] ADB INSTITUTE. Did East-Asian Developing Economies Lose Export Competitiveness in the Pre-Crisis 1990s? Assessing East-Asian Export Performance from 1980 to 1996，ADB INSTITUTE，Tokyo，March 2002

[61] Chen，K. and Y. Duan. Competitiveness of Canadian Agri～food Exports Against Its Competitors' in Asia：1980～97. Journal of International Food and Agribusiness Marketing，2001，(4)：1～19

[62] Chen，Xu，Duan. ExPost. Competitiveness of China's：Export：1980～96. Agribusiness. 2000，(3)：281～294

[63] 田惠，周爱莲，赵宇华．中国种子企业兼并重组策略分析．农业经济问题．2007（11）：54～56

[64] 杨慧民．我国种子标准化现状与对策．河北农业科技．2008（1）：63

[65] 陈秀春．加大种子监管力度，努力提高市场商品种子质量．中国种业．2008（2）：29～30

[66] 赵春雷．农作物种子市场存在的问题及对策．河北农业科技．2008（1）：49

[67] 赵献兵，梁斌．农业政策对未来化肥需求及投资机会展望．中国农资．2008（19）：44～45

[68] 刘学胜．化肥成本成农业成本增长主因素．中国农资．2008（19）：16～18

[69] 姜婷，王群．种子等农资市场存在的问题及对策．种子世界．2008（12）：7～8

[70] 高祥照．应对肥料价格剧变，引导农民施肥对策．中国农资．2008（11）：42～43

[71] 张宝文．在新的起点上扎实推进农业机械化．农机科技推广．2008（8）：4～6

[72] 丁平，李瑾，李崇光，严效华．借鉴公私合作模式推进我国灌溉管理权移交改革．农业经济问题．2005（10）：46～50

[73] 姜东晖，胡继连，武华光．农业灌溉管理制度变革研究——对山东

省 SIDD试点的实证考察及理论分析．农业经济问题．2007（9）：44～50
[74] 王学渊，韩洪云．灌区多目标供水与农业用水短缺——理论模型及政策含义．中国农村水利水电．2008（5）：103～107
[75] 黄智俊，王克强．用因子和聚类分析方法评价全国农业节水灌溉绩效．水资源研究．2006，27（3）：46～49
[76] 祖莹，殷华．节约稻田用水 造福子孙后代．世界农业．2008（6）：66～67
[77] 高占义，王浩．中国粮食安全与灌溉发展对策研究．水利学报．2008，39（11）：1273～1278
[78] 苏明，王小林，陈冠群．国外公共财政支持农业和农村发展的主要途径及启示．经济研究参考．2007（24）：40～48
[79] 王长德．当前农业生产资金需求新特点及信贷支农存在的问题．金融发展研究．2008（5）：79～80
[80] 蒋定之．农村金融改革发展三十年．中国金融．2008（23）：12～15
[81] 朱江平．加强农民培训造就新型农民——访农业部科技教育司副司长杨雄年．农村工作通讯．2008（8）：12～14
[82] 李慧．财政部、农业部预拨农民培训资金 16 亿元．农村财政与财务．2008（4）：43
[83] 张磊．加强和创新农民培训工作 推进现代农业建设．安徽农学通报．2008（14）：53～54
[84] 杨青．国外农民培训概览．农村工作通讯．2008（8）：21
[85] 曾庆学．农村土地流转机制创新研究．商业时代．2008（22）：6～7
[86] 刘涛，曲福田，金晶，石晓平．土地细碎化、土地流转对农户土地利用效率的影响．资源科学．2008（10）：1151～1156
[87] 李善君．加快土地流转适度规模经营——对南江县字库村实施土地流转的调查．四川改革．2008（6）：31～33
[88] 刘继红，金文成．建立维护农民土地权益的长效机制．农业经济问题．2006（10）：25～28
[89] 黄祖辉，王朋．农村土地流转：现状、问题及对策——兼论土地流转对现代农业发展的影响．浙江大学学报（人文社会科学版）．2008，38（2）：38～47
[90] 李雷．农业保险在我国停滞不前的原因与对策．乡镇经济．2007（3）

[91] 孟春，陈昌盛．公共财政支持农业保险发展：途径、标准与规模．财政与发展．2006（11）：8～14
[92] 李志学，程猛．美国和日本的农业保险模式及其对我们的启示．西安石油大学学报（社会科学版）．2008，17（1）：15～19
[93] 黄燕．从农产品补贴政策看我国农业的发展．中国流通经济．2008（1）：28～30
[94] 王维芳．多边体制下美国农业补贴政策的审视．农业经济问题．2008（9）：106～109
[95] 徐志全．黑龙江省大豆生产与流通成本调查分析．流通与消费．2002（6）：35～41
[96] 胡小平，尹志超．流通费用是决定农产品竞争力的一个关键因素．经济学家．2003（6）：5
[97] 孙侠，张闯．我国农产品流通的成本构成与利益分配——基于大连蔬菜流通的案例研究．农业经济问题．2008（2）：39～48
[98] 韩一军．加快新型农产品流通体系建设刻不容缓．中国发展观察．2008（2）：5～7
[99] 周发明．中外农产品流通渠道的比较研究．经济社会体制比较．2006（5）：116～120
[100] 黄祖辉，吴克象，金少胜．发达国家现代农产品流通体系变化及启示．福建论坛（经济社会版）．2003（4）：32～36
[101] 赵玻，石秀和．发展合作组织提高产品流通效率．宏观经济管理．2008（11）：4～7
[102] 李炳坤．充分发挥现代流通在现代农业建设中的积极作用．中国流通经济．2007（21）：4～6
[103] 孙志亮，杨焕玲．欧盟国家支持农产品加工业发展的税收政策及启示．经济纵横．2007（7）：53～55
[104] 常平凡，李富忠，杨小芳．国际农产品市场的成本、质量与营销竞争格局．世界农业．2005（4）：27～30
[105] 常平凡．农产品出口的国际市场定位与营销对策．农业经济问题．2004（2）：27～29
[106] 雷银生．差异化战略在农产品国际营销中的运用．乡镇经济．2008（2）：116～118

[107] 樊红平，牟少飞，叶志华．美国农产品质量安全认证体系及对中国的启示．世界农业．2007（9）：39～42
[108] 张真．浅析我国农产品国际营销环境．中国农业资源与区划．2008（29）：74～77
[109] [美] 迈克尔·波特．国家竞争优势（中文版）．李明轩，邱如美等译．华夏出版社，2002
[110] 浙江产业竞争力比较研究课题组．提高产业竞争力浙江跨世纪发展的战略选择．中国软科学．1997（4）
[111] 白玲．加入 WTO：中国农产品贸易的机遇、挑战和对策．商业研究．2000（3）：52～55
[112] 保罗·克鲁格曼．地理和贸易．北京：北京大学出版社、中国人民大学出版社，2000
[113] 陈佳贵，张金昌．实现利润优势——中外国际竞争力产业的比较．国际贸易．2002（5）：21～24
[114] 陈其清．WTO 框架下我国农业补贴问题探讨．商业时代．2007（33）：27～28
[115] 陈志宏．中国产业国际竞争力分析与结构调整．世界经济研究．1999（2）
[116] 程国强．中国农产品出口：竞争优势与关键问题．农业经济问题．2005（5）：18～22
[117] 程国强．中国农业面对的国际环境及其趋势．中国农村经济．2005（1）
[118] 高鸿业．西方经济学．北京：中国经济出版社．1996
[119] 葛深渭．营销致富：农产品营销策略论．上海：上海三联书店．2005
[120] 顾卫平，王磊．农业国际竞争力理论与可利用的保护政策．中州学刊．2006（6）：26～30
[121] 国家计委宏观经济研究院产业发展研究所课题组．我国产业国际竞争力评价理论与方法研究．宏观经济研究．2001（7）
[122] 国家体改委经济体制改革研究院，中国人民大学综合开发研究院．中国国际竞争力发展报告．北京：中国人民大学出版社，1997
[123] 国家体制改革委员会等．中国国际竞争力发展报告（1997）．北京：中国人民大学版社，1998

[124] 何翔舟．比较优势、竞争优势与竞争力．商业研究．2005（2）：7～9
[125] 何秀荣．我国农产品国际贸易研究方面的问题及建议．农业经济问题．2003（2）：23～26
[126] 洪银兴．从比较优势到竞争优势——论国际贸易的比较利益理论的缺陷．经济研究．1996（3）：20～26
[127] 胡海燕．我国农业竞争力建设的战略关键与对策．农业技术经济．2003（5）
[128] 黄季焜，马恒运．中国主要农产品生产成本的国际比较和差别．战略与管理．2000（6）：86～96
[129] 蒋寿建．村支书视角的新型农民培训需求分析——基于扬州市 216 个村支书的调查．农业经济问题．2008（1）：71～74
[130] 金碚．产业国际竞争力研究．经济研究．1996（11）：39～44
[131] 金碚．中国工业国际竞争力——理论、方法与实证研究．经济管理出版社，1997
[132] 柯炳生．提高农产品竞争力：理论、现状与政策建议．农业经济问题．2003（2）：34～39
[133] 林毅夫，李永军．比较优势、竞争优势与发展中国家的经济发展．管理世界．2003（3）：21～28
[134] 刘春香．我国农产品比较优势与竞争力研究．经济纵横．2006（2）：107～109
[135] 刘江等．21 世纪初中国农业发展战略．北京：中国农业出版社，2000（3）
[136] 刘学胜．农资价格呈现倒 V 型．中国农资．2008（19）：16～18
[137] 鲁国顺．化肥限价政策由“紧”到“松”．中国农资．2008（11）：22
[138] 鲁国顺．农资直补与农资价格首次联动．中国农资．2008（11）：23
[139] 罗英姿，王凯．中国棉花生产成本分析与国际比较．农业技术经济．2003（4）：36～40
[140] 马有祥．立足基本国情提高我国农业竞争力．农村合作经济经营管理．2001（8）：6～8
[141] 牛宝俊．中国农产品对外贸易比较优势格局与剖析．国际贸易问题．1997（3）：10～15
[142] 裴长洪，王镭．试论国际竞争力的理论概念与分析方法．中国工业

经济．2002（4）
[143] 蒲应龚．美国农业信贷基本条款可供中国借鉴的经验．世界农业．2008（9）：15～18
[144] 屈小博，胡求光．我国农产品出口贸易结构分析．宁波大学学报．2006（5）：108
[145] 尚文静．入世后中国农产品竞争力分析．山东农业干部管理学院学报．2003（2）：19～20
[146] 史东明．核心能力论：构筑企业与产业的国际竞争力．北京：北京大学出版社，2002
[147] 史清琪，张于品．国外产业国际竞争力评价理论与方法．宏观经济研究．2001（2）
[148] 谭向勇，辛贤．中国主要农产品市场分析．北京：中国农业出版社，2001. 28～32
[149] 唐震，张玉洁．入世以来中国农产品国际竞争力及变动趋势分析．甘肃农业．2006（9）：122～123
[150] 万宝瑞．中国农业发展的思考与展望．北京：中国农业出版社，2006
[151] 王春超，李兆能．农村土地流转中的困境：来自湖北的农户调查．华中师范大学学报（人文社会科学版）．2008（4）：15～20
[152] 王仁曾．产业国际竞争力理论、方法与统计实证研究．中国人民大学博士学位论文．2001
[153] 王振中．加入 WTO 后我国农业面临的严峻挑战．经济研究参考．2002（55）：27～28
[154] 温思美．中国加入 WTO 后农业面临的机遇、挑战与对策．农业经济问题．2002（4）：2～6
[155] 翁鸣．中国农产品质量与国际竞争力．中国农村经济．2003（4）
[156] 项朝阳．浅议农产品网络营销策略．商业时代．2007（21）：85～86
[157] 肖海全．重视和开展国际竞争力的研究．国际经济合作．1994（3）
[158] 辛毅，李宁．加入 WTO 以来中国主要土地密集型农产品的国际竞争力分析．价格理论与实践．2007（2）：32～33
[159] 邢若枫．“绿色壁垒”下我国农产品出口的营销对策．内蒙古财经学院学报．2005（6）：94～95

[160] 许经勇．论我国农业国际竞争力．求索．2000（5)：4～9
[161] 薛亮．提高我国农业竞争力的战略思考．管理世界．2003（3)：83～87
[162] 杨秀瑶．加入WTO对中国农产品国际贸易的挑战．山东省经济管理干部学院学报．2000（2)：75～76
[163] 杨雍哲．论提高我国农产品国际竞争力．中国农业出版社，2003
[164] 张成铎，史学斌．实施电子备案 推行智能巡查 提升农资市场监管效能．工商行政管理．2008（1)：78～79
[165] 张键，杜晓力．产业国际竞争力研究及对我国农业的影响．国际经济合作．2004（1)：24～27
[166] 张培刚．新发展经济学（增订版)．郑州：河南人民出版社，1999
[167] 张雅光，田玉敏．欧洲的农民培训证书制度及启示．世界农业．2008（2)：61～63
[168] 张昱，黄祖辉．农产品市场竞争力问题的理论性探讨．浙江社会科学．2004（4)：55～60
[169] 张照新，陈金强．我国粮食补贴政策的框架、问题及政策建议．农业经济问题．2007（7)：11～16
[170] 赵连阁．灌区水价提升的经济、社会和环境效果．中国农村经济．2006（2)：37～44
[171] 赵美玲，王述英．世界农业发展新特点与提高我国农业国际竞争力．南开学报（哲学社会科学版)．2002（2)
[172] 赵美玲，王述英．农业国际竞争力评价指标体系与评价模型研究．南开经济研究．2005（6)：39～44
[173] 赵彦云，李静萍．当代国际竞争力理论及其应用．中国人民大学学报．1998（5)
[174] 钟昌标．国内区际分工和贸易与国际竞争力．中国社会科学．2002（2)：94～101
[175] 朱晶．农业公共投资、竞争力与粮食安全．经济研究．2003（1)：13～21
[176] Balassa，B. Trade Liberalization and Revealed Comparative Advantage. The Manchester School of Economics and Social Studies，Vol，32：99～123

[177] Balassa, B. Comparative Advantage, Trade Policy and Economic Development. New York and London, 1965

[178] Boyle, G. E, Kearney, B, McCarthy, T., and Keane, M. The Competitiveness of Irish Agriculture, Allied Irish Banks and the Irish Farmers Journal, Dublin 1992

[179] Coviello, N. E. and McAuley, A.. Internationalisation and the Smaller Firm: A Review of Contemporary Empirical Research, Management International Review, 1999, (3): 223～256

[180] Coviello, N. E., Ghauri, P. N. and Martin, K. International Competitiveness: Empirical Findings from SME Service Firms. Journal of Marketing Management, 1998, (2): 8～27

[181] Duren, E. Van, Martin, L., Westgren R. Assessing the Competitiveness of Canada' s Agrifood Industry, Canadian Journal of Agricultural Economics, 1999, (35): 727～738

[182] Fanfani, R., Lagnevik, M. Industrial Districts and Porter Diamonds. Structural Change in the European Food Industries, Discussion Paper Series, 1995, (8)

[183] Freebairn, J. Implications of Wages and Industrial Policies on Competitiveness of Agricultural Export Industries, Paper Presented at the Australian Agricultural Economics Society Policy Forum, Canberra. 1986

[184] Gianluca Selva. Analysis of the Competitiveness of the Pork Industry in Denmark. Paper Prepared for Presentation at the 99 Seminar of the EAAE. The Future of Rural Europe in the Global Agri～Food System, Copenhagen, Denmark, 2005, (8): 24～27

[185] Jo Wijnands. The International Competitiveness of Fresh Tomatoes, Peppers and Cucumbers. Published in: Cantliffe, D. J. Proceeding of the International Congress on Greenhouse Vegetables: The Product Chain of Fresh Tomatoes, Peppers, Cucumbers. ISHS, Leuven. Acta Horticulturae, 2003, (6): 79～90

[186] Leamer, E. E. Sources of International Comparative Advantage: Theory and Evidence, The MIT Press, Cambridge, USA. 1987

[187] Lokman Zaibet. Compliance to HACCP and Competitiveness of Oman Fish. Processing, International Food and Agribusiness Management, 2000, (3): 311～321

[188] Lunberg, Lars. Technology, Factor Proportions and Competitiveness, Jounal of Economics 1990, (2): 173～188

[189] M. E. Poter. Competitive Strategy: Techniques for Analysing Industries and Competitors. The Free Press, New York, 1980

[190] Martin, L. , Westgren, R. , Duren, E. Van. Agribusiness Competitiveness across National Boundaries, American Journal of Agricultural Economic, 2002, (73): 1457～1464.

[191] Masters, W. A. , Winter～Nelson, . A. Measuring Comparative Advantage of Agricultural Activities: Domestic Resource Costs and the Social Cost～Benefit Ratio, American Journal of Agricultural Economics, 1995, (77): 243～250.

[192] Mattine Durand and Claude Giorno. Indicators of International Competitiveness Conceptual Aspects and Evaluation, 1997, (5): 147～197

[193] Michael R. Reed and Mary A. Marchant. The Global Competitiveness of The U. S. Food-Processing Industry, 1992, (4): 61～70

[194] Nicholas G. Kalaitzandonakes. Agrobiotechnology and Competitiveness. Amer. J. Agr. Econ. 2000: 1224～1233

[195] Paul Gallagher. International Marketing Margins for Agricultural Products: Effects of Some Nontraiff trade Barriers. American Journal of Agricultural Economics. May 1998: 325～336

[196] Pitts, E. , Viaene , J. , Traill, B. , Gellynk, X. Measuring Food Industry Competitiveness Structural Change in the European Food Industries, Discussion Paper Series, 1995, (7)

[197] Pitts, E. and, Lagnevik, M. What Determines Food Industry Competitiveness? Competitivcness in the Food Industry, Pitts, E. and Traill, B. W. (Eds.) Blakie Academic & Professional, 1998

[198] Porter. M. E. Clusters and New Economics of Competition, Harvard Business Review, 1998, (11)

[199] S. Hopskins, P. E. T. Lewis, Competitiveness in Australian Agricul-

ture: A Review, Review of Marketing and Agricultural Economics, 1996, (3): 309～317

[200] Scott, L., Vollrath, T. L. Global Competitive Advantage and Overall Bilateral Complementarity in Agriculture: A Statistical Review, United States Department of Agriculture, Economic Research Service, Statistical Bulletin, No. 850, Washington D. C. 1992

[201] Sharples, J. A. Cost of Production and Productivity in Analyzing Trade and Competitiveness, American Journal of Agricultural Economics, 1992, (72): 1278～1282.

[202] Traill, B., Gomes Da Silva, J. Trade, Foreign Direct Investment and Competitiveness in the European Food Industries, Discussion Paper Series, 1994, (7)

[203] Van Duren, E., L. Martin, and R. Westgren. Assessing the Competitiveness of Canada's Agrifood Industry. Canadian Journal of Agricultural Economics, 1991, (39): 727～38.

[204] William M. Liefert. Comparative Advantage and Government Budget Effects: An Application to the Grain Trade of the Former USSR. American Journal of Agricultural Economics. August 1997: 715～725

[205] 王永德，尚杰．农产品国际竞争力比较研究综述．学术交流．2008 (1)

[206] 王永德，尚杰．WTO过渡期后中国农产品贸易面临的机遇与挑战．商业研究．2008 (12)

[207] 张宝文．论中国特色的农业机械化道路．农机科技推广．2007 (6)

[208] 雷银生．注重特色经营 参与国际营销．农产品市场周刊．2005 (5)

[209] 雷银生．特色经营是农产品营销的有效策略．世界农业．2005 (7)

[210] 孙侠，张闯．我国农产品流通的成本构成与利益分配——基于大连蔬菜流通的案例研究．农业经济问题．2008 (2)

后　记

本书是在作者博士论文的基础上修改而成。岁月如梭，博士生涯转眼即逝。回首往事，百感交集，年逾不惑，得机求学，感恩之心难于言表，老师的支持、理解和帮助终生难忘。我的导师尚杰教授以其女性学者特有的风范，为学之严谨求精、为人之坦诚正直、为物之超然自信的人生观，堪称楷模，我受益匪浅。本论文就是在导师尚杰教授的悉心指导下完成的，论文的完成凝聚着导师的无穷智慧和大量心血，在此谨向我尊敬的导师致以最诚挚的谢意！

衷心地感谢东北林业大学经济管理学院的佟光霁教授，他以学者宽阔的胸怀，给予我真诚、无私的帮助。感谢东北林业大学经济管理学院的黄清教授、赵鑫教授、哈尔滨商业大学的王德章教授，各位教授在本论文写作过程中提出了许多宝贵的指导性意见。

特别感谢东北农业大学的徐梅教授和李友华教授，在我攻读学位过程中给予的大力支持、鼓励和帮助。

感谢黑龙江八一农垦大学经济管理学院的赵海燕教授、王新利教授、冷志杰教授、王永珍教授及我的同事们，在我学习期间和论文写作过程中给予的支持和帮助。

感谢共度三年学习时光的同学们，学习过程中的苦与乐我们有幸、有缘一起度过。

感谢所有支持、帮助我的老师、同学、学生和亲友们。

最后要感谢我的贤妻郭希玲和爱女王瑞琦给予我的默默无私的关爱、鼓励和支持。

作　者

2009 年 10 月

图书在版编目（CIP）数据

中国农产品国际竞争力研究：基于中美比较视角/王永德著. —北京：中国农业出版社，2009.12
ISBN 978-7-109-13680-9

Ⅰ. 中… Ⅱ. 王… Ⅲ. 农产品-国际市场-市场竞争-研究-中国 Ⅳ. F752.652

中国版本图书馆 CIP 数据核字（2009）第 207062 号

中国农业出版社出版
（北京市朝阳区农展馆北路 2 号）
（邮政编码 100125）
责任编辑 闫保荣

中国农业出版社印刷厂印刷 新华书店北京发行所发行
2009 年 12 月第 1 版 2009 年 12 月北京第 1 次印刷

开本：850mm×1168mm 1/32 印张：8.25
字数：208 千字 印数：1～1 500 册
定价：26.00 元